ラクラクわかる！

5類 消防設備士 集中ゼミ

改訂2版

オーム社 編

読者の皆様へ

消防設備の中で、避難器具は「知らせる、消す、逃げる」のうち「逃げる」のさらに先にある、逃げ遅れた人の生命を守る器具です。

火災等の緊急時はとにかくパニックになるので、複雑な操作をせずに使用できなくてはならないのが避難器具です。

他の設備と避難器具との大きな違いは、他の設備は器具の性能を試験機で測ったり、簡単な操作で動作確認をしたりしますが、避難器具は設置したり点検を行ったりするときに、**自身の身体を使って確認しなくてはならない点**が大きく異なっています。つまり、施工不良や点検操作のミスが大きな事故につながります。器具操作の習熟は、実際の作業でどれだけ注意深く行えるかにかかるといえるでしょう。それには、避難器具の構造を熟知し、また周囲の状況を確認するなど、常に緊張感をもった対応が要求されます。

避難器具を扱うにあたり、消防設備士の資格を取得することは最初の一歩となります。それは、他の設備と同様に、法令に関する深い知識と器具に対する正しい理解が必要ですが、さらに、建築物の構造に対する知識も必要となります。本書には掲載していませんが、普段から建築図をながめたり、実際の建物を調査したりするトレーニングをしましょう。

そして、避難器具は直接人が使うものだという意識をもってください。すなわち、直接人命に関わるものだと認識してください。そういう意識を常にもつことが、消防設備士として重要なことであり、それが**消防設備士に付された義務**なのです。

本書では、過去に出題された問題に最近の傾向を加味して解説しています。ただ、年々出題範囲が少しずつ広がっており、幅広い知識が必要となる場合があります。高校物理の参考書や、機械、建築に関する参考書などにも目を通しておく程度でよいので、あわせて勉強されると、よりよい結果が得られることでしょう。

まずはページを開いて、読んでみてください。知っていることは復習を、初めて知ることはくり返し学習を、できるだけリラックスしてやってみてください。

本書を手にされた読者が合格して、消防設備士として第一線で活躍されるよう、そして、消防設備士として行う仕事を誇りに思えるよう、祈念いたします。

2024 年 5 月

オーム社

本書の特徴

本書は、これまでの参考書とは全く違う発想のもとに編集された受験参考書でありながら、一方では現場で役立つ実務知識（豆知識など）も要所に配した独創的な構成を特徴としています。以下、その特徴を列記します。

(1)　原則、見開き2ページとして、左側ページ（偶数）に解説、右側ページ（奇数）にはよく出る問題を配置し、左ページで学習した内容をどれだけ理解しているかを、右ページの演習問題で確認できるよう工夫した。

(2)　解説は簡潔明瞭を心がけ、わかりやすい単文形式とし、重要な箇所には「**ゴシック色文字**」を使用し注意を喚起した。また、解説文の随所に、重要！マークを挿入し、重点学習部分を明確にした。

(3)　実技試験対策を重視し、実技のページ配分を大きくするとともに、写真やイラストは構造を視覚的に把握できるように配慮した。

(4)　各章（レッスン）の最終ページに、まとめとして「**おさらい問題**」欄を設け、重要なポイントを効率よく理解し、記憶できるように配慮した。

(5)　各節の右肩にマーク、よく出る問題にも顔マークを付けて**重要度**と**難易度**のランク付けをした。

- ：よく出題されるので必ず学ぼう（易しいので必ず得点したい）
- ：比較的出題されやすいので取り組もう（標準的レベル）
- ：あまり出題されないができれば取り組もう（難しいが取り組んでおきたい）

(6)「**解答のテクニック**」を設け、受験者が間違いやすい事例や試験問題の捉え方などを筆者の体験に基づいて解説した。

(7)「**マメ知識**」を設け、5類消防設備士に付随する情報提供や誤作動などへの対応を実務者の視点で解説し、さらに「学習法のヒント！」を設け、学習継続へのモチベーション維持を図った。

(8)　3学期には2回の模擬試験を配した。筆記試験、鑑別試験分野において豊富な出題数を提供するとともに、最近の出題傾向に沿った過去問で構成してあるため、実戦対策として大いに活用できる内容になっている。

受験ガイダンス

❶ 消防設備士資格の種類

消防設備士資格には、甲種と乙種があり、表１のように甲種は第１類から第５類まで、乙種は第１類から第７類まであります。甲種は表１の区分に応じて工事と整備（点検を含む）を独占的に行える資格、乙種は整備のみを独占的に行うことができる資格です。

● 表１ ●

分類	甲種	乙種	独占的に工事及び点検・整備ができる消防設備の区分
１類	☆	☆	屋内消火栓設備、屋外消火栓設備、スプリンクラー設備、水噴霧消火設備等
２類	☆	☆	泡消火設備等
３類	☆	☆	不活性ガス消火設備、ハロゲン化物消火設備、粉末消火設備等
４類	☆	☆	自動火災報知設備、消防機関へ通報する火災報知設備、ガス漏れ火災警報設備
５類	☆	☆	金属製避難はしご、救助袋、緩降機
６類		☆	消火器
７類		☆	漏電火災警報器

注）表１以外に「甲種特類消防設備士」という資格があります。この資格は特殊な消防設備の工事、点検、整備のための資格であり、以降、この資格についての記述は割愛します。

❷ 受験資格

1. 乙種消防設備士試験

受験資格として、年齢、性別、学歴などの制限はなく誰でも受験できます。

2. 甲種消防設備士試験

受験資格があり、国家資格または学歴、経験を必要とします。

（1）国家資格等による受験資格

① 甲種消防設備士（試験の一部免除あり）

② 乙種消防設備士であって、免状の交付後２年以上消防設備等の点検・整備の経験を有するもの。

③ 技術士（試験の一部免除あり）

④ 電気工事士（試験の一部免除あり）

⑤ 電気主任技術者（試験の一部免除あり）

⑥ 消防設備工事の補助者として５年以上の実務経験者

⑦ 専門学校卒業程度検定試験合格者

⑧　管工事施工管理技術者

⑨　工業高等学校の教員等

⑩　無線従事者（アマチュア無線技士を除く）

⑪　建築士

⑫　配管技能士

⑬　ガス主任技術者

⑭　給水装置工事主任技術者

⑮　消防設備等に関わる消防行政の事務について5年以上の実務経験を有する者

⑯　消防法施行規則の一部を改正する省令の施行前（昭和41年4月21日以前）において、消防用設備等の工事について3年以上の実務経験を有する者

⑰　昭和41年10月1日前の東京都火災予防条例による消防設備士

(2) 学歴による受験資格

①　大学、短期大学、高等専門学校（5年制）、または高等学校において機械、電気、工業化学、土木または建築に関する学科を修めて卒業した者

②　旧制大学、旧制専門学校、または旧制中学校において、機械、電気、工業化学、土木、または建築に関する学科を修めて卒業した者

③　大学、短期大学、高等専門学校（5年制）、専修学校または各種学校において、機械、電気、工業化学、土木、または建築に関する授業科目を15単位以上修得した者

④　防衛大学校、防衛医科大学校、水産大学校、海上保安大学校、気象大学校において、機械、電気、工業化学、土木または建築に関する授業科目を15単位以上修得した者

⑤　外国に存在する学校で、日本における大学、短期大学、高等専門学校または、高等学校に相当するもので、指定した学科と同内容の学科または課程を修めて卒業した者

⑥　職業能力開発大学校、職業能力開発短期大学校、職業訓練大学校または職業訓練短期大学校もしくは雇用対策法の改正前の職業訓練法による中央職業訓練所において、機械、電気、工業化学、土木または建築に関する授業科目を15単位以上修得した者

⑦　理学、工学、農学または薬学のいずれかに相当する専攻分野の名称を付記された修士または博士の学位を有する者

❸　試験の内容

甲種、乙種ともに筆記試験と実技試験があり、表2のような試験科目と出題数で構成されています。**実技試験は装置等の操作が出題されるのではなく、筆記試験の一種**と考えてよいでしょう。試験形態は、筆記試験が四肢択一式、実技試験は鑑別と製図があり、

鑑別は写真やイラストなどを見て**簡単な記述式**で解答します。製図は甲種受験者のみが解答するもので、「**未完成図面の完成**」、「**欠陥探しと手直し**」などがあります。筆記試験問題と実技試験問題の両方が同時に配布され、与えられた時間内に解答しなければなりません。どちらを先に解答してもかまいませんが、**筆記試験が合格基準点に達していなければ実技試験は採点されません**。なお、試験問題用紙を持ち帰ることはできません。

試験時間は、**甲種は3時間15分、乙種は1時間45分**です。

(1) 試験科目

表2

<table>
<tr><th colspan="3" rowspan="2">試験科目（5類消防設備士）</th><th colspan="2">出題数</th></tr>
<tr><th>甲種</th><th>乙種</th></tr>
<tr><td rowspan="8">筆記</td><td rowspan="2">基礎的知識</td><td>機械に関する部分</td><td>10</td><td>5</td></tr>
<tr><td>電気に関する部分</td><td>—</td><td>—</td></tr>
<tr><td rowspan="2">消防関係法令</td><td>共通部分</td><td>8</td><td>6</td></tr>
<tr><td>5類に関する部分</td><td>7</td><td>4</td></tr>
<tr><td rowspan="3">構造・機能及び工事・整備の方法</td><td>機械に関する部分</td><td>12</td><td>9</td></tr>
<tr><td>電気に関する部分</td><td>—</td><td>—</td></tr>
<tr><td>規格に関する部分</td><td>8</td><td>6</td></tr>
<tr><td colspan="2">合　計</td><td>45</td><td>30</td></tr>
<tr><td rowspan="2">実技</td><td colspan="2">鑑別等</td><td>5</td><td>5</td></tr>
<tr><td colspan="2">製図</td><td>2</td><td>—</td></tr>
</table>

(2) 合格基準

① **筆記試験は科目ごとの出題数の40％以上、全体では出題数の60％以上**、かつ、実技試験では60％以上の得点を獲得すれば合格となります。

② 試験の一部免除者は、免除を受けている部分を除いて、60％以上の得点を獲得することが必要です。

(3) 試験の一部免除

消防設備士、電気工事士、電気主任技術者、技術士等の有資格者は、申請により試験科目の一部が免除されますが、免除される問題数に応じて試験時間も短縮されます。

① 消防設備士

取得している資格の種類によって、これから受験する資格の免除科目が決まります。表3に所有資格ごとの免除科目をまとめてみました。

② 電気工事士

「基礎的知識」及び「構造・機能及び工事・整備の方法」のうち、「電気に関する部分」が免除となります。

● 表 3 ●

所有資格	これから受験する消防設備士の資格											
	甲 1	甲 2	甲 3	甲 4	甲 5	乙 1	乙 2	乙 3	乙 4	乙 5	乙 6	乙 7
甲 1		●	●	○	○		●	●	○	○	○	○
甲 2	●		●	○	○	●		●	○	○	○	○
甲 3	●	●		○	○	●	●		○	○	○	○
甲 4	○	○	○		○	○	○	○		○	○	●
甲 5	○	○	○	○		○	○	○	○		●	○
乙 1							●	●	○	○	○	○
乙 2						●		●	○	○	○	○
乙 3						●	●		○	○	○	○
乙 4						○	○	○		○	○	●
乙 5						○	○	○	○		●	○
乙 6						○	○	○	○	●		○
乙 7						○	○	○	●	○	○	

注 1）●印：消防関係法令の共通部分と基礎的知識が免除されます。
　　　○印：消防関係法令の共通部分のみ免除されます。
注 2）乙種消防設備士の資格で甲種消防設備士試験科目の免除を受けることはできません。

③　電気主任技術者

「基礎的知識」及び「構造・機能及び工事・整備の方法」のうち、電気に関する部分が免除となります。

④　技術士

技術士の部門ごとに指定区分の類に応じて、「基礎的知識」及び「構造・機能及び工事・整備の方法」が免除となります（表 4）。

● 表 4 ●

技術士の部門	指定区分の類
機械部門	第 1、2、3、5、6 類
電気・電子部門	第 4、7 類
化学部門	第 2、3 類
衛生工学部門	第 1 類

(4) 試験手数料（非課税）

甲種：6600 円　　乙種：4400 円〔2024 年 5 月現在〕

合格への心構え

試験は何度受けても緊張するものですね。ましてや、国家資格である消防設備士で、しかも直接人命にかかわる避難器具の資格ですから重圧もあることだと思います。

筆者は高校生のとき、数学と物理が特に苦手な学生でした。理論立てて考えたり、法則に沿って考えることや、公式を覚えたりすることは大嫌いで、成績はいつも赤点すれすれでした。将来、こんな勉強が役に立つのだろうかと思っていましたし、封印するかのように、記憶の片隅の二度と開けないはずの引き出しにしまい込んでいました。

しかし、避難器具を扱う仕事に就き、それが大きな誤りだったことに気付かされます。強度計算や荷重計算などがまさに仕事に必要となり、改めて勉強し直すことになりました。人生の中でムダだと思っていた知識や学習内容が、実はムダではない、人生にムダな時間はないのだということを悟らされ、いまに至っております。

まだ若い読者なら問題はないと思いますが、ある程度いろいろな経験を積み、一念発起して資格に挑戦しようとする読者や、また転職や配置転換で資格取得しなければならない読者にとって、新たに苦手な分野を記憶し、応用し、実際に扱うことはかなり難しいことだと思います。脳が拒否することもあるでしょう。そこで、まず脳を活性化させましょう。簡単なトレーニングとして、今日まで学校で学んだことや社会で経験したことをもう一度思い出してみてください。完璧でなくていいです。「ああ、あのときはこうだったな」とか「あの方法を知ったときは目からうろこだったな」とか、断片的にでも思い出す習慣をつけてみてください。閉じっぱなしだった記憶中枢の引き出しを開けてみることで、脳は活性化されます。脳を活性化させれば、不思議と今までわからなかったことが、新鮮な感覚で飛び込んできます。

『葉っぱのフレディ』の著者、レオ・バスカーリアの名言にこのようなものがあります。

――「僕はずっと山に登りたいと思っている。……でも明日にしよう」
おそらくあなたは永遠に登らないでしょう。――

まさに、資格取得のための勉強とはこういうことで、**今、思い立った瞬間から勉強を始めてみる。その時間は10分でもいいのです**。まず始めてみることが大事で、本書のページを開いて10分間ながめてみる。目次のページだっていいんです。目次のページには学習内容が書いてあります。そして興味のあるところから読んでみる。当然わからないことが出てきます。そのページで解説されていなければ、それは必ずそのページより前に書いてあるはずです。

非効率ではありますが、そういうきっかけを作って学習していくうちに、わからないことがわかってくる楽しみが出てきます。そして、それを3日間続けてみましょう。3日続いたら、さらに3日と継続してやってみましょう。本当に1日10分間でいいんです。きっかけを作って継続することが大事なのです。

あまり壮大な計画を立ててしまうと、先ほどの「明日山に登ろう」と言っている人と変わらなくなってしまいます。少しずつでいいから継続するのが、一番の早道なのです。

さて、筆記試験問題は四肢択一です。いろいろなパターンがありますが、問題文を落ち着いて読むと正解は自ずと見えます。正しいものを選ぶ設問は、正しくなさそうなものが並べてあり、誤っているものを選ぶ問題は正しそうなものが並んでいます。重要な語句はテキストでも**赤い太ゴシック文字**で書いてあります。惑わされないためには、何回も読み込み、自信にしてしまいましょう。

準備を怠らず、平常心で臨めば試験は難しくありません。努力は必ず報われます。あなたの資格で行った仕事が誰かの生命を救う、そんな日のために本書が役立つよう、応援しています！

目　次

1学期　筆記試験対策

レッスン1　関係法令 1

レッスン2　関係法令 2

レッスン3 機械の基礎的知識

レッスン4 避難器具の構造と機能

レッスン5 避難器具の設置

1 学期

筆記試験対策

筆記試験は「消防関係法令」「機械に関する基礎的知識」「消防用設備等の構造・機能及び工事・整備の方法」の３科目に分かれています。

まず、関係法令はレッスン１「関係法令１」として消防設備士１類から７類に共通する法令を解説し、続いてレッスン２「関係法令２」で５類関連の法令をまとめました。

レッスン３の「機械の基礎的知識」はほぼすべてが高校物理（一部化学）の授業内容です。５類の機械の基礎的知識はこの分野から出題され、特に避難器具の性質上から応用力学と機械力学の設問が多くなっています。出題頻度は各分野から平均的に、なおかつ簡単な計算問題を４択で選ぶような問題もあり、なかなかの難問ですが、力学の解説は避難器具のキモともいうべき内容です。苦手を克服できるよう、じっくり構えて学習してください。

レッスン４「避難器具の構造と機能」では避難器具の種類とそれぞれの構造と機能について、レッスン５「避難器具の設置基準」では避難器具特有の用語とそれぞれの設置基準について、図を使用して系統立てて詳しく解説しています。

レッスン６「避難器具の施工方法」では避難器具に使用できる材料や避難器具の取り付け方法のわかりにくい部分を重点的に解説しました。

レッスン 1 関係法令 1

レッスン 1 では消防設備士 1 類から 7 類の消防関係法令の共通部分として、消防法および消防法施行令、消防法施行規則、危険物関係法令からの出題範囲を主に取り上げています。

出題パターンの傾向としては「関係用語」「特定防火対象物」「措置と命令」「消防同意」「消防用設備等の届け出」「消防用設備等の点検」「設備士免状」「防火管理」「防炎規制」、「遡及要件」などです。特に近年は「特定一階段等防火対象物」に関する出題も増えつつあるので、まず項目ごとに要点を整理して学習しましょう。

消防設備士として知っておかなければならない範囲です。

- 1-1「**消防関係の用語 1**」ではまず、基礎的な定義のうち管理権原者に関する問題や、消防吏員と消防団員等の語句の解説の正誤を問う問題が出題されるようです。
- 1-2「**消防関係の用語 2**」では、無窓階の意味の説明や特別避難階段と直通階段に関する語句をしっかり覚えておきましょう。
- 1-3「**消防の任務・組織・措置・命令**」については、消防組織は誰がどのように設置し、管理者は誰なのかを問う問題や、立ち入り検査や事前予告などの措置や権限に関する問題が出題されます。また、レッスン 1-1 にも関連しますが消防団員に絡んだ問題も頻出しています。
- 1-4「**防火対象物と消防対象物**」では、その定義を問われます。
- 1-5「**特定防火対象物**」については、消防用設備等の設置の基本となる防火対象物の分類に関して、またそのうちの特定用途に関して出題されます。基本事項なのできちんと整理して覚えておきましょう。
- 1-6「**適用単位の特例**」については、1 棟の建築物に対して、複数の防火対象物に分割する場合とされない場合、従属規定についての内容などが出題されます。ここも複雑で、なかには近年の法令改正で解釈が変わったところもありますので、的確に覚えておきましょう。

- 1-7「**特定一階段等防火対象物**」は近年の法令改正で出てきた新しい言葉で、従来は特定防火対象物の出題範囲からだった問題が特化して出てくる傾向があるので、項目として設けました。いろいろと複雑ではありますが、ここのポイントをつかんでおくことが重要で、特に避難器具では関連することが多いです。
- 1-8「**消防用設備等**」では、法律で定義された語句の整理が大事です。
- 1-9「**遡及・不遡及**」では特定防火対象物に課せられた規制を整理して覚えることと、消防用設備は何が遡及されて何が遡及されないのかの区別をしっかりしておきましょう。
- 1-10「**防火管理**」については、一般の防火管理について出題されますが、なかでも共同防火管理は頻繁に出題されています。また「**防火対象物点検制度**」は、後述する「**消防用設備等の点検**」制度と混同しないように注意しましょう。
- 1-11「**消防設備士制度**」では、免状の書換えや設備士の義務などについて書かれています。特に、免状の書換えは語句を正確に記憶しましょう。出題内容では細かい部分で誤りを見つけなくてはならないこともしばしばあります。
- 1-12「**消防用設備等の届け出**」では、消防同意は誰が行うのか、着工届、設置届は誰の義務で、どんな期限で提出するのか、整理しておく必要があります。ここも間違いやすい問題が多いです。それだけ重要だということを記憶しておきましょう。
- 1-13「**消防用設備等の点検**」では、定期点検にはどんな種類があるのか、罰則規定についても整理します。
- 1-14「**検定制度と認定制度**」では「**型式承認**」と「**個別検定**」は頻出です。また、認定制度については誰がどのように認定するのかも関連して覚えておきましょう。
- 1-15「**防炎規制と危険物の規制**」については、内装制限などの建築に関わる部分と危険物に関連する問題が出ることがあります。あまり5類とは関連がなさそうですが、出題範囲として覚えておきましょう。

消防関係の用語１（基礎編）

重要度

　消防に関する専門用語はあまり耳なじみがないかもしれません。法律用語は専門的でとにかく難しいものですが、ここではその専門用語のうち特に重要な用語について２回に分けて学習します。この他に出てくる用語はその都度解説します。表１に基本的かつ重要な消防に関する専門用語をまとめました。重要！

●表１　重要な用語（基礎編）●

関係する用語	用語の解説
消防法	火災を予防、警戒、鎮圧し、火災又は地震等の災害による被害を軽減するほか、災害等による傷病者の搬送を適切に行うために、**建築物等について防火・消防上必要な規制を定めた法律**のこと。
消防法施行令	**消防法を施行するための政令（内閣が制定する命令）**のこと。消防用設備に関する技術基準・救急業務、消防設備に関する検査等が定められている。
消防法施行規則	**消防法及び消防法施行令を実施するための規則**。施行に必要な届出、消防用設備等の設置・維持の技術上の基準、検査、点検等が詳細に定められている。
消防対象物	**消火活動の対象**となるすべての建築物又は工作物及びこれらの建築物と無関係な物件（たとえば敷地内の立木等）。
防火対象物	建築物のうち**消防法の規制対象**になるもので、山林又は舟車、船きよもしくはふ頭に繋留された船舶、建築物その他の工作物等。消防対象物に含まれている。
関係者	防火対象物の所有者、管理者、賃借者等の占有者のこと。
管理権原者	所有者や賃借事業主等、管理上の権利と責任をもつ者のこと。**原の文字に注意**。
関係のある場所	防火対象物又は消防対象物のある場所のこと。
消防吏員（しょうぼうりいん）	消防本部に勤務する消防職員のうち、階級をもつ職員で、消火、救急、救助、査察等の業務を行う地方公務員のこと。専門職である。
消防団員	地域住民の志願者等により採用される非常勤の特別職地方公務員のこと。原則的に専門職ではないが例外もある。
立入検査	消防職員等が関係のある場所に立ち入り、消防対象物の位置、構造、設備及び管理の状況を検査すること。
査察	消防吏員が防火対象物に立ち入り、防火管理や消防設備などに不備がないか確認を行うこと。**判明した消防法令違反等は改善しなければならない**。

よく出る問題

問 1　[難易度 😊😐😟]

消防用語の説明として、次のうち正しいものはどれか。

(1) 防火対象物とは消火活動の対象となるすべての建築物又は工作物及び外部にある街路樹等をいう。

(2) 立入検査とは消防職員等が関係のある場所に立ち入り、消防対象物の位置、構造、設備及び管理の状況を検査することである。

(3) 管理権限者とは、その文字のように防火対象物の管理に際してすべての権限をもつ者のことである。

(4) 関係者とは防火対象物の所有者とその家族を指す。

解説　防火対象物は建築物のうち、消防法の規制対象になるものです。権限と権原の単語にも注意しましょう。また、関係者とは防火対象物の所有者、管理者、賃借者等の占有者のことをさします。

問 2　[難易度 😊😐😟]

消防用語の説明として、次のうち誤っているものはどれか。

(1) 消防法施行令には、消防用設備に関する技術基準、救急業務、消防設備に関する検査等が定められている。

(2) 消防吏員とは、消防本部に勤務する消防職員のうち、階級をもつ職員で、消火、救急、救助、査察等の業務を行う地方公務員である。

(3) 消防対象物の定義の中に防火対象物は含まれている。

(4) 査察とは消防長が行う点検である。

解説　査察とは消防吏員が防火対象物に立ち入り、防火管理や消防設備などに不備がないか確認を行うことで、消防長に限りません。

解答　問1－(2)　　問2－(4)

レッスン 1-2

消防関係の用語2（建築関連編）

重要度 ///

消防に関する専門用語の解説の2回目です。専門用語のうち、主に建築物等に係わる重要な用語について学習します（表1）。重要！

● 表1　重要な用語（建築関連編）●

関係する用語	用語の解説
舟車（しゅうしゃ）	**船舶安全法の適用を受けない舟**（はしけ等）**や車輌**のこと。
フラッシュオーバー	**室内の局所的な火災が、数秒～数十秒のごく短時間に、部屋全域に爆発的に延焼する火災現象**のこと。
開口部	建築物で**屋根、壁、床、天井の一部が開放された部分**をいい、採光、通風、換気、人や物の出入りなどの目的で設けられた部分のこと。**消防法では特に避難上又は消火活動上有効な開放部分**をさす。
無窓階	消防隊の進入や、室内の人員の避難を目的とした、有効開口部のない階のこと。**窓のない階という意味ではない。**
非常用進入口	**火災時の消火活動や救出活動の際に、外部からの進入を容易にするための進入口**のこと。通常、一辺が20cmで逆三角形の赤色反射塗料付きの標識か、赤色灯が外から見やすい位置に設置されている。
避難階	**地上又は地上に準ずる避難上安全な場所に、直接通じる出入り口がある階**のこと。一般に避難器具は設置階から避難階への避難をするための器具である。
直通階段	建物のある階から、**避難階に直接に到達することができる階段**のこと。部屋を迂回した場合は直通階段にならない。
避難階段	**直通階段のうち、火炎や煙の侵入を防ぎ、安全に避難できることを目的とする階段のこと。建築基準法施行令第123条第1項にその規定が定められており**、階段そのものや区画壁が耐火構造で作られているなどの条件がある。
特別避難階段	屋内避難階段の階段室の入口の手前に附室又はバルコニーを設けたもののこと。**避難階段の規定をさらに強化したもの**で、避難階段に比べ、火炎や煙が侵入しにくく、安全性が高い。

よく出る問題

問 1　[難易度 😊😐😣]

消防関係用語の説明として、次のうち誤っているものはどれか。

(1) 非常用進入口とは火災時の消火活動や救出活動の際に、外部からの進入を容易にするための進入口のことである。

(2) 避難階段とは直通階段のうち、火炎や煙の侵入を防ぎ安全に避難できることを目的とする階段のことである。

(3) 無窓階とは窓のない階のことである。

(4) 舟車とは船舶安全法の適用を受けない舟や車輌のことである。

解説　無窓階とは消防隊の進入や室内の人員の避難を目的とした有効開口部のない階のことです。

問 2　[難易度 😊😐😣]

消防関係用語の説明として、次のうち正しいものはどれか。

(1) フラッシュオーバーとは出火後、電気的な閃光を放ちながら延焼する火災現象のことである。

(2) 避難階とは地上又は地上に準ずる避難上安全な場所に、直接通じる出入り口がある階のことである。

(3) 直通階段とは部屋を迂回しても短距離で、避難階に直接に到達することができる階段のことである。

(4) 開口部とは、消防法では特に避難階の出入り口を指す。

解説　出火後、爆発的に延焼する火災現象のことをフラッシュオーバーといいます。直通階段は次の階段の経路が明確で、避難階まで直通している階段のことです。また、消防法の開口部は避難上又は消火活動上有効な開放部分を指します。

解答　問１－(3)　問２－(2)

消防の組織と措置・命令

重要度

消防組織法とはその名の通り消防の組織について定められた法律で、組織として総務省の外局として消防庁があり、消防に関する制度の企画及び立案、消防に関し広域的に対応する必要のある事務その他を行っています。また、消防法の根本は地方自治であり、それぞれの消防の任務の範囲、消防責任の所在や消防機関の構成などは地方公共団体の機関が行うよう定められています。

(1) 組織

行政上、消防は市町村長が管理し、消防機関はそれぞれの市町村が設置し、費用も負担します。市町村は、消防事務を処理するため、消防本部、消防署、消防団の全部又は一部を設けなくてはなりません。大多数の市町村には消防本部が設置されています（常備消防という）。消防本部は原則として市町村単位で設置するものとされていますが、一部の地域では一部事務組合や広域連合により設置されるものもあります。消防署は消防本部の中の組織です。

(2) 屋外における火災予防

屋外における危険なたき火、危険物の放置、火粉の始末などに対して、下に掲げる命令権者は措置命令を発することができます。

・消防長　・消防署長　・消防吏員　・消防本部を置かない市町村の長

消防団長および消防団員にはこの命令権はありません。

(3) 立入検査

消防長等が、防火対象物の関係者に対して、火災予防上、適切な指導を行うとともに、また、万一出火しても被害を最小限にとどめることができるよう、消防機関には資料提出命令権、報告徴収権及び立入検査権が認められています。これは「**予防査察**」と呼ばれています。

なお、立入検査については**立入時間の制限はなく、事前予告の必要もありません**。証票は従業員を含む関係者の請求があったときに提示しなければなりません。また、**立入検査者には守秘義務**があり、知り得た関係者の情報をみだりに漏らしてはなりません。

● 表1 ●

関係する項目	命令者及び立入検査者
資料提出・報告の要求	**消防長**（消防本部を置かない市町村長）・**消防署長** 重要！
予防査察と物品等の除去や整理の命令	**消防吏員** 重要！
立入検査と質問	**消防職員**又は消防本部を置かない市町村の**消防事務に従事する職員及び常勤の消防団員** 重要！

よく出る問題

問 1 ［難易度 😊😐😟］

消防の任務と組織について、誤っているものはどれか。

(1) 消防団長は屋外における危険なたき火、危険物の放置、火粉の始末などに対して、措置命令を発することはできない。
(2) 消防本部を置かない市町村の命令権者は、市町村長となる。
(3) 消防機関はそれぞれの都道府県が設置し、費用も負担する。
(4) 立入検査については立入時間の制限はなく、事前予告の必要もない。

消防機関はそれぞれの市町村が設置します。費用も負担します。

マメ知識 ➡➡➡ 消防本部を置かない市町村

消防本部及び消防署を設置することを消防の常備化（常備消防）といいます。日本のほとんどの市町村には常備消防が設置されていますが、29の市町村では常備消防は設置されていません。これらは人口が極端に少なく面積の小さい市町村や、離島に多く、特に29市町村のうち21の市町村が離島となっています。

解答 問1－(3)

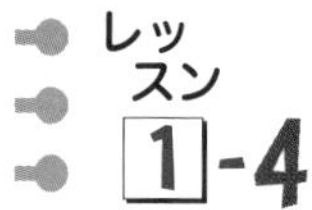

防火対象物と消防対象物

レッスン1-1で防火対象物は消防対象物に含まれる（図1）ことを解説しました。重要！

防火対象物には一戸建て住宅やテラスハウスなどは含まれません。消防対象物に含まれます。消防対象物には庭木や納屋も含みます。

防火対象物は、消防法施行令別表第1により表1のように定義されています。重要！

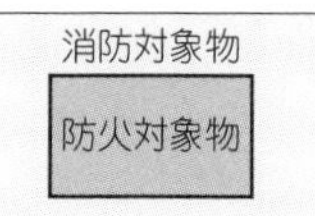

● 図1 ●

● 表1　防火対象物の用途区分表（消防法施行令別表第1）●

項別		防火対象物の用途等
(1)	イ	劇場、映画館、演芸場、観覧場
	ロ	公会堂、集会場
(2)	イ	キャバレー、カフェー、ナイトクラブ
	ロ	遊技場、ダンスホール
	ハ	風俗営業等を営む店舗
	ニ	カラオケボックス、個室を客に利用させる店舗
(3)	イ	待合、料理店
	ロ	飲食店
(4)		百貨店、マーケット、物品販売業を営む店舗、展示場
(5)	イ	旅館、ホテル、宿泊所
	ロ	寄宿舎、下宿、共同住宅
(6)	イ	病院、診療所、助産所
	ロ	特別養護老人ホーム、介護老人保健施設等介護を必要とする高齢者の諸施設や救護施設、乳児院 知的障害児施設、盲ろうあ児施設など（自力で避難することが著しく困難な者が入居・入所する社会福祉施設）
	ハ	介護を必要としない高齢者の諸施設 更正施設、助産施設、保育所、児童養護施設、通所施設
	ニ	幼稚園、特別支援学校
(7)		学校
(8)		図書館、博物館、美術館
(9)	イ	公衆浴場のうち、蒸気浴場、熱気浴場（サウナ等）
	ロ	イに掲げる公衆浴場以外の公衆浴場
(10)		車両の停車場、船舶、航空機の発着場、待合所
(11)		神社、寺院、教会
(12)	イ	工場、作業場
	ロ	映画スタジオ、テレビスタジオ
(13)	イ	駐車場
	ロ	飛行機、回転翼式飛行機（ヘリコプター）の格納庫

項別		防火対象物の用途等
(14)		倉庫
(15)		前各項に該当しない事業場（事務所ビル等）
(16)	イ	複合用途防火対象物のうち、その一部が特定用途のもの（いわゆる雑居ビル）
	ロ	イ以外の複合用途防火対象物
(16の2)		地下街
(16の3)		準地下街
(17)		重要文化財、重要美術品として認定された建造物
(18)		延長50メートル以上のアーケード
(19)		市町村長の指定する山林
(20)		総務省令で定める舟車

注1）ここではわかりやすくするため一部を省略してあります。
注2）色がついている項目は特定防火対象物です（→レッスン1-5で解説します）。

マメ知識 ➡➡➡ 長屋と共同住宅

今はテラスハウスなんていいますが、法律上は長屋のことです。共同住宅との違いは、共同住宅は共用する廊下や階段を有するものをいい、長屋は共用する部分をもたないものをいいます。

よく出る問題

問 1 ［難易度 😊😐😞］

防火対象物と消防対象物について正しいものはどれか。

(1)　消防対象物には、総務省令で定める車、船などは含まれていない。
(2)　消防対象物と防火対象物にはそれぞれの関連はない。
(3)　消防法の規制を受ける防火対象物にはあらゆる建築物が含まれる。
(4)　消防法の規制を受ける防火対象物には一戸建て住宅は含まれない。

解説　消防対象物には、庭木や納屋などのほか、車、船などが含まれます。防火対象物は消防対象物に含まれています。消防法の規制を受ける防火対象物は表1に定められた用途のものとなります。

解答 問1－(4)

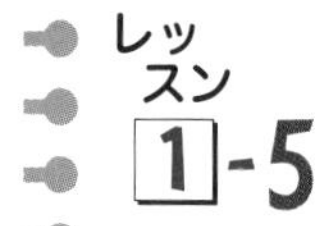

レッスン 1-5 特定防火対象物

重要度

特定防火対象物とは、防火対象物（➡レッスン 1-4）のうち「多数の者が出入りするものとして政令で定めるもの」と規定されています。不特定多数の人が建物に入るか入らないかで区分されます。表1に例を挙げてみましょう。

● 表1 ●

従業員が 1 000 人以上の工場	中の人は特定される	非特定防火対象物
生徒数 500 人の学校	中の人は特定される	非特定防火対象物
30 人で満席の飲食店	中の人は特定されない	特定防火対象物

中の人が特定されると「非特定用途」、特定されないと「特定用途」です。間違えやすいですね。

つまり、**防火対象物を利用する個人が定まっていないもの**（不特定多数の人が出入りする防火対象物）は特定防火対象物に該当します。飲食店に入る人は決まっていませんから、特定防火対象物であり、事務所は決まった人しか使用しませんので非特定防火対象物となります。その他の基準もみてみましょう。

特定防火対象物のうち特に注意が必要なのが「**介護が必要な人たちが入所する防火対象物**」「**複合用途防火対象物**」「**特定一階段等防火対象物**」です。これらの特定対象物はいずれも**近年**、**火災による犠牲者が多く**、その都度法令が改正され、より厳しい規制がかけられています。重要！

(1) 介護が必要な人たちが入所する防火対象物〈(6)項ロ〉

レッスン 1-4 で令別表第１ **(6)項ロに分類される防火対象物**は、火災が発生したときに自力での避難が困難である方が入所されているため、他の施設よりさらに厳しい規制があります。

6 項の（ロ）と（ハ）の違いは介護が必要な人の施設が（ロ）、介護の必要がない人の施設が（ハ）です。

(2) 複合用途防火対象物〈(16)項〉

二つ以上の異なる用途が存在する防火対象物のことをいいます。**用途に特定用**

途が含まれているもの〈(16)項イ〉と、そうでないもの〈(16)項ロ〉で分類されます。単一の用途となる防火対象物とは基準が異なります。例として、事務所ビルの中にレストランがあったり、図書館の階下がスーパーマーケットだったりした場合は、**建築物全体が特定防火対象物とみなされ**、(16)項イとなるので特定用途ではない部分も特定用途に対応した規制となります。

(3) 特定一階段等防火対象物 重要!

避難階以外の階に特定用途が存在し、避難階又は地上までの直通階段が一つしかない防火対象物をいいます。レッスン1-7で解説します。

マメ知識 ➡➡➡ 図書館、博物館、美術館が特定防火対象物にならないのはなぜ?

図書館や美術館等は公設のものが多く、収容物の価値やその保全の必要性等から他の建物に比べ、防火や避難の管理が行き届いているとみなされており、不特定多数の人間が出入りするものの非特定防火対象物に分類されています。神社仏閣もこれに類します。

よく出る問題

問 1 [難易度 😊😐😞]

特定防火対象物について、誤っているものはどれか。

(1) 介護が必要な人たちが入所する防火対象物は、特定一階段等防火対象物である。
(2) 特定防火対象物とは、大きく分けると、利用する個人が不特定多数の防火対象物を指す。
(3) 二つ以上の異なる用途が存在する防火対象物のことを、複合用途防火対象物という。
(4) 建築物全体が特定防火対象物とみなされると、特定用途ではない部分も特定用途に対応した規制となる。

介護が必要な人たちが入所する防火対象物は6項の(ロ)に規定される特定防火対象物です。

解答 問1-(1)

1学期 ➡ 筆記試験対策
2学期 ➡ 実技試験対策
3学期 ➡ 模擬試験

レッスン 1-6 適用単位の特例

重要度

敷地内に2棟以上の防火対象物がある場合、消防設備の設置基準は一棟単位で適用されます。ただし、例外として以下のものは別々の防火対象物として扱われます。

(1) 開口部のない耐火構造の床又は壁で区画されている場合

同じ棟内で「**防火対象物が開口部のない耐火構造の床又は壁で区画されている**」場合、その区画された部分は、それぞれ別の防火対象物とみなされます。消防法施行令第8条に記載されている区画であることから「**令8区画**」といいます（図1）。重要!

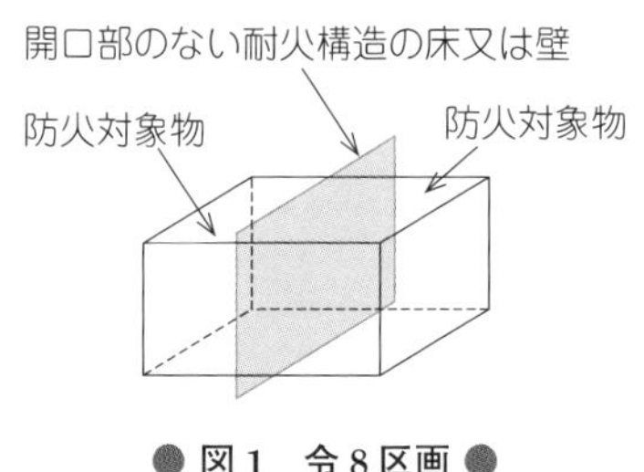

● 図1　令8区画 ●

(2) 複合用途防火対象物

同じ棟内であっても、それぞれの**用途単位ごとに同一の防火対象物**とみなされ、床面積の合計を算出したうえで設置します（図2）。重要!

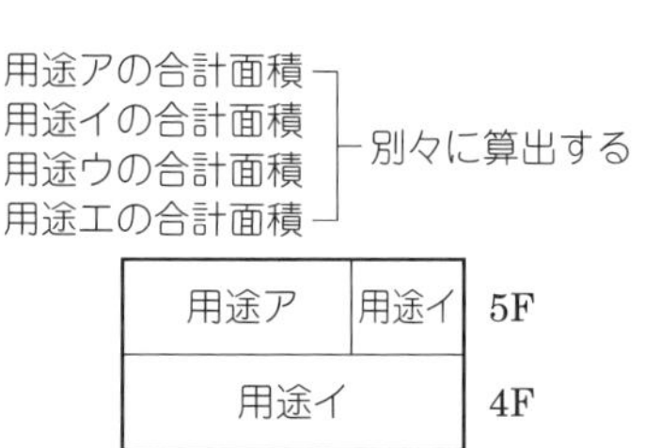

● 図2 ●

また、火災が発生した場合、下記にあげる建築物全体で機能する必要があるものについては、棟単位での適用となります。

・**地下街**

地下街は全体で一つの防火対象物と見なされます。用途は分別されません。

・**消防長または消防署長が指定する、地下街と隣接する特定防火対象物の地階**

・**渡り廊下などで防火対象物を接続した場合**

一棟の防火対象物とみなされます。

しかし、管理権原者が同一で、一方が他方の従属的な用途となっていたりする場合は「**機能従属**」といい、主に扱われる用途に合わせた消防設備を設置します(表1)。

表1

項		主たる用途	従属用途
(1)	イ	舞台部・客室・映写室・ロビー・切符売り場・控え室・大道具小道具室・衣裳部屋	専用駐車場・売店・食堂・喫茶室
	ロ	集会室・会議室・ホール・宴会場	食堂・喫茶室・専用駐車場・図書室
(2)	イ	客室・ダンスフロアー・舞台部・調理室・更衣室	売店・食堂・喫茶室・専用駐車場
	ロ	遊戯室・遊戯機械室・作業室・更衣室・待合室・景品場・ゲームコーナー・舞台部・客室	
	ハ	客室・通信機械室・リネン庫・物品庫・更衣室・待合室・休憩室・事務室	託児室・専用駐車場・売店
	ニ	客室・客席・通信機械室・リネン庫・物品庫・更衣室・待合室・舞台部・休憩室・事務室	
(3)	イ ロ	客席・客室・厨房	結婚式場・専用駐車場
(4)	イ	売り場・荷捌き場・商品倉庫・食堂・事務室	催事場・写真室・遊技場・結婚式場・専用駐車場・診察室・集会室
(5)	イ	宿泊室・フロント・ロビー・厨房・食堂・浴室・談話室・洗濯室・配膳室・リネン室	娯楽室・宴会場・結構式場・会議室・ビアガーデン・両替所・専用駐車場
	ロ	居室・寝室・厨房・食堂・教養室・休憩室・浴室・共同炊事場・洗濯室・配膳室・リネン室	食堂

項		主たる用途	従属用途
(6)	イ	診察室・病室・手術室・検査室・薬局・事務室・機能訓練室・面会室・談話室・研究室・厨房・洗濯室・リネン室・当直室	食堂・売店・専用駐車場
	ロ	居室・集会室・機能訓練室・面会室・食堂・厨房	売店
	ハ ニ	教室・職員室・遊戯室・休養室・講堂・厨房・体育館	食堂
(7)		教室・職員室・体育館・講堂・図書室・会議室・厨房・研究室・クラブ室・保健室	食堂・売店
(8)		閲覧室・展示室・書庫・ロッカー室・ロビー・工作室・保管格納庫・資料室・研究室・会議室・休憩室	食堂・売店
(9)	イ	脱衣室・浴室・休憩室・体育室・待合室・マッサージ室・ロッカー室・クリーニング室	食堂・売店・専用駐車場
	ロ	脱衣室・浴室・休憩室・クリーニング室	専用駐車場
(10)		乗降場・待合室・運転司令室・電力司令室・手荷物取扱所・一時預り所・ロッカー室	売店・食堂・旅行案内所
(11)		本堂・拝殿・客殿・礼拝堂・社務所・集会室	宴会場・厨房・結構式場・専用駐車場
(12)	イ	作業所・設計室・研究室・事務室・更衣室・物品庫	食堂・売店・専用駐車場・託児室
	ロ	撮影室・舞台部・録音室・道具室・衣装室・休憩室	食堂・売店・専用駐車場
(13)	イ	車庫・車路・修理場・洗濯場・運転手控え室	専用駐車場
	ロ	格納庫・修理場・休憩室・更衣室	
(14)		物品庫・荷捌き室・事務室・休憩室	食堂・売店・専用駐車場
(15)		事務室・休憩室・会議室	食堂・売店・専用駐車場・診察室

また、用途が「**建物の延べ面積の 10% 以下、かつ 300 m^2 未満の場合、その建物の用途は、主たる用途の部分に従属する**」という規定があります。これを「**みなし従属**」といい、その部分の消防設備は主に扱われる用途に合わせた設備となります。

しかし、近年は複合的に使用される防火対象物が多く、火災による人的被害等が大きくなることが想定されるため、極めて小規模なものであっても、**令別表第1の（2）項ニ、（5）項イ、（6）項イ、6 項ロ、6 項ハ（利用者を入居させ、又は宿泊させるもの）が建物の一部に存する場合はみなし従属規定を適用すること**

はできません。みなし従属規定を適用することができない用途部分は設置基準が強化され、必要な消防用設備等が設置されることになりますが、防火対象物全体が複合用途防火対象物となるため、その用途部分以外の部分にも強化された基準が及び、過剰な規制となってしまう可能性があります。このため、令別表第１（16）項イに掲げる防火対象物の特定用途部分の合計床面積が「みなし従属」の要件に適合しているものを「**小規模特定用途複合防火対象物**」として消防用設備等の設置基準を緩和する措置がとられています。

よく出る問題

問 1 ［難易度 😊😐😞］

次の説明のうち、誤っているものはどれか。

(1) 建物の延べ面積の10%、かつ300 m^2 未満の場合、その建物の用途は主たる用途の部分に従属する。

(2) (6) 項ロが建物の一部にある場合に、その面積が50 m^2 以下の場合、みなし従属規定を適用することができる。

(3) 消防設備の設置基準は一棟単位で適用される。

(4) 複合用途防火対象物は、それぞれの用途単位ごとに同一の防火対象物とみなされる。

解説　(6) 項のロが建物の一部にある場合は面積にかかわらず、みなし従属は適用されません。

問 2 ［難易度 😊😐😞］

次の説明のうち、誤っているものはどれか。

(1) 令８区画とは、防火対象物が開口部のない耐火構造の床又は壁で区画されている部分である。

(2) 令８区画を含む防火対象物は、それぞれ別の防火対象物とみなされるので、その用途に合った消防用設備をそれぞれ設置しなければならない。

(3) 管理権原者が同一で、一方が他方の従属的な用途となっている場合をみなし従属という。

(4) 地下街は全体で一つの防火対象物とみなされる。

解説　管理権原者が同一で、一方が他方の従属的な用途となっている場合は「機能従属」といいます。

解答 問１－(2)　問２－(3)

レッスン 1-7 特定一階段等防火対象物

重要度

レッスン1-5で述べましたが、特定一階段等防火対象物とは**防火対象物のうち、避難階以外の階に特定用途が存在する防火対象物で、避難階以外の階から避難階又は地上に直通する階段が2以上設けられていないもの**をいいます（1階及び2階を除きます）。重要!

避難階へ通じる**階段**が2以上あっても、建物内が間仕切りなどによって、**実際には一つの階段しか利用できない場合**（図1右）は、**特定一階段等防火対象物**となります。

ただし、避難階や地上へ通じる**階段が屋外に設置**されている場合（図1中）は、例外として**特定一階段等防火対象物**とはなりません。重要!

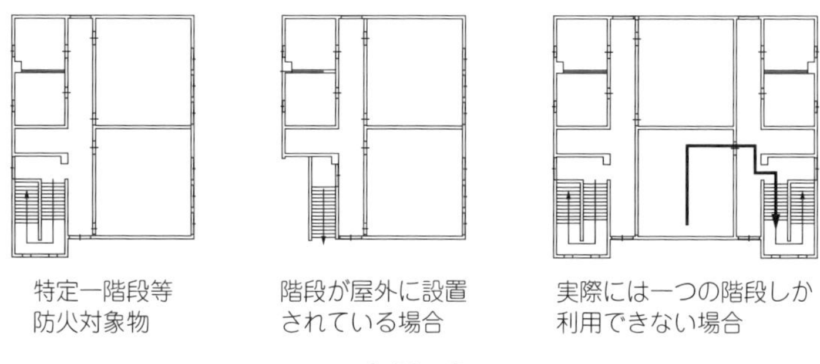

図1

これらの建物は、出火の危険性がある特定用途が内部に存在し、火災等の災害が発生した場合、建物内の人が避難することが困難と予想されます。そのため、防火管理を充実し、また強化することで、**火災の発生の予防**と、火災が起きたときの**被害の軽減**を目的として次の基準が強化されています。

① **火災の早期発見➡自動火災報知設備の設置基準の強化**

② **避難経路が使用できない可能性➡避難器具設置基準の強化**

この基準は、2001年に発生し44名もの犠牲者が出た雑居ビル火災を契機に改正された消防法で新たに規定されました。この基準は新築物件だけでなく、**既存の建物も対象**となっています。

避難器具の設置基準の強化に関してはレッスン2-5で解説します。

また、レッスン1-5で述べた小規模特定用途複合防火対象物には含まれません。

よく出る問題

問 1 ［難易度 😊😐☹］

特定一階段等防火対象物について、正しいものはどれか。

(1) 特定一階段等防火対象物とは避難階又は地上に直通する階段が２以上設けられていないものをいい、特定用途の存在は関係ない。

(2) 避難階へ通じる階段が２以上ある場合は、特定一階段防火対象物ではない。

(3) 避難階や地上へ通じる階段が屋外に設置されているときは、特定一階段等防火対象物ではない。

(4) 既存の建築物はこの基準は適用されない。

解説　１階又は２階を除く避難階以外に特定用途があり、避難階又は地上に直通する階段が２以上設けられていないものが特定一階段等防火対象物です。避難階へ通じる階段が２以上あっても間仕切りなどによって、実際に一つの階段しか利用できない場合は特定一階段等防火対象物です。建築基準法施行令第26条に規定する傾斜路は階段に含まれます。

解答 問１－(3)

消防用設備等

重要度

消防用設備等は消防法第 17 条で、「政令で定める消防の用に供する設備、消防用水及び消火活動上必要な施設」とされています。

消防の用に供する設備としては、**消火設備、警報設備及び避難設備** 重要! とされています。その他も含めて表 1 にまとめます。

表 1

消防の用に供する設備	消火設備	消火器・簡易消火用具（水バケツ・水槽・乾燥砂・膨張ひる石又は膨張真珠岩）・屋内消火栓設備・スプリンクラー設備・水噴霧消火設備・泡消火設備・不活性ガス消火設備・ハロゲン化物消火設備・粉末消火設備・屋外消火栓設備・動力消防ポンプ設備など
	警報設備	自動火災報知設備・ガス漏れ火災警報設備・漏電火災警報器・消防機関へ通報する火災報知設備・警鐘、携帯用拡声器、手動式サイレンその他の非常警報器具及び次に掲げる非常警報設備（非常ベル・自動式サイレン・放送設備）など
	避難設備	すべり台、避難はしご、救助袋、緩降機、避難橋その他の避難器具・誘導灯・誘導標識等
消防用水		防火水槽又はこれに代わる貯水池等
消火活動上必要な施設		排煙設備・連結散水設備・連結送水管・非常コンセント設備など

よく出る問題

問 1 ［難易度 😊😐😣］

次の内容のうち、消防の用に供する設備等でないものはどれか。

(1) 消火器
(2) 漏電火災警報設備
(3) 非常ベル
(4) 防火水槽

(1)～(3) は消防の用に供する設備、(4) は消防用水です。

問 2 ［難易度 😊😐😣］

消防用設備等について書かれた次の内容のうち、正しいものはどれか。

(1) 消防の用に供する設備は、消火設備、警報設備及び避難設備である。
(2) 消防の用に供する設備の避難設備には、避難階段も含まれている。
(3) 消火活動上必要な施設も、消防の用に供する設備である。
(4) 排煙設備は自動火災報知設備と連動しているので、消防の用に供する設備である。

解説　避難設備に含まれるものは避難器具及び誘導灯・誘導標識です。また、消火活動上必要な施設は消防用設備等ではありますが、消防の用に供する設備ではありません。排煙設備は消火活動上必要な施設に分類されます。

マメ知識 ➡➡➡ 特殊消防用設備等

新たに開発された消防用設備等またはこれに類する設備・機器が、従前からある設備よりも効果が高いと消防長や消防署長が判断した場合、令第32条の規定により設置が認められてきました。しかし、建築の多様化や新技術の開発に法整備が追いつかないため技術的基準を定め規制する法令の性能規定化を図る目的で、総務省消防庁において平成15年6月に法令の改正が行われました。消防法第17条に第3項が追加され、総務大臣の認定を受ければ特殊消防用設備等として運用できるということになりました。

解答　問1－(4)　　問2－(1)

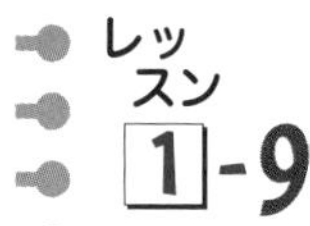

レッスン 1-9 遡及・不遡及

重要度

日本の法律は法律が施行される以前のことに対しては、その法律は効力を有しないという、**法律不遡及の原則**があります。

消防設備等の規格が変わるたびに、遡って既存の防火対象物に適用すると、設置者の経済的負担が大きくなります。そこで、消防法では法令や規格が改正されても既存の防火対象物には適用しないことを特に**既存不遡及の原則**といいます。重要！

しかし、消防法は大きな火災等が起きる都度、改正されています。レッスン1-5で解説した通り、特定防火対象物は「多数の者が出入りするものとして政令で定める防火対象物」とされています。特定防火対象物は、ひとたび火災が起きると、人命に大きな被害が発生することも想定されます。そこで、消防法では特定防火対象物に適用すべき消防用設備等については、基準改正の有無にかかわらず、すべての消防用設備等を現行の技術的基準に従って設置・維持しなければならないとされています。これを**例外（遡及）規定**といい、遡及適用されます。**特定防火対象物ではない防火対象物の消防用設備等は、遡及適用されません。**
重要！

遡及適用される消防設備は用途や規模によって内容が異なります（表1）。

● 表1　遡及適用される消防設備 ●

消火設備	消火器具、屋内消火栓、スプリンクラー設備、水噴霧消火設備等、屋外消火栓設備、動力消防ポンプ設備
警報設備	自動火災報知設備、ガス漏れ火災警報設備、漏電火災警報器、消防機関に通報する設備、非常警報器具、非常警報設備
避難設備	避難器具、誘導灯・誘導標識
消火活動上必要な施設	連結送水設備、排煙設備、連結散水設備、非常コンセント設備等

非特定防火対象物であっても、以下に該当する場合は**遡及適用**となります。
重要！

① **改正後の基準法令に違反**していて、**従前の規定にも違反**している場合

② 基準法令の改正後に**床面積の合計が 1 000 m^2 以上、又は延べ面積の 1/2 以上にあたる部分の改築・増築・改装・修繕**等が行われた場合、または防火

上主要な間仕切り壁（**主要構造物である壁**という）**について過半の改修**が行われた場合（屋根・床は該当しない）。

③　**任意設置の消防設備**であっても、基準法令の改正により**新基準に適合した場合**

また、消火器、避難器具その他政令で定めるものについては非特定防火対象物でも遡及対象となります。

よく出る問題

問 1　［難易度 😊😐😞］

遡及適用について、誤っているものはどれか。

(1) 既存不遡及の原則とは、法令や規格が改正されても既存の防火対象物には適用しないことをいう。

(2) 特定防火対象物に適用すべき消防設備は、現行の技術的基準に従って設置・維持しなければならない。

(3) 特定防火対象物ではない防火対象物の消防用設備等は、遡及適用されない。

(4) 床面積の合計が 2 000 m² を超える、又は延べ面積の 1/2 以上にあたる部分の改築・増築・改装・修繕等が行われた場合は遡及適用する。

床面積の合計は 1 000 m² 以上の場合は遡及適用されます。

問 2　［難易度 😊😐😞］

次の消防用設備等のうち、用途にかかわらず遡及適用されるものはどれか。

(1) スプリンクラー設備

(2) 屋内消火栓設備

(3) 泡消火装置

(4) 避難器具

解説　非特定防火対象物の場合、既存不遡及の原則により (1)、(2)、(3) は改正の度に遡及されないが、(4) は遡及対象とされています。特定用途の場合はすべて遡及されます。

解答　問１－(4)　　問２－(4)

レッスン 1-10 防火管理と防火対象物の点検

重要度

(1) 防火管理者

防火管理者とは、多数の人が利用する建物等の「火災による被害」を防止するため、防火管理に係る消防計画を作成し、**防火管理上必要な業務**（防火管理業務）**を計画的に行う責任者**をいい、一般的には防火管理講習の講習を受講し課程を修了することにより資格を得られます。

この講習は、講習種別によって甲種と乙種とに区分されます。多数の人が出入りする防火対象物は防火管理者の選任が必要です（表1）。

防火管理者の業務は、**消防計画の作成・消火、通報及び避難訓練の実施、消防用設備等の点検及び整備、火気の使用又は取扱いに関する監督、避難又は防火上必要な構造及び設備の維持管理、収容人員の管理、その他防火管理上必要な業務**です。

乙種防火管理講習修了者を防火管理者に選任することができる防火対象物は、比較的小規模なものに限られています。一つの敷地に同じ用途の防火対象物が複数あり、**管理権原者が同じであれば、収容人員の合計**により、防火管理者が必要かどうかを判定します。なお、防火対象物のうち、山林、アーケード、準地下街、舟車について防火管理者は不要です（準地下街は、別途後述する統括防火管理者が必要となります。）

(2) 共同防火管理

複数の管理権原者が存在する建物では、防火管理の統一性を図るため、管理権原者同士が防火管理上必要な義務に関する事項を協議し、共同で防火管理を行う必要があります。これを**共同防火管理**といい、**共同防火管理協議会の設置**が義務づけられています。管理権原者は、共同防火管理の協議をすべき事項を定め、管轄消防署長に届け出ます。また、建物全体にわたる防火管理上必要な業務を統括する**統括防火管理者の選任**も義務づけられています。以下の防火対象物は共同防火管理協議会の設置と統括防火管理者の選任が義務づけられています（表2）。

(3) 防火対象物の点検

防火対象物定期点検報告制度はレッスン1-14に出てくる消防用設備等点検報告制度とは異なる制度で、おもに**防火対象物が適正に管理されているかを点検する制度**です。点検できる資格者は**防火対象物点検資格者**であり、表3の防火対象物の管理権原者はそれを受けて**1年に1回消防長等に点検報告**をしなくては

● 表1　防火管理者の選任を必要とする防火対象物 ●　重要!

施設等	収容人数
要介護福祉施設等（令別表第1（6）項ロの用途）	10人以上
特定防火対象物	30人以上
非特定防火対象物	50人以上

● 表2　統括防火管理者の選任が必要な防火対象物 ●

軒の高さが**31mを超える高層建築物**
6項のロに該当する社会福祉施設等が入っている建物のうち3階建て以上で収容人員が10人以上のもの
複合用途防火対象物のうち**特定用途を含む**3階建て以上で収容人員が**30人以上**のもの
非特定用途のみの複合用途防火対象物のうち5階建て以上で収容人員が**50人以上**のもの
地下街のうち消防長または消防署長が指定するもの
準地下街

なりません。防火対象物の管理権原者が、消防機関に申請して検査を受け、一定期間継続して基準に適合していると認められた場合、防火優良認定を受けている表示ができるとともに、点検・報告の義務が3年間免除されます。これを**特例認定**といいます。

(4)　自衛消防組織

表2、表3および1 000 m^2 を超える地下街の防火対象物の管理権原者は**自衛消防組織**を設置しなければなりません。1つの建築物に複数の事業所が入っている場合は、各事業所の管理権原者にも設置の義務があり、共同して自衛消防組織を設置します（表4、表5）。

マメ知識 ➡➡➡ 統括防火管理者の責務

統括防火管理者は、建物全体についての防火管理に係る消防計画を作成し、消防署長に届け出る義務があります。

その他、作成した消防計画に基づき、建物全体の消火・通報及び避難の訓練を実施し、各テナントの防火管理者に対しても訓練の参加を促す、廊下や階段等の共用部分に避難の支障となる物件を置いているテナントに対しては、当該物件を撤去させるよう指示する、建物全体の防火管理業務を行うにあたり、必要に応じて各管理権原者の指示を求め、誠実にその職務を遂行する等、防火管理上必要な業務を行う責務があります。

● 表3　報告義務のある防火対象物 ●

A	収容人員が 300 人以上のもの	
B	特定一階段等防火対象物で避難階以外に(6)項ロ（要介護施設）があるもの	収容人員が 10 人以上で報告
C	特定一階段等防火対象物で避難階以外に(6)項ロ（要介護施設）以外の特定用途があるもの	収容人員が 30 人以上で報告

● 表4　自衛消防組織の設置が必要な条件 ●

防火対象物	階数（地階を除く）	延べ面積
令別表第 1（1）項～（4）項、（5）項イ、（6）項～（12）項、（13）項イ、（15）項～（17）項	11 階以上	10 000 m² 以上
	5 階以上 10 階以下	20 000 m² 以上
	4 階以下	50 000 m² 以上

● 表5　自衛消防組織の設置が必要な防火対象物その2 ●

対象用途	対象用途に供する部分がある階（地階を除く）	対象用途に供する部分の延べ面積
複合用途防火対象物（16）項の場合	11 階以上	10 000 m² 以上
	5 階以上 10 階以下	20 000 m² 以上
	4 階以下	50 000 m² 以上

よく出る問題

問 1 ［難易度 😊😐😣］

防火管理者について書かれた次の項目のうち、正しいものはどれか。

（1）防火管理者の選任は収容人員が 10 人以上の建物から必要である。

（2）防火管理者の業務には消防計画の作成がある。

（3）防火管理者は資格がなくても誰でも名乗ることができる。

（4）防火管理者には甲種と乙種があり、甲種の選任は小規模な建築物に限られる。

解説　収容人員が 10 人以上から必要なのは（6）項の（ロ）防火対象物です。防火管理者は防火管理講習の講習を受講して、課程を修了する必要があります。甲種防火管理者はすべての防火対象物で防火管理者に選任できますが、乙種防火管理講習修了者は、比較的小規模なものに限り選任することができます。

解答 問 1 −（2）

レッスン 1-11 消防設備士制度

重要度 ///

(1) 消防設備士制度

消防設備士は、消防設備について一定の知識と技術を有する資格者・技術者で国家資格です。甲種は免状に記載されている種類の、消防用設備等の工事、整備（点検を含む）を、乙種は整備（点検を含む）を行うことができます。消防設備等の設計・工事、整備は、消防設備士でなければできない**独占業務**です。重要！

(2) 消防設備士の義務

① **誠実業務**➡消防設備士は、その**業務を誠実に行い、工事整備対象設備等の質の向上に努めなければなりません**。

② **免状の携帯**➡消防設備士は、その業務に従事するときは、**消防設備士免状を携帯していなければなりません**。重要！

③ **講習受講の義務**➡消防設備士には定期的に講習を受ける義務があり、受講は資格を取得してから最初の4月1日から**2年以内**に、それ以降は**5年ごと**に受講の義務が発生します。違反した場合は、**免状の返納命令**を受けることになります。**受講義務は業務に携わっていなくても発生**します。重要！

(3) 消防設備士免状の注意事項

① 書換えの申請➡消防設備士免状に記載してある事項に変更が生じた場合は、速やかに免状の書換え手続きを行う必要があります。**免状の交付又は書換えをしたことのある都道府県であれば、そのいずれの知事宛にも申請できます**。同一都道府県内での本籍の変更と**現住所**の変更の場合は**申請の必要はありません**。

② 写真の書換え➡消防設備士免状に貼ってある写真は、**10年に1回、貼替えが必要**です。**居住地か勤務地又は免状の交付を受けた都道府県知事宛に書換え手続きの申請**をします。

③ 免状の紛失等➡免状を紛失した場合や、破損、汚損等により免状の記載内容が確認できなくなった場合には、免状を**交付又は書き換えた都道府県の知事宛に再交付申請**することができます。また、再交付後、紛失した免状を発見した際は、**発見した日から10日以内に再交付した都道府県知事**に提出しなければなりません。

(4) 消防設備士の業務範囲

消防設備士5類の場合、**甲種のみが行える工事としては、取付け具を設置す**

るためのアンカー工事があります。他の業務は甲種乙種とも同様です。重要！

よく出る問題

問 1 ［難易度］

消防設備士について誤っているものはどれか。

(1) 消防設備士は、その資格があれば、消防設備士免状はコピーで携帯していればよい。

(2) 甲種消防設備士は工事、点検を含む整備を行うことができる。

(3) 消防設備士は国家資格である。

(4) 消防設備等の設計・工事、整備は、消防設備士の独占業務である。

解説　業務に従事するときは、消防設備士免状を携帯していなければなりません。

問 2 ［難易度］

消防設備士制度について正しいものはどれか。

(1) 業務に携わっていなければ消防設備士講習は受講しなくてよい。

(2) 紛失した免状を発見した場合、どこの知事でもよいので、10 日以内に届け出なくてはならない。

(3) 同一都道府県内で現住所が変わった場合でも、速やかに届け出なくてはならない。

(4) 消防設備士免状に記載されている種類の消防用設備等以外の設計・工事、整備は行うことができない。

解説　業務に携わっていなくても、講習受講義務は発生します。紛失した免状を発見した場合は再交付した都道府県の知事宛に、10 日以内に届け出なくてはなりません。住所は設備士免状に記載されていないので、届け出る必要はありません。

解答　問 1 −(1)　　問 2 −(4)

レッスン 1-12 消防用設備等の届け出

重要度

(1) 消防同意

消防法に定められた建築物を建築しようとする場合、建築主は申請書による建**築確認**を受けて、確認済証の交付を受けなければ建築することができません。

建築確認は、特定行政庁または地方自治体の建築主事、指定確認検査機関の建築基準適合判定資格者が行います（以下、建築主事等とします）。確認申請が出されると建築主事等は審査をし、適法であれば消防機関に同意を求めます。消防機関は、防火対象物の安全確保のため、建築計画の消防上の問題点を確認し、**消防設備に問題がないことをもって、建築に同意**します。これを**消防同意**といいます。重要！

消防同意は消防長又は消防署長（消防本部を置かない場合は市町村長）の同意であり、同意を求められてから**7日以内に建築主事等に同意を与えなくてはいけません**（一般住宅は3日以内）。申請書等の内容が防火に関する規定に違反し、防火上著しく支障のあるものは不同意とされます。同意・不同意ともに、建築主事等に通知されます。

同意を求めるのは建築主事等！
建築主ではありません

(2) 工事整備対象設備等着工届と消防用設備等（特殊消防用設備等）設置届出書

① 工事整備対象設備等着工届

表1の消防用設備等の設置に係る工事を行う場合、**甲種消防設備士はその工事に着手しようとする日の10日前までに**、工事整備対象設備等の種類、工事の場所及びその他の必要な事項を消防長又は消防署長に届け出なければなりません。これが**工事整備対象設備等着工届出書**です。着工届と省略される場合が多いです。現在は届出の捺印は不要であり、また提出先の自治体により電子申請が進められています（表1）。重要！

着工届の提出義務は甲種
消防設備士にあります

② 消防用設備等（特殊消防用設備等）設置届出書

防火・防災管理の対象となる建物等に消防用設備等を設置した場合、**防火対象物の関係者は、消防用設備等の設置完了後4日以内に**、消防長又は消防署長に届け出なければなりません。これが**消防用設**

設置届の提出義務は防火対
象物の関係者

備等（特殊消防用設備等）設置届出書です。設置届と省略される場合が多いです。着工届同様、捺印は不要であり、また提出先の自治体により電子申請が進められています。重要！

消防長又は消防署長は設置届が提出された防火対象物に対し確認検査を行い、合格した場合は**検査済書を発行**します。

● 表1　工事整備対象設備等着工届出書が必要な消防用設備等 ●

1	屋内消火栓設備	8	屋外消火栓設備
2	スプリンクラー設備	9	自動火災報知設備
3	水噴霧消火設備	9-2	ガス漏れ火災警報設備
4	泡消火設備	10	消防機関へ通報する火災報知設備
5	不活性ガス消火設備	11	金属製避難はしご（固定式のものに限る。）
6	ハロゲン化物消火設備	12	救助袋
7	粉末消火設備	13	緩降機

よく出る問題

問 1　[難易度 😊😐😞]

消防用設備等の届け出について正しいものはどれか。

(1) 消防設備士は工事着手しようとする日の10日前までに着工届を提出しなければならない。

(2) 消防設備士は工事着手しようとする日の4日前までに着工届を提出しなければならない。

(3) 消防設備士は消防用設備等を設置後、10日以内に設置届を提出しなければならない。

(4) 消防設備士は消防用設備等を設置後、4日以内に設置届を提出しなければならない。

解説　消防設備士は工事を着手しようとする日の10日前までに着工届を提出しなければなりません。また、防火対象物の関係者は、消防用設備等の設置完了後4日以内に、消防長又は消防署長に届け出なければなりません。設置届は消防設備士の義務ではなく防火対象物の関係者の義務です。

問 2　[難易度 😊😐😞]

建築確認等について、下記の説明文のうち正しいものはどれか。

(1) 消防同意を求めるのは建築主である。

(2) 一般住宅を除き、消防長は消防同意を求められてから7日以内に同意を与えなくてはならない。

(3) 同意・不同意ともに建築主に通知される。

(4) 建築確認は消防同意がなくても確認済として効力を発揮する。

解説　消防同意は建築主事等に求めます。建築主ではありません。消防設備に問題がないことをもって、建築に同意します。同意・不同意は同意を求めている建築主事等に通知します。消防同意がなくては建築確認の確認済は発行されません。

解答　問1－(1)　問2－(2)

レッスン 1-13 消防用設備等の点検

重要度 ///

防火対象物の関係者（所有者・管理者・占有者）は、消防法（消防法第17条の3の3）に基づき設置された消防用設備等を定期的に点検し、その結果を消防長又は消防署長に報告する義務があります。

点検には**機器点検**と**総合点検**があり、機器点検は6か月に1回、外観確認又は簡易な操作により確認し、総合点検は1年に1回、全部又は一部を作動させ、総合的な機能を確認します。つまり、**総合点検は機器点検を含みます。** 重要！

点検をすることができるのは消防設備士又は消防設備点検資格者ですが、**防火対象物の面積等の条件によっては、防火対象物の関係者が行うこともできます。**消防設備士又は消防設備点検資格者でないと点検できないものを表1に示します。

● 表1　消防設備士又は消防設備点検資格者でないと点検できないもの ●

種別	面積	報告義務
特定防火対象物	延べ面積 1 000 m^2 以上	1年ごと
非特定防火対象物	延べ面積 1 000 m^2 以上	3年ごと
特定一階段等防火対象物	面積にかかわらず	1年ごと

※上記以外の防火対象物は防火対象物の関係者が行ってもよい

点検は消防設備等の種類によって、点検機器や専用の工具が必要になりますので、消防設備士又は消防設備点検資格者が行うことが望ましいでしょう。また、点検の結果によって不備があった場合、**改修や整備は消防設備士しか行うことができません。** 重要！

また、**点検結果の報告を怠った場合や、虚偽の報告を行った場合は30万円以下の罰金又は拘留**、その法人に対しても同様の罰金となっています。

学習法のヒント！

大脳には右脳と左脳があり、右脳はイメージなどを、左脳は論理的思考などを主に受け持っています。試験勉強では、論理的に考えることが多いので、どちらかというと左脳を多く使うことになります。しかし、左脳ばかりに頼っていると、記憶することが難しくなってきます。また、ストレスもたまります。そこで右脳を使い、イメージとして一瞬で記憶する方法も併用しましょう。具体的には、ノートを作り、「見ただけで目に飛び込んでくる」ように整理しておくのが効果的です。スポーツ新聞の見出しを書くつもりでノートを作ってみて下さい。記憶力が数段アップしますよ。

よく出る問題

問 1 ［難易度 😊😐😣］

下記の内容について、誤っているものはどれか。

(1) 消防用設備等の点検は、面積などの条件によっては、防火対象物の関係者が行うことができる。

(2) すべての防火対象物の点検報告は3年ごとに消防長又は消防署長に行わなければならない。

(3) 点検には機器点検と総合点検がある。

(4) 総合点検は機器点検を含む。

解説 消防用設備等の点検は条件によっては、防火対象物の関係者が行うことができますが、専門的な知識が必要な場合もあるので、消防設備士又は消防設備点検資格者が行うのが望ましいとされています。点検報告の義務は特定防火対象物か非特定防火対象物かで報告期間が違います。特定防火対象物は1年ごとになります。機器点検は外観等の確認、総合点検は動作確認が主で、機器点検として外観等の点検を行ってから総合点検を行います。

問 2 ［難易度 😊😐😣］

下記の内容について、誤っているものはどれか。

(1) 特定一階段等防火対象物は面積にかかわらず、1年ごとに消防用設備等の点検報告義務がある。

(2) 機器点検は6か月に1回、総合点検は1年に1回行わなければならない。

(3) 点検結果の報告を怠った場合は、罰金などの罰則規定がある。

(4) 点検の結果によって不備があった場合、その場で改修できるものは点検者が行ってよい。

解説 特定一階段等防火対象物は面積にかかわらず、1年ごとに消防用設備等の点検報告義務があります。特定一階段等防火対象物でない特定用途防火対象物は1 000 m^2 以上から点検報告義務があります。消防用設備等の点検については消防法第17条3の3に記載されています。点検結果の報告を怠った場合や、虚偽の報告を行った場合は罰則があります。改修や整備は消防設備士しか行うことができません。

解答 問1－(2)　問2－(4)

レッスン 1-14 検定制度と認定制度

重要度 ✎✎✎

レッスン1-12の消防用設備等では、設置時に消防機関の検査を受けると解説しました。検査は図面等で消防が確認した位置に正しく設置されているか、また器具は正しく使用することができるかが主になります。

設置された器具については、その性能において安全性や技術基準に足りているかについての確認がされていなければなりません。国が定めた規格を審査し適合していることを証明する制度を**検定制度**、国が定めた技術基準を器具がクリアしているかを製造者ではない第三者が審査し適合していることを証明する制度を**認定制度**といいます。それぞれの合格証にあたる証票は図1を参照してください。

外径は 10 mm

(a) 避難はしごに貼付される例

外径は 12 mm

(b) 緩降機に貼付される例

(c) 認定品 一般

● 図1 ●

(1) 検定制度

検定制度には**型式承認**と**型式適合検定**があります。消防法では検定対象品目は令和6年現在12品目あり、その品目のうち型式適合検定に合格した消防用設備等に検定マークが貼付されます。検定対象品目で**検定証票がついていないものは、販売、施工、販売目的での陳列をすることはできません。** 重要！

型式承認は型式にかかわる形状などが総務省令の技術上の規格に適合しているかについて**総務大臣が審査**します。型式承認を受けた製品は型式適合検定を受検してから流通するようになります。

型式適合検定は型式承認に合格した製品と同一の形状であるかを検査するもので、**日本消防検定協会か総務大臣の登録を受けた検定機関が行います。** 重要！

(2) 認定制度

認定制度は**型式認定**と**個別認定**があります。

型式認定は検定品目ではない消防用設備において、技術上の基準に適合しているかを、消防庁長官が規定により登録する法人（**登録認定機関**）が試験・判定基準により認定する制度です。重要!

個別認定は、個々の設備等の形状等が型式認定を受けた設備等と同一であることを認定することをいい、合格した製品には認定した団体の認定マークが貼付されます。

よく出る問題

問 1 [難易度 😊😐😞]

下記の内容について、誤っているものはどれか。

(1) 検定対象品目で検定マークがついていないものは販売できない。

(2) 検定制度には型式承認と型式適合検定がある。

(3) 型式承認は日本消防検定協会が審査をする。

(4) 型式適合検定は日本消防検定協会か総務大臣の登録を受けた検定機関が行う。

解説 検定対象品目で検定証票の貼付がないものは販売できません。施工、販売目的での陳列もできません。検定対象品目の審査は総務大臣が行います。また、型式適合検定は総務大臣の登録を受けた検査機関が行うとされています。一般的には日本消防検定協会が該当します。

問 2 [難易度 😊😐😞]

下記の内容について、誤っているものはどれか。

(1) 認定制度には型式認定と個別認定がある。

(2) 型式認定は、検定品目ではない消防用設備を日本消防検定協会が試験・判定基準により認定する。

(3) 個別認定は、個々の設備等の形状等が型式認定を受けた設備等と同一であることを認定する。

(4) 登録認定機関は消防庁長官が規定により登録する。

解説 認定制度には型式認定と個別認定があり、登録認定機関が認定します。個別認定とは、個々の設備等の形状等が型式認定を受けた設備等と同一であることを認定することです。合格した製品には認定した団体の認定マークが貼付されます。

解答 問1－(3)　問2－(2)

レッスン 1-15

防炎規制・危険物規制

重要度 ★★

(1) 防炎規制（内装制限）

天井や壁材などの内装材の不燃化を図ることを**内装制限**といいます。建物内部で火災が発生した際に、内装が燃えることによる延焼の拡大や、有毒ガスの発生などで、内部にいる人間の避難を妨げる状況がないように規定されています。

そのなかで、着火物となりやすい各種の物品を燃えにくいもの（防炎性能をもった製品）にしておき、出火を防止するのを目的とする規制を**防炎規制**といいます。

舞台のどん帳や不特定多数の人が出入りする施設・建築物で使用されるカーテンやカーペット等、**延焼しやすい内装物は、不燃又は難燃性の素材による加工等**が施された防炎製品を使用しなくてなりません。カーテンやじゅうたん等の防炎対象物品を使用する際に防炎性能を有しているものを使用しなければならない防火対象物を**防炎防火対象物**といいます。重要！

●表1●

防炎防火対象物等の建築物
高層建築物 （高さ31メートルを超える建築物）
地下街
映画スタジオ又はテレビスタジオ
工事中の建築物など
特定防火対象物
地下街
準地下街

●表2●

防炎規制の対象となる内装物
カーテン
布製ブラインド
じゅうたん等
展示用合板
舞台において使用する幕及び大道具用の合板
暗幕・どん帳
工事用シート

(2) 危険物施設

消防法でいう危険物とは、「**火災を発生させる危険性の高い物質**」のことで、健康に有害という意味での危険物とは違います。消防法における危険物は6種類に分かれており、それぞれの品名ごとに**指定数量**というものが定められています。危険物を製造または貯蔵、取り扱う施設のことを**危険物施設**といいます。

指定数量以上の危険物については、貯蔵所以外の場所での貯蔵や、製造所、貯蔵所及び取扱所以外の場所で取り扱うことは禁止されています。

①　製造所の設置と変更の申請

製造所、貯蔵所、取扱所を新しく設置する場合には、事前に市町村長等に申請を行い、設置の許可を受けなければなりません。すでにある施設の一部を変更する場合も、変更前に申請を行い、**市町村長の許可**を受けなければなりません。

②　危険物の管理

危険物の施設は**危険物保安監督者の選任**が必要になり、資格は甲種又は乙種危険物取扱者で実務経験が6か月以上ある者とされていますが、乙種の場合は免状を取得した類に限られます。

③　危険物施設の警報設備と避難設備

指定数量の10倍以上の危険物を取り扱う製造所等には、**警報設備の設置**が義務付けられています。ただし、移動タンク貯蔵所は除きます。設置できる警報設備は下記の通りです。

- **自動火災報知機**
- **消防機関に通報できる電話**
- **非常ベル装置**
- **拡声装置**
- **警鐘**

また、避難の難しい特定の給油取扱所では、**避難設備の設置**が義務づけられており、「**非常口**」と書かれた**誘導灯**が用いられます。

よく出る問題

問 1 [難易度 😊 😐 😣]

防炎・危険物について書かれた次の内容のうち、誤っているものはどれか。

(1) 移動タンク貯蔵所を含む指定数量の5倍以上の危険物を取り扱う製造所等には、警報設備の設置が義務づけられている。

(2) 内装制限とは天井や壁材などの内装材の不燃化を図ることである。

(3) 不特定多数の人が出入りする施設・建築物で使用されるカーテンやカーペットなどは防炎製品を使用しなければならない。

(4) 危険物の施設は危険物保安監督者の選任が必要である。

解説 10倍以上の危険物を取り扱う製造所等には警報設備の設置が義務付けられています。内装制限とは天井や壁材などの内装材の不燃化を図ることで、延焼の拡大や有毒ガスの発生を防ぎます。不特定多数の人が出入りする施設・建築物で使用されます。延焼しやすい内装物は、不燃、または難燃性の素材による加工をしなければなりません。危険物施設には危険物保安監督者の選任が必要で甲種と乙種があります。

マメ知識 ➡➡➡ 危険物製造所

危険物製造所は構造の基準として屋根や壁、窓等が規定されますが、特に床は傾斜をつけ、漏れた危険物を貯められるように、「ためます」等を設けることになっています。また、指定数量が10倍以上の施設には、避雷針等の避雷設備を設けなくてはなりません。機会があれば通常の建築物と比較してみるのも参考になります。

学習法のヒント！

接触回数が多いと親近感を増すという現象を、「ザイオン効果」といいます。苦手科目を克服するには、基本からやり直すことが重要ですが、「勉強しなければならない」と考えると、最初の一歩がなかなか踏み出しづらいかもしれません。こういう場合はすぐそばに苦手科目のテキストやノートを置いておくことが効果的です。ほんの少しの時間、テレビを見ていてCMに入ったときなど、手に取ってみて、パラパラ斜め読みで、適当なところに目をとめてみましょう。読んで理解しなくても十分です。初めは嫌いでも、何度も接しているうちに、だんだん好きになってくる「ザイオン効果」を活用して苦手分野を克服しましょう。

解答 問1－(1)

これは覚えておこう！

レッスン１の重要事項のまとめ

① **防火対象物**：建築物のうち消防法の規制対象
② **消防対象物**：消火活動の対象となるすべての建築物
③ **関係者**：防火対象物の所有者、管理者、賃借者等の占有者
④ **管理権原者**：所有者や賃借事業主など管理上の権利と責任をもつ者
⑤ **消防吏員**：消防本部に勤務する消防職員のうち、階級をもつ職員
⑥ **立入検査**：消防職員等が関係のある場所に立ち入り、管理の状況を検査すること
⑦ **開口部**：避難上又は消火活動上有効な開放部分をさす
⑧ **無窓階**：消防隊の進入や、避難を目的とした、有効開口部のない階
⑨ **避難階**：安全な場所に、直接通じる出入り口がある階のこと
⑩ **避難階段**：安全に避難できることを目的とする階段のこと。階段そのものや区画壁が耐火構造で作られているなどの条件がある
⑪ **消防組織法**：消防の任務の範囲、消防責任を市町村が負うこと、消防機関の構成について定められている
⑫ **特定防火対象物**：不特定多数の人が出入りする防火対象物
⑬ **特定一階段等防火対象物**：避難階以外の階に特定用途が存在し、避難階又は地上までの直通階段が一つしかない防火対象物
⑭ **防火管理者**：防火管理業務を計画的に行う責任者
⑮ **共同防火管理**：防火管理上必要な義務に関する事項を協議し、共同で防火管理を行うこと
⑯ **防炎規制**：各種の物品を防炎性能をもった製品にしておき、出火を防止するのを目的とする規制
⑰ **例外規定**：基準改正の有無にかかわらず、すべての消防用設備等を現行の技術的基準に従って設置・維持すること
⑱ **消防設備士**：独占業務・誠実業務
⑲ **検定制度**：型式承認と型式適合検定

Note

レッスン 2 関係法令2

レッスン2は5類に関連した法令からの出題対策です。

避難器具の設置対象物、減免規定等が中心で、他のレッスンと重なりますが収容人員の算定も重要です。また、頻出するのは各階に適応した避難器具についての問題です。これは一覧で覚えるのがよいでしょう。レッスン1でも学んだ特定一階段等防火対象物の避難器具についての基準もここで学習します。

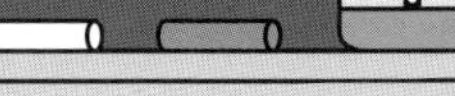

特に5類の消防設備士が知っておかなければならない内容です

- 2-1「**避難器具の設置義務**」では、どんな防火対象物のどの階に避難器具が必要なのかを学習します。人数による設置義務と倍読みなど重要な項目が並んでいます。特に倍読みは、2学期の実技試験にも応用問題が出るのでしっかり覚えておきましょう。
- 2-2「**各階に適応した避難器具**」では、レッスン3-1で学習する避難器具の名称が出てきます。レッスン3-1と見比べながら学習しましょう。
- 2-3「**避難器具の設置個数の減免**」は関係法令の中で最も複雑といっても差し支えがないでしょう。法律用語も頻出しますが、なるべくわかりやすい語句で説明してあります。また、表にしてある部分も多いので、ながめて感覚をつかんでください。
- 2-4「**収容人数の算定**」はレッスン2-2とともに実技試験にも頻出しています。出題傾向は特定用途部分の計算が主なので、特に単純な人員の足し算ではない部分（面積による人数計算や正面幅の人数計算）をよく整理して覚えておきましょう。
- 2-5「**避難器具の設置位置と特定一階段等防火対象物**」では避難器具を設置するための考え方や、特定一階段等防火対象物に設置する避難器具の定義について述べています。動作数の定義など整理しておきましょう。

レッスン 2-1

避難器具の設置義務

重要度 ///

避難器具は防火対象物の用途、収容人員によって設置個数が決められています。重要！

設置単位は防火対象物の大きさとは関係なく、階ごとに設置します。重要！ **直接地上へ通じる出入口のある階を避難階**といいます。建物の構造により、避難階が複数ある場合があります。例えば、デパートの3階がペデストリアンデッキと直接出入り口を介してつながっている場合は、そこも避難階となります。**避難階には避難器具の設置義務はありません。**

また、**11階以上の階にも避難器具の設置義務はありません**（消防法施行令第25条）。避難器具の設置基準について表1にまとめます。重要！

主要構造部が耐火構造であり、避難階段又は特別避難階段が2以上あるものは**算定基準を倍読みする**（100人増すごとに→200人増すごとに）ことができます。この規定を**倍読み規定**といいます。

● 表1　避難器具の設置基準 ● 重要！

<table>
<tr><th colspan="2">項</th><th>階数の条件</th><th>避難器具が必要となる収容人員</th><th>算定基準（加算）（注5）</th></tr>
<tr><td rowspan="2">(1)</td><td>イ</td><td rowspan="9">2階以上の階
または地階
（注1）</td><td rowspan="9">50人以上</td><td rowspan="9">200人増すごと
1台加算設置</td></tr>
<tr><td>ロ</td></tr>
<tr><td rowspan="4">(2)</td><td>イ</td></tr>
<tr><td>ロ</td></tr>
<tr><td>ハ</td></tr>
<tr><td>ニ</td></tr>
<tr><td rowspan="2">(3)</td><td>イ</td></tr>
<tr><td>ロ</td></tr>
<tr><td colspan="2">(4)</td></tr>
<tr><td rowspan="2">(5)</td><td>イ</td><td rowspan="6">2階以上の階
または地階</td><td rowspan="2">30人以上
（注2）</td><td rowspan="6">100人増すごと
1台加算設置</td></tr>
<tr><td>ロ</td></tr>
<tr><td rowspan="4">(6)</td><td>イ</td><td rowspan="4">20人以上
（注2）</td></tr>
<tr><td>ロ</td></tr>
<tr><td>ハ</td></tr>
<tr><td>ニ</td></tr>
<tr><td colspan="2">(7)</td><td rowspan="6">2階以上の階
または地階
（注1）</td><td rowspan="6">50人以上</td><td rowspan="6">200人増すごと
1台加算設置</td></tr>
<tr><td colspan="2">(8)</td></tr>
<tr><td rowspan="2">(9)</td><td>イ</td></tr>
<tr><td>ロ</td></tr>
<tr><td colspan="2">(10)</td></tr>
<tr><td colspan="2">(11)</td></tr>
<tr><td rowspan="2">(12)</td><td>イ</td><td rowspan="3">3階以上の無窓階
又は地階</td><td rowspan="3">100人以上
（注3）</td><td rowspan="3">300人増すごと
1台加算設置</td></tr>
<tr><td>ロ</td></tr>
<tr><td colspan="2">(15)</td></tr>
<tr><td rowspan="2">(16)</td><td>イ</td><td rowspan="2">各用途ごとの
設置基準による</td><td rowspan="2"></td><td rowspan="2"></td></tr>
<tr><td>ロ</td></tr>
<tr><td colspan="2">直通階段が2未満の防火対象物</td><td>3階以上（注4）</td><td>10人以上</td><td>100人増すごと
1台加算設置</td></tr>
</table>

■：特定防火対象物を表す。

注1）ただし、主要構造部を耐火構造とした建築物の2階を除く。

注2）下階に令別表第1の（1）～(4)、(9)、(12) イ、(13) イ、(14)、(15) 項に掲げる防火対象物がある場合は10人以上。

注3）3階以上のその他の階は150人以上。
注4）（2）項、（3）項、（16）項イに掲げる防火対象物で2階に、（2）項、（3）項に掲げる防火対象物の用途に供される部分が存するものにあっては2階。
注5）主要構造部が耐火構造であり、避難階段又は特別避難階段が2以上あるものは、算定基準を**倍読み**する（例：100人増すごとに→200人増すごとに）。

よく出る問題

問 1　[難易度]

次のうち、正しいものはどれか。

（1）避難器具の設置条件は収容人員によってのみ決められる。
（2）避難器具の設置条件は防火対象物の大きさによって決まる。
（3）避難器具の設置条件のうち、11階以上の階には設置義務はない。
（4）避難器具の設置条件は階ごとなので、避難階にも設置しなくてはならない。

避難器具の設置条件は防火対象物の用途、収容人員によって、階ごとに設置個数が決めらます。11階以上の階と避難階には設置義務はありません。

問 2　[難易度]

次のうち、避難器具の設置義務のないものはどれか。

（1）小学校で3階の収容人員が248人
（2）無窓階ではない工場で3階の収容人員が138人
（3）特定一階段等防火対象物ではない3階のカラオケボックスで収容人員が55人
（4）特別養護老人ホームの2階で、収容人員が21人

解説

小学校は（7）項にあたるので、各階ごと50人以上で避難器具を設置しなければなりません。工場は（12）項のイにあたるので、100人以上で設置義務が生じますが、無窓階ではないので150人以上となります。カラオケボックスは（2）項のニにあたり、特定一階段防火対象物でなくても、50人以上で設置義務が生じます。特別養護老人ホームは（6）項のロにあたり、20人以上で設置義務が生じます。

解答　問1－（3）　　問2－（2）

各階に適応した避難器具

重要度

火災時は通常、階段で避難をします。階段が使用できない場合などに避難器具を使用して避難することになりますが、**防火対象物の用途によって設置できる避難器具が違います**（表 1）。

● 表 1 ● 重要！

防火対象物	地階	2 階	3 階	4 階・5 階	6 階以上の階
（6）項	避難はしご	滑り台	滑り台	滑り台	滑り台
	避難用タラップ	避難はしご	救助袋	救助袋	救助袋
		救助袋	緩降機	緩降機	避難橋
		緩降機	避難橋	避難橋	
		避難橋			
		避難用タラップ			
（1）項から （5）項 （7）項から （11）項	避難はしご	滑り台	滑り台	滑り台	滑り台
	避難用タラップ	避難はしご	避難はしご	**避難はしご**	**避難はしご**
		救助袋	救助袋	救助袋	救助袋
		緩降機	緩降機	緩降機	緩降機
		避難橋	避難橋	避難橋	避難橋
		滑り棒	避難用タラップ		
		避難ロープ			
		避難用タラップ			
（12）項及び （15）項	避難はしご	不要	滑り台	滑り台	滑り台
	避難用タラップ		避難はしご	**避難はしご**	**避難はしご**
			救助袋	救助袋	救助袋
			緩降機	緩降機	緩降機
			避難橋	避難橋	避難橋
			避難用タラップ		
特定一階段 防火対象物	不要	滑り台	滑り台	滑り台	滑り台
		避難はしご	避難はしご	**避難はしご**	**避難はしご**
		救助袋	救助袋	救助袋	救助袋
		緩降機	緩降機	緩降機	緩降機
		避難橋	避難橋	避難橋	避難橋
		滑り棒	避難用タラップ		
		避難ロープ			
		避難用タラップ			

※　表中の **4 階以上に設置するはしごは金属製の固定はしご、または避難器具用ハッチに格納されたつり下げはしご**です。

よく出る問題

問 1 ［難易度 ☺☹☹］

次の用途と避難器具の組合せで、適応の正しくないものはどれか。

(1) 病院の3階で緩降機
(2) 事務所ビルの11階で緩降機
(3) 中学校の3階で緩降機
(4) 300人収容できる集会場の2階で緩降機

解説 病院の場合は6階以上の階に緩降機は設置できませんが5階以下は設置可能です。避難階と11階以上の階に避難器具の設置義務はありません。学校には救助袋を設置する例が多いですが、緩降機も設置可能です。集会場の規模が大きくても緩降機の設置は可能です。

問 2 ［難易度 ☺☹☹］

(6) 項ロに該当する防火対象物のうち、階によって使用に適さない避難器具はどれか。

(1) すべり台
(2) 救助袋
(3) 避難はしご
(4) 避難橋

解説 (6) 項は、福祉施設や病院を分類しており、用途にかかわらず使用できる避難器具が制限されます。3階以上は避難はしご、また6階以上は緩降機を設置することがそれぞれできません。

解答 問1－(2)　問2－(3)

レッスン 2-3

避難器具の設置個数の減免

重要度

レッスン 2-1 で解説した通り、避難器具は防火対象物の用途、収容人員によって設置する個数が決められていますが、ある一定の条件では設置する避難器具の個数を減らしたり、なくしたりすることができます。これを避難器具の**設置個数の減免** 重要! といいます。それぞれの条件は下記の通りです。

(1) 避難器具の個数を減らすことができる条件

表 1 に示すような場合は設置個数を減らすことができます。重要!

● 表 1 ● 重要!

条件		設置個数
屋外避難階段、避難階段、特別避難階段が設けられている階		基準個数より、屋外避難階段、避難階段、特別避難階段の数を引いた数以上
右記の条件すべてに該当する渡り廊下が設けられている階	耐火構造又は鉄骨造である。	基準個数より、渡り廊下の数に 2 を乗じた数を引いた数以上
	渡り廊下の両端に特定防火設備の（自動閉鎖装置付き）防火戸が設けられている（防火シャッターを除く）。	
	避難、通行及び運搬以外の用途に供しない。	
右記の条件すべてに該当する避難橋を屋上広場に設けた場合の直下階	屋上広場に通じる避難階段又は特別避難階段が 2 以上設けられている。	基準個数より、避難橋の数に 2 を乗じた数を引いた数以上
	有効面積は、100 m^2 以上である。	
	屋上広場に面する窓及び出入口に特定防火設備である防火戸又は鉄製網入りガラス戸が設けられている。	
	出入口から避難橋に至る経路が、避難上支障がない。	
	経路に設けられている扉等は、避難のとき容易に開閉できる。	

(2) 避難器具を設置しないことができる条件

① 表 2 の○印の条件を満たす場合は避難器具を設置しないことができます。

●表2　避難器具を設置しないことができる条件1● 重要！

条件	消防法施行令別表第1の区分		
	(1) 項から (8) 項	(9) 項から (11) 項	(12) 項及び (15) 項
主要構造部が耐火構造である。	○	○	○
開口部に特定防火設備である防火戸又は鉄製網入ガラス入りの戸を設ける耐火構造の壁又は床で区画されている。	○	○	○
上記で区画された部分の収容人員が、消防法施行令それぞれに該当する各項目の収容人員の数値未満である。	○	○	○
壁及び天井の室内に面する部分の仕上げが不燃材料か準不燃材料であるか、スプリンクラー設備が、技術上の基準に従い、又は技術上の基準の例により設けられている。	○	○	—
直通階段が避難階段又は特別避難階段である。	○	—	—
バルコニーその他これに準ずるもの（以下「バルコニー等」という）が避難上有効に設けられている。 または二つ以上の直通階段が相互に隔った位置に設けられ、当該階のあらゆる部分から二つ以上の異なった経路により、直通階段のうちの二つ以上のものに到達できる。	○	—	—

② バルコニーや階段の条件によっては避難器具を設置しないことができます。

●表3　避難器具を設置しないことができる条件2●

条件	
	主要構造部を耐火構造としたものである。
	居室の外気に面する部分にバルコニー等（注1）が避難上有効に設けられており、バルコニー等から地上に通ずる階段その他の避難のための設備（注2）もしくは器具が設けられ、又は他の建築物に通ずる設備もしくは器具が設けられている。

➡(5) 項及び (6) 項の防火対象物にあっては、(注1) はバルコニー、(注2) は階段に限る。

マメ知識 ➡➡➡ 催事などの際の用途変更

催事などで一時的に、防火対象物の一部を一時的に映画、集会、物品販売、展示等のために使用する場合、避難管理は実態に応じて行う必要があり、臨時に避難器具を設置しなければならないこともあります。その場合、催事が終われば撤去するのではなく、また同じような催事があることも想定し、収容人員を算出して設置することが重要です。

●表4　避難器具を設置しないことができる条件3●

条件	主要構造部を耐火構造としたものである。
	居室又は住戸から直接、直通階段に通じている。
	居室又は住戸の直通階段に面する開口部に、次のどれかを満たす特定防火設備である防火戸が設置されている。 ①随時開くことができる自動閉鎖装置付（防火シャッターを除く）である。 ②随時閉鎖することができ、煙感知器の作動と連動して閉鎖する。 ③直接手で開くことができ、自動的に閉鎖する部分を有し、その部分の幅75 cm以上、高さ1.8 m以上及び下端の床面からの高さ15 cm以下である。
	直通階段が建築基準法施行令第123条（第1項第六号、第2項第二号及び第3項第九号を除く）に定める構造のもの（同条第1項に定める構造のものにあっては、消防庁長官が定める部分を有するものに限る）である。
	収容人員が30人未満である。

③　小規模特定用途複合防火対象物で用途が（5）項又は（6）項の場合、表5の条件を満たせば避難器具を設置しないことができます。

●表5　避難器具を設置しないことができる条件4●　重要！

条件	1	下階に令別表第1（1）項から（2）項ハまで、（3）項、（4）項、（9）項、（12項）イ、（13）項イ、（14）項及び（15）項に掲げる防火対象物の用途に供される部分がない。
	2	当該階から避難階又は地上に直通する階段が2以上設けられている。
	3	収容人員は、**（6）項の場合20人未満、（5）項の場合30人未満**である。

➡当該階が2階の場合、2階が（2）項及び（3）項でない場合は、2の条件に当てはまらなくても避難器具を設置しないことができます。

マメ知識 ➡➡➡ 小規模特定用途複合防火対象物

小規模特定用途複合防火対象物とは特定用途複合防火対象物のうち、（1）項から（4）項まで、（5）項イ、（6）項又は（9）項イの用途部分の床面積の合計が防火対象物の延べ面積の1/10以下であり、かつ、300 m^2 未満であるものをいいます。

④　令別表第1（1）項から（4）項まで及び（7）項から（11）項の防火対象物の2階以上の階又は、（12）項及び（15）項の防火対象物の3階以上の階が、主要構造部を耐火構造とした建築物の屋上広場の直下階である場合、表6の条件を満たせば避難器具を設置しないことができます。

● 表6　避難器具を設置しないことができる条件5 ●

条件	当該階から屋上広場に通ずる避難階段又は特別避難階段が2以上設けられている。
	屋上広場の面積が1 500 m^2 以上である。
	屋上広場に面する窓及び出入口に、特定防火設備である防火戸又は鉄製網入ガラス戸が設けられている。
	屋上広場から避難階又は地上に通ずる避難階段又は特別避難階段としたもの、その他避難のための設備又は器具が設けられている。

➡直下階が（1）項及び（4）項の場合は設置を省略することはできません。

よく出る問題

問 1　［難易度 😊😐😣］

次のうち、避難器具を減免できる条件はどれか。

（1）屋外避難階段、避難階段、特別避難階段が設けられている階
（2）渡り廊下の両端に防火シャッターが付いている階
（3）屋上に避難橋があり、有効面積が50 m^2 以上である直下階
（4）準耐火構造の渡り廊下がある階

解説　避難器具の減免は条件のすべてを満たさなくてはならないので、さまざまな確認が必要です。(1) は要件を満たしていますが、(2) は防火シャッターではなく防火戸、(3) は有効面積が 100 m^2、(4) は準耐火構造ではなく耐火構造です（他にも必要な条件はあります）。

問 2　［難易度 😊😐😣］

次のうち、避難器具を設置しないことができる条件で誤りはどれか。なお、主要構造部はすべて耐火構造とする。

（1）居室又は住戸から直接、直通階段に通じている。
（2）直通階段が建築基準法施行令などに定められた構造のものである。
（3）居室又は住戸の直通階段に面する開口部に防火シャッターが設置されている。
（4）収容人員が30人未満である。

避難器具を設置しない要件も、条件のすべてを満たさなければなりません。

解答　問1－(1)　　問2－(3)

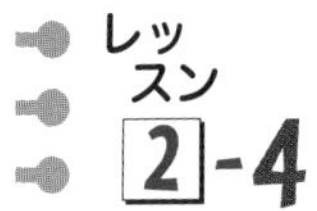

レッスン 2-4 収容人員の算定

重要度

収容人員はどのように算出するのでしょう。消防法では収容人員の算出方法を、防火対象物の用途ごとに細かく定めています。どの消防用設備等についてもこの算出方法で収容人員の算定をしますが、特に避難器具は**収容人員が重要**となりますので、ここで覚えてしまいましょう（表1）。

● 表1 ● 重要！

防火対象物区分			収容人員の算定方法（規則第1条の3）（端数切捨）
(1)	イ	劇場等	**従業者の数＋客席の人員（イ・ロ・ハ）** イ　固定式いす席数（長いす式は正面幅/0.4 m） ロ　立見席は床面積/0.2 m^2 ハ　その他の部分は床面積/0.5 m^2
	ロ	公会堂等	
(2)	イ	キャバレー等	**遊技場→従業者の数＋遊技用機械器具を使用して遊技できる数＋観覧、飲食、休憩用固定式いす席数**（長いす式は正面幅/0.5 m）**の人数** **その他→従業者の数＋客席の人員**（イ・ロ） イ　固定式いす席数（長いす式は正面幅/0.5 m） ロ　その他の部分は床面積/3 m^2
	ロ	遊技場等	
	ハ	性風俗営業店舗等	
	ニ	カラオケボックス等	
(3)	イ	料理店等	
	ロ	飲食店等	
(4)		百貨店・マーケット	**従業者の数＋主として従業者以外の者の使用部分（イ・ロ）の人数** イ　飲食、休憩用部分は床面積/3 m^2 ロ　その他の部分は床面積/4 m^2
(5)	イ	ホテル等	**従業者の数＋宿泊室の人員（イ・ロ・ハ）＋集会、飲食又は休憩の用に供する部分（ニ・ホ）の人数** イ　洋式宿泊室はベッド数 ロ　和式宿泊室は床面積/6 m^2 ハ　簡易宿所は床面積/3 m^2 ニ　固定式いす席数（長いす式は正面幅/0.5 m） ホ　その他の部分は床面積/3 m^2
	ロ	共同住宅	**居住者の数**
(6)	イ	病院等	**従業者の数＋病室内の病床数＋待合室の床面積の合計/3 m^2**
	ロ	老人短期入所施設等	**従業者の数＋要保護者の数**
	ハ	老人デイサービスセンター等	
	ニ	幼稚園等	**教職員数＋幼児・児童・生徒の数**
(7)		学校等	**教職員数＋児童・生徒・学生の数**
(8)		図書館等	**従業者の数＋閲覧室、展示室、展覧室等の床面積の合計/3 m^2**
(9)	イ	熱気浴場等	**従業者の数＋浴場、脱衣場、マッサージ室、休憩の用に供する部分の床面積の合計/3 m^2**
	ロ	公衆浴場等	
(10)		停車場等	**従業者の数**
(11)		神社等	**従業者の数＋礼拝、集合、休憩の用に供する部分の床面積の合計/3 m^2**
(12)	イ	工場等	**従業者の数**
	ロ	映画スタジオ等	
(13)	イ	駐車場等	**従業者の数**
	ロ	飛行機等の格納庫	

防火対象物区分			収容人員の算定方法（規則第１条の３）（端数切捨）
(14)		倉庫等	従業者の数
(15)		事業所等	従業者の数＋主として従業者以外の者の使用に供する部分の床面積の合計 /3 m^2
(16)	イ	特定複合建物	各用途の部分ごとに算定した人員の合計数
	ロ	その他の複合建物	
(16 の 2)		地下街	各用途の部分ごとに算定した人員の合計数
(16 の 3)		準地下街	——
(17)		文化財等	床面積 5 m^2
(18)		アーケイド	——
(19)		山林	——
(20)		舟車	——

1 学期 ➡ 筆記試験対策　2 学期 ➡ 実技試験対策　3 学期 ➡ 模擬試験

よく出る問題

問 1 ［難易度 😊😐😞］

用途が劇場で、固定いす席が 125、立ち見席の面積が 125 m^2、その他の部分の面積が 125 m^2、従業員数が 125 名の場合、収容人員で正しいものはどれか。

（1）250 人　（2）750 人　（3）1 125 人　（4）1 500 人

解説　劇場の収容人員は

従業員の数＋固定いす席＋立ち見席面積/0.2＋その他の面積/0.5

➡ 125＋125＋125/0.2＋125/0.5＝125＋125＋625＋250＝1 125

問 2 ［難易度 😊😐😞］

ホテルの収容人員を算出するときに、誤った条件であるものはどれか。

（1）洋式宿泊室はベッド数

（2）和式宿泊室は床面積/6 m^2

（3）簡易宿所は床面積/3 m^2

（4）長いす式いす席は正面幅/0.4 m

解説　ホテルの収容人員は

従業者の数＋宿泊室の人員＋集会、飲食又は休憩の用に供する部分の人数

（4）の長いす式いす席の算出方法は、正面幅/0.5 m となります。

解答　問 1 －（3）　問 2 －（4）

避難器具の設置位置と特定一階段等防火対象物

重要度

(1) 避難器具の設置位置

避難器具は、次のように定義されています。

① **避難に際して容易に接近**することができる。

② **階段、避難口その他の避難施設から適当な距離**にある。

③ **器具を使用するにあたり安全な構造を有する開口部に設置**する。

避難器具ですから、すぐ使用できる階段のそばにあっても意味をなしませんし、片開き窓などでストッパーがない開口部に設置するのは、危険度が増します。また、避難器具は、開口部に常時取り付けておくか、必要に応じて速やかに当該開口部に取り付けることができるような状態にしておくこととされています。倉庫に収納してあったり、使用場所から遠いところに置いてあったりしてはいけません。また、避難器具は特別の場合を除き、同一線上の開口部に設置することはできません。

(2) 特定一階段等防火対象物用避難器具

特定一階段等防火対象物は避難方向が1方向しかないので、**避難器具の設置が義務づけ**られています。基準設置個数はレッスン2-1で解説しましたが、その他にも特別な条件がついています。

① **安全かつ容易に避難することができる構造のバルコニー等に設けるもの** 重要!

② **常時、容易かつ確実に使用できる状態で設置されているもの** 重要!

③ **一動作（開口部を開口する動作及び保安装置を解除する動作を除く）で、容易かつ確実に使用できるもの** 重要!

①と②である場合は通常の避難器具で問題はありません。**室内に設置する場合は③が適用**されます。一動作式避難器具は、従来の避難器具に改良を重ねたものが流通しています。

なお、特定一階段等防火対象物の避難器具の設置に関しては、次のように**設置位置などを明示しなくてはならない規定があります**。重要!

● 表1　避難器具の設置位置と特定一階段等防火対象物 ● 重要!

イ	特定一階段等防火対象物における避難器具を設置し、または格納する場所の出入り口には、当該出入り口の上部又はその直近に、避難器具設置等場所であることが容易に識別できるような措置を講じること。
ロ	避難器具設置等場所には、見やすい箇所に避難器具である旨及びその使用方法を表示する標識を設けること。
ハ	特定一階段等防火対象物における避難器具設置等場所がある階のエレベーターホール又は階段室又は附室の出入口付近の見やすい箇所に避難器具設置等場所を明示した標識を設けること。

よく出る問題

問 1 ［難易度 😊😐😞］

次の文章の下線部の誤りの数はいくつか。

避難器具は、避難に際して容易に接近することができ、階段、避難口その他の避難施設のごく近い距離にあること。また、器具を使用するときは安全な構造を有する開口部に設置する。器具は防犯上安全な倉庫などに置いておく。

(1) 一つ　(2) 二つ　(3) 三つ　(4) 四つ

解説 避難器具は「①避難に際して容易に接近することができる。②階段、避難口その他の避難施設から適当な距離にある。③器具を使用するにあたり安全な構造を有する開口部に設置する。」であり、さらに「開口部に常時取り付けておくか、または必要に応じて速やかに当該開口部に取り付けることができるような状態にしておく」こととされています。避難施設からごく近い距離は避難器具の意味をなしませんし、防犯上安全な倉庫などに置いてしまえば、速やかに開口部に取り付けることはできないと考えられます。

問 2 ［難易度 😊😐😞］

特定一階段等防火対象物の避難器具について正しいものはどれか。

(1) 安全かつ容易に避難することができる構造のバルコニー等に設ける避難器具は、一動作式でなくてはならない。
(2) 避難器具設置等場所を明示した標識は防火対象物の出入り口に明示する。
(3) 一動作式の避難器具の動作には保安装置を解除する動作を含む。
(4) 室内に設置する場合は一動作式でなくてはならない。

解説 安全かつ容易に避難することができる構造のバルコニー等に設ける避難器具は、通常の避難器具で問題ありません。また、避難器具設置等場所はエレベーターホール、階段室、附室の出入り口付近に明示します。一動作式の避難器具を使用する場合、開口部を開口する動作及び保安装置を解除する動作は含みません。

解答　問1－(2)　問2－(4)

これは覚えておこう！

レッスン2の重要事項のまとめ

① **避難器具の設置義務**：設置個数は防火対象物の用途、階ごとの収容人員によって決まる。

② **倍読み規定**：耐火構造で、避難階段又は特別避難階段が2以上あるものは人数を倍読みする。

③ **避難階**：直接地上へ通じる出入り口のある階

④ **設置義務のない階**：避難階と11階以上の階

⑤ **設置できる避難器具**

a）(6) 項で6階以上は緩降機の設置不可

b）(6) 項で3階以上は避難はしごの設置不可

c）4階以上の避難はしごの設置は、金属製の固定はしご、又は避難器具用ハッチに格納されたつり下げはしご

⑥ **避難器具の減免条件**

a）屋外避難階段、避難階段、特別避難階段

b）防火戸付きの渡り廊下

⑦ **収容人員の算定で面積が関連するもの**：(1) 項から (5) 項イ、(6) 項イ、(8) 項、(9) 項、(11) 項、(15) 項、(17) 項

⑧ **特定一階段等防火対象物の避難器具**：避難上安全なバルコニーにあるもの、又は容易に使用できるよう固定されているもの又は一動作で使用可能なもの

⑨ **一動作式避難器具**：開口部を開口する動作及び保安装置を解除する動作を除く

⑩ **特定一階段等防火対象物の避難器具の表示**

a）エレベーターホール・階段室又は附室の出入り口付近の見やすい箇所に避難器具設置等場所を明示

b）上部又はその直近に、避難器具設置等場所を明示

レッスン 3　機械の基礎的知識

消防設備士試験の中で機械の基礎的知識、とりわけ物理に関することは計算問題とともに必須となっています。避難器具の機械の基礎的知識は、ほぼすべてこの項目から出題されます。材料全般の知識、物理の知識と応用を学習しましょう。５類とは直接関係ないボイル・シャルルの法則なども基礎知識として出題される傾向がありますので、知識として覚えておきましょう。

- 3-1「**機械材料一般**」からは金属材料の種類、合金の特性などが出題されています。用語を整理して覚えて、混同しないようにしましょう。
- 3-2「**材料の種類 1　鉄鋼材料**」は金属材料のうち鉄鋼材料の種類です。ステンレスや鋳鉄、また熱処理もよく出題されます。
- 3-3「**材料の種類 2　その他の材料**」では、非鉄金属材料と金属以外の材料から出題されます。黄銅、合成樹脂、表面処理など用語をしっかり押さえておきましょう。
- 3-4「**金属の溶接**」は近年増えてきた出題です。主に溶接の欠陥について聞かれることが多くなっています。
- 3-5「**物理に使用する単位・水理と気体**」はまず物理に対する考え方の基本を抑え、機械的な基礎知識を身につけるうえで重要な流れです。また、水理や気体は出題されることが多くなっています。計算が複雑にならないよう配慮されているので、じっくり考えるようにしましょう。
- 3-6「**力とモーメント・力のつり合い・重心**」はベクトルとスカラーの理解から始まります。合力や重心の問題は、簡単な計算で求められるものばかりなので、公式等を押さえておきましょう。
- 3-7「**荷重と応力とひずみ**」では、荷重の種類、応力が出題の可能性が高く、ヤング率やフックの法則、ひずみ量のグラフを見て答える問題もあるので、幅広い知識が必要になります。また、安全率の考え方や、破壊についても出題されることがあります。

●3-8「**はり・曲げとねじり**」では、はりの形状と荷重のかかり方、モーメントが重要な問題として出題されます。座屈はあまり出題されませんが、一緒に覚えましょう。

●3-9「**運動と運動量**」は運動の法則を覚えてから、加速度は公式を学習します。難しい計算は出題されないので、丁寧に考えれば解けるはずです。

●3-10「**仕事と仕事の原理**」は位置エネルギーや仕事の原理が出題されることがあり、これも用語を整理しておくことが肝心です。また、計算問題では、てこの応用や滑車の問題はどちらか必ず出題されていることが多いです。順序よく考える習慣をつけましょう。

●3-11「**回転運動と摩擦**」はそれほど難解なものは出題されませんが、出題文をよく読んで計算の単位をそろえる等の対策が必要です。

機械材料一般

重要度

機械を製造する場合、それぞれの目的に合った材料を使用します。機械材料には一般的な共通項目がありますので、まずはそこから解説していきましょう。

(1) 金属 重要！

金属とは金・銀・銅・鉄・鉛・水銀などの**金属元素とその合金との総称**をいいます。単体の元素で構成されている金属を特に**純金属**といいます。水銀などの例外を除き、常温では固体です。**展延性**といわれる加工変形における柔軟さと、電気および熱の良導体を有しています。純金属のままで使用することもありますが、多くは合金として利用します。

(2) 合金 重要！

純金属に他の金属元素を添加、混合させる、又は金属元素と非金属元素を混合してできる金属様のものを**合金**といいます。合金は純金属に比べ、機械的強度、融点、磁性、耐食性、自己潤滑性といった性質を変化させ、材料としての性能を向上させたものが多く利用されています。合金には以下の特性があります。

① **比重と膨張係数は合金の成分比率から算出した割合にほぼ等しい。**

② **融点は一般的に、成分金属の融点の平均値よりも低い。**
はんだのように双方の融点よりも低くなる合金もあります。(**低融点合金**と言います)

③ **一般的に鋳造しやすい。**

④ **機械的強度が強く硬い。**

⑤ **一般に鍛造しづらくなり、可鍛性がなくなるものもある。**

⑥ **熱伝導と電気伝導は成分金属の平均値より多少減る。**

⑦ **耐食性は一般的に著しく増す。**

(3) 熱処理

金属等を加熱・冷却して硬度や性質を変化させる処理を熱処理といいます。
熱処理の主なものは以下の四つになります。重要！

① **焼入れ**　高温で加熱し、急冷却すること。**材料を硬くする。**

② **焼戻し**　焼入れしたものを再加熱して冷却すること。**材料に粘りを与える。**

③ **焼なまし**　高温で加熱し一定の時間を保ったあと、徐々に冷却すること。**材料の組織を安定させる。**

④ **焼ならし**　所定の高温まで加熱した後、一般には空冷で冷却する。**組織を均一にし、余分な残留応力を除去する。**

(4) 材料の試験

① **引張試験**　　材料の引張強さ

② **曲げ試験**　　材料の曲げ強さ
③ **圧縮試験**　　材料の圧縮強さ
④ **硬さ試験**　　材料の耐摩耗性

(a) 押込み硬さ試験

硬い材料（圧子）を試験片に押し付け、その部分にできた圧痕（永久変形）から硬さを求めます。

(b) 反発硬さ試験

圧子の埋め込まれたハンマーを落とし、反発で跳ね上がった高さで硬さを求めます。

● 表1　硬さ試験の種類 ●

	硬さ試験の種類	判定方法	硬さの記号
押込み硬さ試験	ロックウェル硬さ試験	圧痕の「深さ」で硬さを求める方法	HRA～HRK
	ビッカース硬さ試験	圧痕の「表面積」で硬さを求める方法	HV
	ブリネル硬さ試験	圧痕の「表面積」で硬さを求める	HBW
	ヌープ硬さ試験	圧痕の「投影面積」で硬さを求める	HK
反発硬さ試験	ショア硬さ試験	ハンマーを落とし、反発で跳ね上がった高さを測定する	HS

⑤ **衝撃試験**

シャルピー衝撃試験機を用いた試験で、破壊するために要したエネルギーと試験片の靭性を評価する試験です。

よく出る問題

問 1　[難易度]

次のうち正しいものはどれか。

(1) 焼入れは材料を硬くする。
(2) 焼なましは材料を硬くする。
(3) 焼戻しは材料を硬くする。
(4) 焼ならしは材料を硬くする。

解説　熱処理の主なものは四つあります。焼入れは材料を硬くします。焼なましは材料の組織を安定させます。焼戻しは材料に粘りを与えます。焼ならしは焼なましの一種で、組織を均一にし、余分な残留応力を除去します。

解答 問 1 − (1)

材料の種類１（鉄鋼材料）

重要度 ✎✎✎

機械材料にはいろいろな種類があります。大きく分けて鉄鋼材料、非鉄金属材料、非金属材料です。ここでは鉄鋼材料について解説します。

(1) 炭素鋼 重要！

炭素を含んだ鉄合金の総称を鋼といいます。炭素鋼は鋼の一種で、マンガン・珪素・リン・イオウ等の不純物を含みます。炭素鋼はいろいろな分類の仕方がありますが、ここでは２種類の分類の仕方を解説します。

① 製造法による材料の分け方

炉で溶解された鋼は溶鋼中に多量の酸素が含まれてしまうので、脱酸素剤を加え、酸素をできるだけ取り除く必要があります（表１）。

● 表１　製造法による材料の分け方 ●

リムド鋼（脱酸が不十分）	一般構造用鋼材	比較的安価
キルド鋼（脱酸が十分）	機械構造用鋼材、特殊鋼鉄鋼	高品質

② 成分による材料の分け方 重要！

炭素の含有量によって分類されます（表２）。

● 表２　成分による材料の分け方 ●

低炭素鋼	炭素 0.15〜0.2%	一般構造用鋼材	熱処理しないことが多い
中炭素鋼	炭素 0.2〜0.6%		
高炭素鋼	炭素 0.6% 以上	機械構造用鋼材	熱処理することが前提

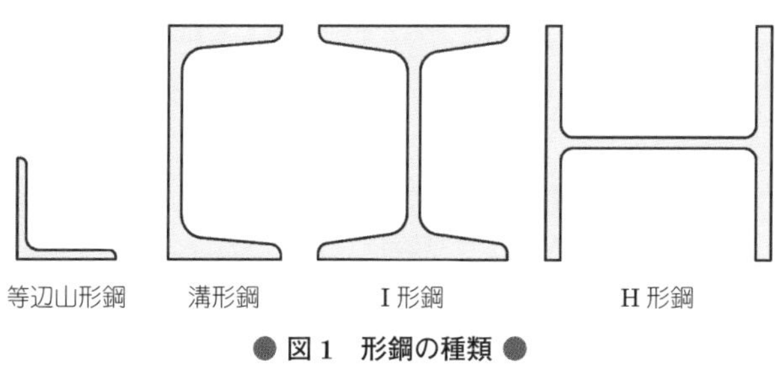

● 図 1　形鋼の種類 ●

主な形鋼の種類を図 1 に示します。重要!

(2) 合金鋼 重要!

炭素鋼の機械的性質や熱処理性、耐食性を改善するために、金属元素を添加したものを合金鋼といいます。ニッケル、クロム、マンガン、モリブデンなどが添加されます。添加することで、強度、耐食性、耐熱性が増します。基本的にはクロムを 10.5% 以上含み、炭素が 1.2% 以下の合金鋼がステンレスです。ステンレスはクロムの含有量により**マルテンサイト系、フェライト系、オーステナイト系**に大別されます。

●錆びにくさ：オーステナイト系＞フェライト系＞マルテンサイト系
●硬さ：マルテンサイト系＞フェライト系＞オーステナイト系

オーステナイト系のうち、代表的な種類として **18% のクロムに 8% のニッケルを添加したものを、特に 18-8 ステンレス** 重要! と呼びます。材料記号では SUS304 といいます。

(3) 鋳鉄

鉄を主成分とし、2.1～6.7%の多量の炭素を含有する鋳物の製造に用いる合金を**鋳鉄** 重要! といいます。鋳鉄は比較的多くの炭素が含まれているので、黒鉛が析出します。**鋳鉄は圧縮強さが大きく、もろい** 重要! のが特徴です。また、振動を吸収してしまう吸振性があるのも、一般鋼材とは違った特徴です。

析出とは、ある物質の溶液から固体が現れることをいいます。塩水を煮詰めて、塩を取り出すのも析出の一種です。

鋳鉄の種類の代表的なものは表3で確認してください。

黒鉛には鉛成分は含まれていません。炭素だけでできておりダイヤモンドの仲間（同位体）です。

● 表3　鋳鉄の種類 ●

名称	炭素の析出	断面の色
白鋳鉄	セメンタイトと呼ばれる結晶	白
ねずみ鋳鉄	黒鉛	ねずみ色

白鋳鉄を熱処理したものを可鍛鋳鉄といいます。鍛造できるわけではありませんが、強く叩いても割れにくくなります。

マメ知識 ➡➡➡ 磁石につくステンレス

溶接とは、金属同士を溶かして接合することですが、合金を溶かす場合、その合金の金属組織が熱により変質することがあります。オーステナイト系ステンレスは、普通の状態では非磁性ですが、熱により変質した部分では磁石に付くようになることがあります。もちろん通常の気温程度では変質しません。マルテンサイト系、フェライト系は最初から磁石に付きます。

よく出る問題

問 1 [難易度 😊😐😞]

次のうち誤りはどれか。

(1) 鋳鉄は圧縮強さが大きくもろいが、可鍛鋳鉄は白鋳鉄を熱処理してあるので強く叩いても割れにくい。

(2) 炭素鋼は炭素の含有量によって低炭素鋼、中炭素鋼、高炭素鋼に分かれる。

(3) 合金のうち炭素鋼にクロムを 10.5% 以上添加した合金をステンレスという。

(4) ステンレスは全く錆びることはない。

ステンレスは、鉄に比べて錆びないという意味で、全く錆びないわけではありません。

解答 問 1 −(4)

材料の種類２（その他の材料）

重要度

鉄鋼材料をレッスン 3-2 で解説しましたが、機械には他の材料も使用します。他の材料には次のものがあります。

(1) 非鉄金属材料

① **銅・銅合金** 重要！

銅は熱伝導率が高く、耐食性や展延性に優れています。塩水や酸に弱く、それらを使用する場合の素材には不適当です。

主な銅の合金には**黄銅**と**青銅**があります。**黄銅**（**真ちゅう**）**は銅と亜鉛の合金**で、**青銅は銅とスズの合金**です。黄銅、青銅はともに機械的性質に優れ、黄銅は加工のしやすさが特徴であり、**青銅は鍛造用合金**として優れています。

② **ニッケル・ニッケル合金** 重要！

耐食性と耐熱性をもち、展延性に優れています。

③ **アルミニウム・アルミニウム合金** 重要！

軽く、耐食性と展延性に優れています。また、導電率が高いのも特徴です。純アルミニウムは耐熱性が低いので、**マグネシウムなどを加え合金にすることで耐熱性を高めて加工します**。

また、金属は耐摩耗性、耐食性、耐熱性などを高めるために**表面処理** 重要！ をすることがあります。表面処理の方法には**表面焼入れ**、**メッキ**、**電解研磨**、**塗装**などがあります。

メッキの種類には**亜鉛メッキ**、**スズメッキ**、**アルミニウムメッキ**等があります。耐食性に優れた亜鉛メッキはドブメッキ等とも呼ばれ、トタンなどは亜鉛メッキ製品の一種です。スズメッキは代表的なものにブリキがあります。

塗装は**樹脂による焼付け塗装**などが一般的です。

(2) 非金属材料 重要！

① **ゴム製品**

酸・アルカリに強く、**電気絶縁性にも優れています**。**弾性が高い**のも特徴です。

② **ガラス**

耐久性や透明度、熱加工性に優れています。

③ **合成樹脂**

一般的に金属材料より軽く、**耐食性に富んでいます**。絶縁性や透光性には優れていますが、耐熱性が低いのも特徴です。

④　**複合材**

FRP（繊維強化プラスチック）や**FRC**（繊維強化セラミックス）等、ガラス繊維と炭素繊維を樹脂で固めたものなどの材料も使用されます。

よく出る問題

問 1 ［難易度 😊😐😣］

次の材料のうち、常温で使用する場合、一般的に電気絶縁性に優れているものはどれか。

(1) 銅
(2) ゴム
(3) アルミ合金
(4) ニッケル合金

絶縁性に優れているものに、ゴムや合成樹脂があります。

問 2 ［難易度 😊😐😣］

次の文のうち、正しいものはどれか。

(1) 黄銅は銅とスズの合金である。
(2) 表面処理の方法には表面焼き入れ、メッキ、電解研磨、塗装等がある。
(3) 合成樹脂は一般的に金属材料より軽く、耐熱性に富んでいる。
(4) メッキの種類には亜鉛メッキ、スズメッキ、アルミニウムメッキなどがあるが耐食性には関係がない。

耐摩耗性、耐食性、耐熱性などを高めるために行う表面処理には表面焼き入れ、メッキ、電解研磨、塗装等があります。

マメ知識 ➡➡➡ アルマイト

弁当箱などに使用されるアルマイトは、アルミニウムの表面に細かな酸化皮膜を作ったものであり、耐食性に優れています。

解答 問1－(2)　　問2－(2)

レッスン 3-4 金属の溶接

重要度

金属はそのまま板状や棒状で使用することは少なく、加工には溶接して使用することが多いです。溶接とは母材を物理的に溶かして溶融、一体化させることです。一般的な溶接方法は表１の通りです。

● 表１　主な溶接の方法 ●

アーク溶接	被覆アーク溶接	被覆アーク溶接棒を用いて行う溶接。手棒溶接や手溶接ということもある。
	半自動アーク溶接	溶接ワイヤとシールドガスが自動的に供給される装置を用い、溶接トーチの操作・運棒は手動で行うアーク溶接。略して半自動溶接ともいう。
	サブマージアーク溶接	フラックス粉末に覆われたなかで、溶接ワイヤと母材との間のアークから生じるアーク熱で溶接する方法。半自動溶接と同じように溶接ワイヤが自動的に供給される。
	ティグ溶接（TIG 溶接）	電極にタングステンを、シールドガスにイナートガスを用いて行うガスシールドアーク溶接。融点の非常に高いタングステン棒からアークを出し、その熱で母材を溶かす。溶接作業時に火花が散らない。
抵抗溶接	スポット溶接	薄い板金を両側から抑えつつ電気を流し、その抵抗熱で板金を溶かし接合する抵抗溶接の一種。
	シーム溶接	ローラーの形をした電極を用いて母材への加圧及び通電を行い、電極を回転しながら継手に沿って連続的に行う抵抗溶接の一種。
ガス溶接		酸素とアセチレン炎を使用するガス炎の熱で行う溶接。溶接不良が発生しにくいといわれている。高圧力のかかる油圧、空圧の配管などに使われるが、機材の取り扱いにも免許が要る。

また、基本的な溶接に関する用語は表2の通りです。

● 表2　溶接に関する用語 ●

ウィービング	アーク溶接などで、溶接線に対してトーチを横に交互に動かしながら進む溶接法
開先	溶接する母材間に設ける溝
シールドガス	溶接中にアークと溶融金属及びその周辺を覆い、空気が溶接雰囲気内に侵入することを防ぐために用いるガス
すみ肉	ほぼ直交する2つの面を溶接する溶接継手で、三角形状の断面を持つ
スパッタ	溶接中に飛散するスラグや金属粒のこと
スラグ	溶接部に発生する非金属物質のこと
突合せ溶接	溶接継手が母材とほぼ同一面になるような溶接技法
溶け込み	溶接で溶けた母材の最頂点と母材表面の距離
パス	溶接継手に沿って行う1回の溶接操作
ビード	接合面にできた盛り上がり部分
ヒューム	個体が気化した後、急冷却による凝縮で生成された個体粒子
フラックス	母材の表面を洗浄、活性化し、溶加材の流動性を向上させるための材料
母材	溶加材を使用する場合、溶接される材料
溶加材	母材を接合するために使用するワイヤや溶接棒など
溶接継手	母材の接合面
溶融池	溶接の際にアーク熱などによって、電極や母材が溶融してできた溶融金属のたまりのこと

溶接に欠陥があると、所定の強度が出ません。主な溶接の欠陥は表3で確認してください。

● 表3　溶接の欠陥 ●

外部の溶接欠陥	アンダーカット	母材と溶接部の間に溝が生じる溶接欠陥
	オーバーラップ	溶接金属が母材に融合しないで重なったもの
	ピンホール	ビードの表面に生じた小さなくぼみ穴
	割れ	溶接金属の表面に溶接直後に発生するひび割れ
内部の溶接欠陥	ブローホール	溶接金属内にガスが残留し、空洞が生じたもの
	スラグ巻き込み	溶接欠陥のうち、スラグが溶接金属内に残留する状態
	溶込不良	溶接金属がルート面に達しなく、開先の一部がそのまま残ったもの
	融合不良	接合する金属が十分に溶け合わず、溶接がうまくいかなかったもの

よく出る問題

問 1　[難易度]

次の文のうち、間違っているものはどれか。

(1) 溶接不良にはアンダーカット、オーバーラップ、ピンホールなどがある。
(2) 溶接の方法には、アーク溶接、抵抗溶接、ガス溶接がある。
(3) スラグとは溶接部に発生する火花のことである。
(4) 溶接とは母材を物理的に溶かして溶融、一体化させることである。

解説　スラグとは溶接部に発生する非金属物質のことです。

問 2　[難易度]

次の文のうち、正しいものはどれか。

(1) ほぼ直交する２つの面を溶接する溶接継手で、三角形状の断面をもつものを突き合わせ溶接という。
(2) ビードとは溶接継手に沿って行う１回の溶接操作のことである。
(3) ティグ溶接は抵抗溶接の一種である。
(4) アンダーカットとは母材と溶接部の間に溝が生じる溶接欠陥のことである。

解説　ほぼ直交する２つの面を溶接する溶接継手で、三角形状の断面をもつものは、すみ肉溶接といいます。ビードとは接合面にできた盛り上がり部分のことをいいます。ティグ溶接はアーク溶接の一種で溶接作業時に火花が散らないという特徴があります。

解答　問１－(3)　　問２－(4)

物理に使用する単位・水理と気体

(1) 国際単位系

量を測定する際に、比較の基準として用いる一定の大きさの量を**単位**といいます。独立したいくつかの基本的な量の単位を**基本単位**、物理学の法則などを用いて直接又は間接に組立てた単位を**組立単位**といいます。すべての国が採用しうる一つの実用的な単位制度として決定されたものを**国際単位系**と呼びます。**SI 単位**(表 1、2)ともいいます。SI 単位は 7 個の基本単位、及びそれから組立てられる組立単位から成り立っています。

● 表 1 SI 単位 ●

量	基本単位			
	名称	記号	代表的な記号	次元の記号
時間	秒	s	t	T
長さ	メートル	m	l, x, r など	L
質量	キログラム	kg	m	M
電流	アンペア	A	I, i	I
熱力学温度	ケルビン	K	T	Θ
物質量	モル	mol	n	N
光度	カンデラ	cd	I_v	J

● 表 2 固有の名称と記号を持つ SI 組立単位(抜粋) ●

組立量	名称	基本単位による表現	他の表現
平面角	ラジアン	rad=m/m	
立体角	ステラジアン	$sr=m^2/m^2$	
周波数	ヘルツ	$Hz=s^{-1}$	
力	ニュートン	$N=kg \cdot m \cdot s^{-2}$	
圧力、応力	パスカル	$Pa=kg \cdot m^{-1} \cdot s^{-2}$	N/m^2
エネルギー、仕事、熱量	ジュール	$J=kg \cdot m^2 \cdot s^{-2}$	N・m
仕事率、放射束	ワット	$W=kg \cdot m^2 \cdot s^{-3}$	J/s
電荷	クーロン	$C=A \cdot s$	
電位差	ボルト	$V=kg \cdot m^2 \cdot s^{-3} \cdot A^{-1}$	W/A
電気抵抗	オーム	$\Omega=kg \cdot m^2 \cdot s^{-3} \cdot A^{-2}$	V/A

磁束	ウェーバ	$Wb = kg \cdot m^2 \cdot s^{-2} \cdot A^{-1}$	$V \cdot s$
インダクタンス	ヘンリー	$H = kg \cdot m^2 \cdot s^{-2} \cdot A^{-2}$	Wb/A
セルシウス温度	セルシウス度	℃ = K	
光束	ルーメン	$lm = cd \cdot sr$	$cd \cdot sr$
照度	ルクス	$lx = cd \cdot sr \cdot m^{-2}$	lm/m^2
放射性核種の放射能	ベクレル	$Bq = s^{-1}$	
線量当量	シーベルト	$Sv = m^2 \cdot s^{-2}$	J/kg

(2) 単位と次元

物理の概念として**次元**というものがあります。物理量の単位は、基本単位の組み合わせで構成されています。

例えば、速度の次元＝長さ（距離）/時間 となります。

速度の SI 単位は m/s です。m は長さの単位、s は時間の単位なので、速さの SI 単位を見ると速度の次元が確かに長さ/時間となっています。

つまり、物理量の次元は、物理量の単位が基本単位をどのように組み合わせているかということになります。一般に物理量 A からその大きさを除いた概念を A の次元と呼びます。例えば、1 秒、1 分、1 時間はどれも異なる大きさを持った量ですが、すべて時間という共通の概念でまとめられます。

(3) 物質の三態

物質には、固体、液体、気体、という 3 種類の状態があります。これを**物質の三態** 重要! といいます。三態のうち液体と気体を流体といいます。

(4) 気体の圧力

面におよぼす単位面積当たりの力を**気体の圧力**といいます。圧力の単位はパスカル（Pa）といいます。圧力は次の式で表されます。

$$p = F/S$$

(5) 水・空気の密度

① 水の温度が 4℃のとき水の密度は、999.97 kg/m³ です。計算を簡単にするため、1 000 kg/m³ として扱うことが多いです。水の密度は温度により変化します。**水の密度は、温度の上昇とともに小さくなります。**

② 空気の温度が 0℃で 1 atm のとき空気の密度は、1.293 kg/m³ です。大気圧（atm）1 atm は 101 325 Pa です。水の密度と同じように計算を簡単にするため、100 000 Pa として扱うことが多いです。

(6) 比重

① 固体、液体の比重は物質の密度と4℃純水の密度の比です。4℃の純水の密度を1.00とすると、海水は1.025、水銀は13.59、鉄は7.87、アルミニウムは2.70となります

② 気体は、物質の密度と同温度、同圧力での空気の密度との比です。

(7) パスカルの原理

静止している流体に加わる圧力はどこでも等しくなります。これをパスカルの原理（図1）といいます。

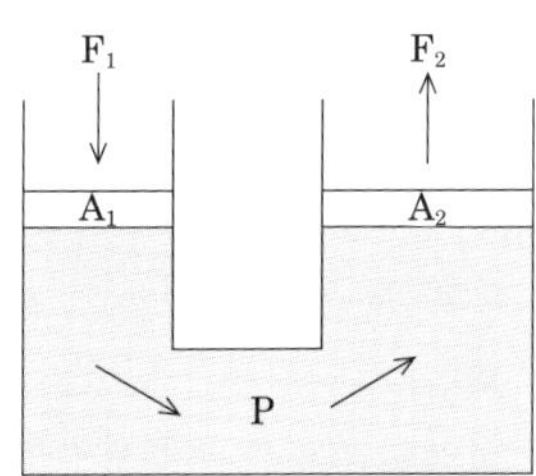

● 図1 パスカルの原理 ●

$$P = \frac{F_1}{A_1} = \frac{F_2}{A_2}$$

P：圧力　A_1, A_2：断面積　F_1, F_2：力

(8) アルキメデスの原理

水中にある物体Aは、物体Aの体積の水の重量と等しい浮力を受けます。これをアルキメデスの原理（図2）といいます。

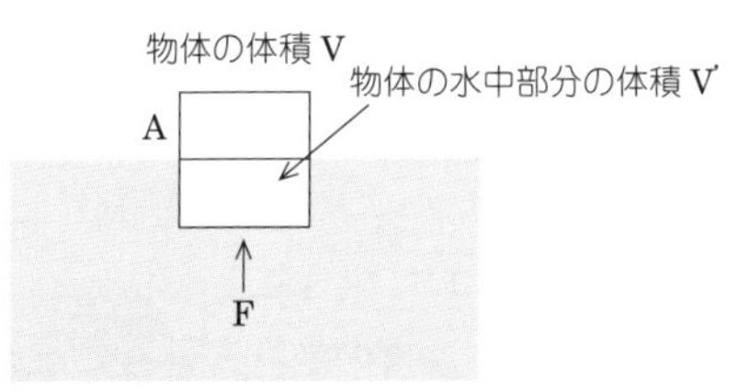

● 図2 アルキメデスの原理 ●

$$F = 9.8pV'$$

V：物体の体積　V'：水中部分の体積

W：物体の重量（物体の重量×9.8）

F：浮力　p：水の密度

① $W<F$のときは物体の一部が水中より浮き上る。

② $W=F$のときは物体の上表面と水面とが同じ位置になる。

③ $W>F$のときは物体が完全に水中に沈む。

(9) ボイル・シャルルの法則

① ボイルの法則

温度が一定のとき、気体の圧力は体積に反比例します。これを**ボイルの法則** 重要！といいます。ボイルの法則は次の式で表されます。

$pV=k$（一定）（V：体積）

② シャルルの法則

私たちが通常使っている温度は摂氏温度（セルシウス温度）といい、**－273℃**になると、熱運動は完全に停止します。これを**絶対温度**（ケルビン温度）といい、単位はケルビン（K）です。**圧力が一定のとき、気体の絶対温度は体積に比例**します。これを**シャルルの法則** 重要！ といいます。シャルルの法則は次の式で表されます。

$V/T=k$（一定）（T：絶対温度）

③ ボイル・シャルルの法則

ボイルの法則とシャルルの法則は組み合わせて考えることができます。ひとまとめにして**ボイル・シャルルの法則** 重要！ といいます。

つまり、**質量が一定のとき、気体の体積Vは、圧力pに反比例し、絶対温度Tに比例する**ということです。

$$\frac{pV}{T}=K\text{（一定）}$$

マメ知識 ➡➡➡ トリチェリの実験

１ｍくらいの長い試験管と水銀を入れた容器を用意しておきます。試験管を水銀で満たし、試験管を逆さまにして、空気が入らないように注意しながら水銀を入れた容器に立てたとき、水銀は容器の中に流れ落ちていきますが76 cmの高さで止まり、流れ落ちなくなります。これは試験管内の水銀の柱による圧力と大気圧がつり合っているため起こる現象です。1643年にイタリアの物理学者トリチェリが行ったこの実験を、トリチェリの実験といいます。

よく出る問題

問 1 [難易度 ☺ 😐 ☹]

27℃で圧力 2 MPa の気体がボンベに入っている。このボンベを 227℃まで加熱したときの、圧力は次のうちどれか。

(1) 3.6 Mpa
(2) 3.3 Mpa
(3) 3.0 Mpa
(4) 2.0 Mpa

解説 まず温度を絶対温度に換算します。27℃は 27+273 で 300 K、227℃は 227+273 で 500 K です。これをそれぞれ T_1・T_2、27℃の時の圧力を P_1、227℃の時の圧力を P_2 とするとボイル・シャルルの法則より

$\frac{pV}{T}=K$ ですから $\frac{P_1V}{T_1}=\frac{P_2V}{T_2}$ となります。よって $P_2=T_2\times P_1/T_1$

$P_2=500\times\frac{2}{300}=\frac{10}{3}\fallingdotseq 3.3$ となります。

問 2 [難易度 ☺ 😐 ☹]

次の文の下線部の誤りはいくつあるか。

温度が一定のとき、気体の圧力は体積に<u>比例</u>し、圧力が一定のとき、気体の絶対温度は体積に<u>比例</u>する。つまり質量が一定のとき、気体の体積は、圧力に<u>比例</u>し、絶対温度に<u>比例</u>する。

(1) すべて正しい
(2) 1 か所
(3) 2 か所
(4) 3 か所

条件を整理して覚えておきましょう。

解答 問 1 −(2)　問 2 −(3)

レッスン 3-6 力とモーメント・力のつり合い・重心

重要度

力には、**力の大きさ、力の向き、力の作用点** 重要! の三つの要素があります（力の3要素）。作用点を通って力の方向に引いた直線を**作用線** 重要! といいます。力は**作用線上で移動させても効果は変わりません**（図1）。

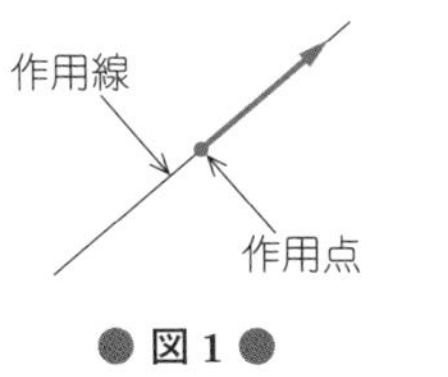

● 図1 ●

ベクトルとは、大きさに向きを付加した量です。大きさだけを表す量をスカラーといいます。重要!

(1) 合力とその求め方

一つの物体に二つ以上の力が作用するとき、これらの力を合成して一つの力に置き換えることができます（力の合成）。**合成した力を合力といい**、合力は**力の平行四辺形の法則**で求めることができます（図2）。重要!

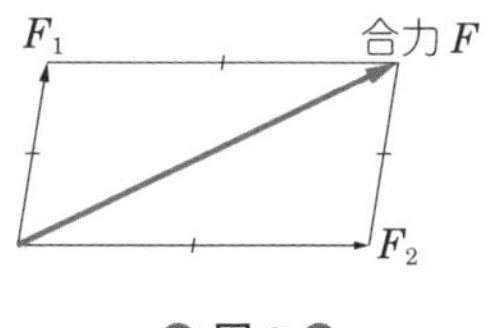

● 図2 ●

一点に二つの力が角度θで交わる場合、同時に作用する二つの力をA、Bとした場合、AとBで構成される平行四辺形の対角線Cは合力になります。下の式で求めます。

$$C = \sqrt{A^2 + B^2 + 2AB\cos\theta}$$ 重要!

力の平行四辺形の法則を使って力を分解することもできます（分力）。

sin、cos、tan などの三角関数を理解しておきましょう。

$$\sin\theta = \frac{b}{c}$$

$$\cos\theta = \frac{a}{c}$$

$$\tan\theta = \frac{b}{a}$$

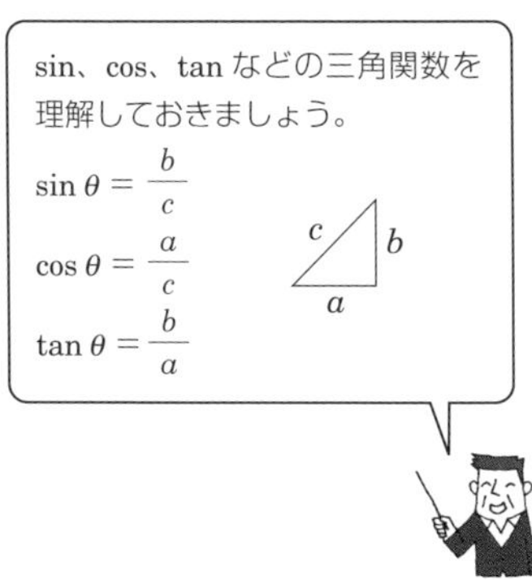

1学期 ↓ 筆記試験対策
2学期 ↓ 実技試験対策
3学期 ↓ 模擬試験

物体を回転させる力を力のモーメント 重要! といいます（図3）。作用線が平行で、互いに大きさが等しく、方向が反対向きの二つの力を偶力といいます（図4）。

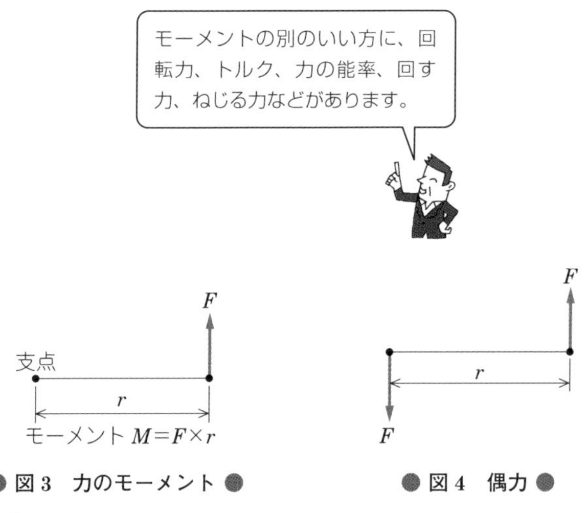

● 図3　力のモーメント ●　　● 図4　偶力 ●

(2) 力のつり合い

物体に複数の力がはたらいているのに物体の運動状態が変化しないとき、力はつり合っています（**力のつり合い**）（図5） 重要!。

力がつり合っているとき、それぞれの力の作用線は一点で交わり、この状態で**力の合力の和及びモーメントの和はそれぞれ0**になります。力が平行な場合は図6のように考えることができます。

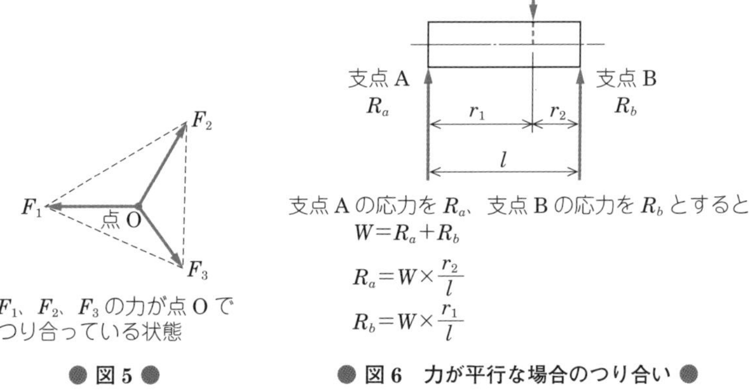

● 図5 ●　　● 図6　力が平行な場合のつり合い ●

(3) 重力とは

物体の重量は物体にはたらく力の強さといえます。これを**重力**といい、物体の各部分にはたらく重力を合成してできた合力の作用点の位置を**重心**といいます。したがって、重心では力はつり合っています。**重要！**

重さ m_1 の物体が位置 x_1 に、重さ m_2 の物体が位置 x_2 にあるとき、重心 G の位置 x_G を求めてみましょう（図7）。

重心 G の周囲の力のモーメントは0です。左右のモーメントの大きさは等しくなりますから

$$(x_G - x_1)m_1g = (x_G - x_2)m_2g$$

です。

よって

$$x_G = \frac{m_1x_1 + m_2x_2}{m_1 + m_2}$$

となります。

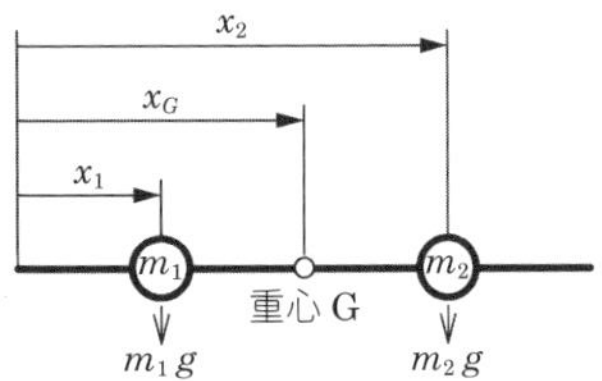

図7

1学期 ➡ 筆記試験対策
2学期 ➡ 実技試験対策
3学期 ➡ 模擬試験

よく出る問題

問 1　[難易度]

O 点に二つの力 $A = 300$ N、$B = 250$ N が 30° の角度で同時に作用したとき、おおよその合力として正しいものはどれか。

（1）230 N
（2）330 N
（3）430 N
（4）530 N

合力 C は $C = \sqrt{A^2 + B^2 + 2AB\cos\theta}$ で求められます。

また、$\cos 30° = \dfrac{\sqrt{3}}{2}$ として計算できます。

問 2　[難易度]

長さ 1 000 cm の棒 AB の A に 600 N、B に 1 000 N の力が下向きにはたらいた場合、作用点の位置と合力の大きさと向きの組合せで正しいものはどれか。

（1）下向きで A 点より 625 cm の位置で 1 600 N
（2）上向きで A 点より 625 cm の位置で 1 600 N
（3）下向きで A 点より 375 cm の位置で 1 600 N
（4）上向きで A 点より 375 cm の位置で 1 600 N

解説

平行力がはたらく場合、$F = F_1 + F_2$

$F = F_1 + F_2 = 1\,600$ となり、数値は正符号なので下向きとなります。

A 点から合力 F までの長さを L_1、合力 F から B 点までの長さを L_2 とすると

$L_1 = L \times F_2/F$ なので $L_1 = 1\,000 \times 1\,000/1\,600$ から

$L_1 = 625$

となります。

解答　問 1 −（4）　問 2 −（1）

荷重と応力とひずみ

重要度

(1) 荷重 重要!

物体に作用する**外部からの力（外力）を荷重**といいます。荷重は力の向きによって、次のように分類します（図 1）。

① **引張荷重**➡物体を引き伸ばすようにはたらく荷重

② **圧縮荷重**➡物体を押し縮めるようにはたらく荷重

③ **せん断荷重**➡物体を横からハサミで切るようにはたらく荷重

④ **曲げ荷重**➡物体を曲げるようにはたらく荷重

⑤ **ねじり荷重**➡物体をねじるようにはたらく荷重

荷重は、力のかかる速度によって、静荷重と動荷重に分類することもあります。

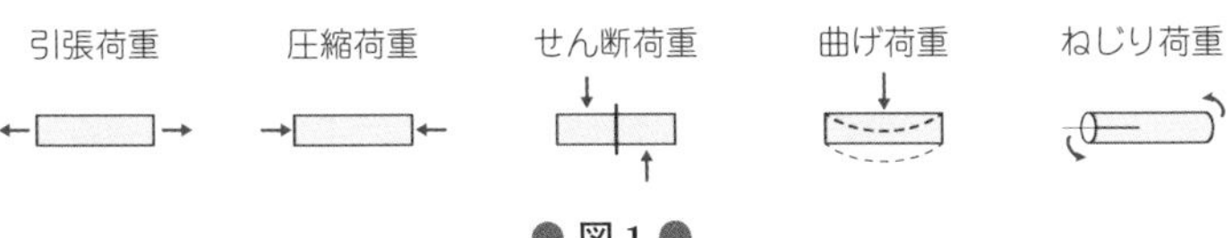

● 図 1 ●

(2) 応力 重要!

物体に荷重が作用するとき、物体内部にその荷重に抵抗して**つり合いを保とうとする力（内力）を応力**といいます。

応力とは、部材内に発生している**単位面積当たりの力**です。応力は力（P）を断面積（A）で割った値となります。力＝荷重と考え、荷重を W とすると次式が成り立ちます。

引張応力・圧縮応力 $\sigma = P/A = W/A$

せん断応力 $\tau = P/A = W/A$

引張応力や圧縮応力は σ（シグマ）、せん断応力は τ（タウ）という記号を使います。

(3) ひずみ

物体に荷重がはたらいたとき、物体の外径は変形します。**元の長さに対する変形した量（変形量）の割合をひずみ** 重要!（ひずみ量）といいます。

物体を引っ張ったとき、物体は伸び、引っ張った方向と垂直の方向では物体は縮みます。物体の元々の長さを L、直径を D とします。物体を引っ張って変形したあとの寸法をそれぞれ L_0、D_0 とすると変形量は

ひずみは ε（イプシロン）、伸びた量は λ（ラムダ）、縮み量は δ（デルタ）という記号を使います。

変形量（伸び）＝ $L_0 - L$

変形量（縮み）＝ $D_0 - D$

と表せます。ひずみは元の長さに対する変形量ですから、次式で表すことができます。

$\varepsilon_1 = \lambda / L$

$\varepsilon_2 = \delta / D$

引張方向のひずみを**縦ひずみ**、引張方向と垂直のひずみを**横ひずみ**といいます。前述の式の場合 ε_1 が縦ひずみ、ε_2 が横ひずみになります。**縦ひずみと横ひずみは同時に起こります。** 重要！

(4) 応力とひずみ 重要！

図2は、鋼材の試験片を上下方向に引っ張ったときの応力とひずみの関係図を示します。

上下に材料を引っ張っていくと、材料は上下方向に伸びて変形し、最後は破断します。

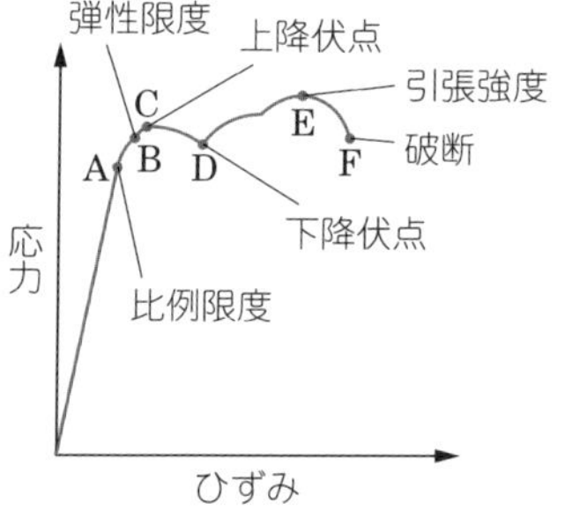

● **図2　応力とひずみ** ●

応力とひずみは、**ひずみが小さい間は一般的に比例関係**となります。しかし、ある一定の応力に達すると、比例しなくなります。比例ではなくなる限界の点を**比例限度**といいます（図2-A点）。

応力とひずみが比例しなくなっても、荷重を徐々に加えていき、加えた荷重を止めたとき、材料が伸びていても元の長さに戻る点があります。この点を**弾性限度**といいます（図2-B点）。弾性限度を超えると材料は元の形には戻らず、ひずみが残ったままになることから、このひずみを**永久ひずみ**といいます。

さらに荷重を加えていくと、ひずみは大きくなるのに対し引張応力が下降します。この点を**降伏点**といいます。降伏点には上降伏点（図2-C点）と下降伏点（図2-D点）があります。

さらに荷重を加えていくと、降伏後、ひずみ曲線は再び上昇していきます。最大の応力がかかった状態を**引張強度**といいます（図2-E点）。引張強度はその材料がもつ、限界の強度となります。さらに荷重を加えると材料は破壊します（図2-F点）。

応力とひずみが比例関係にあるとき、その関係は次式で表されます。

σ（応力）＝ $E \times \varepsilon$（ひずみ）

上の式のEを弾性係数といい、物質によって数値が違います。**ヤング係数** 重要！ ともいいます。そして、この法則を**フックの法則** 重要！ といいます。

弾性限度内では、縦ひずみと横ひずみは比例関係にあります。**縦ひずみと横ひずみの比をポアソン比**といいます。

ポアソン比ν ＝ **横ひずみ/縦ひずみ** ＝ $\varepsilon_2/\varepsilon_1$ 重要！

なお、ポアソン比の逆数をポアソン数といいます。

ポアソン数 ＝ $\varepsilon_1/\varepsilon_2$

(5) 安全率と許容応力

安全率とは弾性限度を超えた応力が発生する場合、その物体は永久ひずみを起こします。永久ひずみが起きてしまうと、回転するものが回転しなくなる等、不具合が起きます。そこで、機械を設計するときは比例限度内でのひずみ量が最大となる応力で設計します。この最大の応力を**許容応力** 重要！ といいます。

そして、材料の基準強さと許容応力との比を**安全率** 重要！ といいます。

安全率＝材料の基準強さ/許容応力

(6) 材料の破壊 重要！

材料が破壊するときはさまざまな要因が考えられます。

① **疲労破壊**➡弾性範囲内であっても、**応力を継続的に、あるいは繰り返し受けた場合**、部分的な永久ひずみ（**材料の疲労**）が起こり、最終的に破壊することをいいます。金属疲労が一般的な例です。

② **脆性破壊**（ぜいせい）➡もろい材料（脆性材料）では一点に応力が集中すると割れてしまうことがあります。これを脆性破壊といいます。材料の切欠き部分に応力が集中して起きることが多いです。

③ **クリープ破壊**➡常温では変形、破壊の発生しない負荷条件でも、一定の温

度以上では時間とともに変形が進行する現象を**クリープ現象**といい、クリープ現象による破壊をクリープ破壊といいます。

マメ知識 ➡➡➡ 基準強さ

材料の基準強さには従来は引張強さを用いていましたが、鋳鉄などのもろい材料のときは引張強さを、軟鋼や合金鋼のように 延性のある材料では降伏点と使い分けることが多いようです。

(7) 主な材料の引張強度

主な材料の引張強度は下記の表の通りです。

● 表1 主な材料の引張強度 ●

	材質記号	降伏点	硬さ	引張強さ
一般構造用炭素鋼	SS400	235	125	400
機械構造用炭素鋼	S45C	345	210	570
配管用炭素鋼鋼管	SGP	−	−	290
圧力配管用炭素鋼鋼管	STPG	215	−	370
一般構造用炭素鋼鋼管	STK400	245	125	400
機械構造用炭素鋼鋼管	STKM13A	215	100	370
一般構造用軽量形鋼	SSC400	245	−	400
オーステナイト系ステンレス鋼	SUS304	−	−	350
ねずみ鋳鉄	FC350	−	−	350

よく出る問題

問 1 [難易度]

次のうちフックの法則はどれか。

(1) 応力とひずみは、弾性限度内は一般的に比例関係にある。
(2) 応力とひずみは、比例限度内は一般的に比例関係にある。
(3) 応力とひずみは、弾性限度内は一般的に反比例する。
(4) 応力とひずみは、弾性限度内では元の形には戻らない。

フックの法則は σ（応力）$= E \times \varepsilon$（ひずみ）で表される比例関係で、比例限度内で適用されます。

問 2 [難易度]

次のうち誤りはどれか。

(1) 比例限度内でのひずみ量が最大となる応力を許容応力という。
(2) 弾性限度内では縦ひずみと横ひずみは比例関係にある。
(3) 弾性範囲内で、応力を継続的に受けても材料が破壊することはない。
(4) 応力とは、部材内に発生している単位面積当たりの力である。

解説　金属疲労等の疲労破壊は、弾性範囲内であっても、応力を継続的に、あるいは繰り返し受けた場合、部分的な永久ひずみ（材料の疲労）が起こることによって発生します。薄板を何回か曲げると、亀裂が入って破壊するのをイメージしてください。

解答 問１－(2)　　問２－(3)

レッスン 3-8 はり・曲げとねじり

重要度

(1) はりの種類 重要！

はりの種類を図1に示します。

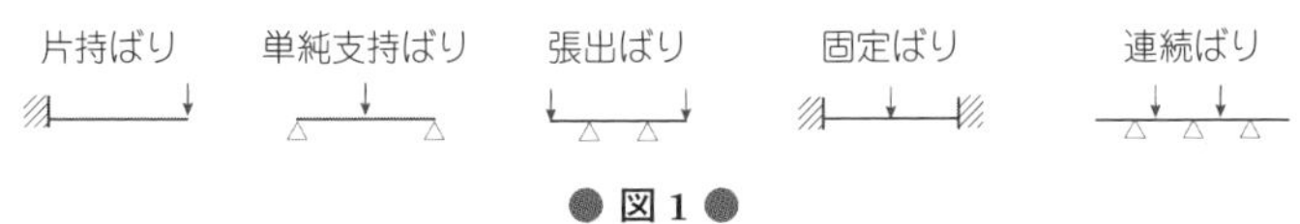

● 図1 ●

① **片持ばり**➡一端側が固定されているはり
※片持ばりの場合、固定側を固定端、その反対側を自由端といいます。

② **単純支持ばり**➡両端が単純支持されているはり

③ **張出ばり**➡支点の外側に荷重が加わっているはり

④ **固定ばり**➡両端ともに固定支持されたはり

⑤ **連続ばり**➡3個以上の支点で支えられたはり

(2) はりにかかる荷重

はりにかかる荷重は**集中荷重**と**等分布荷重**の2種類があります。

それぞれのはりに荷重をかけると、曲げモーメントがかかります。モーメントの大きさと最大値の計算式は図2のようになります。重要！

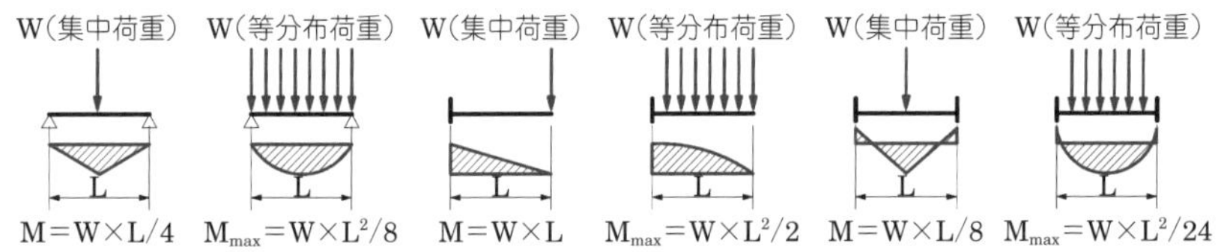

● 図2 ●

(3) 曲げとねじり

曲げやねじりの力に対する、**寸法変化のしづらさを剛性** 重要！ といいます。部材の強度や剛性はさまざまな計算によって求めることができます。耳慣れない用語があるので、まず用語を整理しましょう（表1）。

● 表1　剛性にかかわる用語 ●

用語	意味	記号
断面一次モーメント	モーメントを物体の断面積全体で考えたもので、(断面積)×(断面の重心までの距離）で求められる。 断面の図心を求めるのに使用される。図心（断面の重心）軸の断面一次モーメントは0になる。	S
断面二次モーメント	物体の断面では、軸心を境に断面を押す力と引く力が生じるが、この断面を細かくして微小な面積を想定すると、(微小面積にかかる力)×(軸心から材料の外側までの距離)＝軸にかかるモーメントとなる。このモーメントの総和をいう。 (断面積)×(断面の重心までの距離の2乗）であり、いろいろな強度、剛性を計算するときに使用する。曲げモーメントに対してどの程度耐えられるかを判断する材料となる。	I
断面係数	部材の曲げ強さの基本的数値で、断面のもつ曲げモーメントに抵抗する割合を表す。 図心を通る断面二次モーメント I を、図心を通る軸から断面の最も離れた点までの距離で割った値。 はりに生じる最大曲げ応力を計算する際に用いる。	Z
断面二次極モーメント	断面二次モーメントと考え方は同じだが、丸棒のねじりやトルクを計算する際などに用いられる。	Ip
極断面係数	断面係数と考え方は同じだが、丸棒のねじりやトルクを計算する際などに用いられる。ねじれの中心軸からの距離の2乗に、その距離にある微小面積をかけたもの。	Zp
断面二次半径	材料の軸方向に圧縮力をかけた場合の座屈のしやすさを表したもので、断面二次モーメントを断面積で割った値の平方根で求められる。細長比を求めるときに必要。通常、断面二次モーメントが大きいと断面二次半径も大きくなる。	i

曲げモーメント M を受ける部材の圧縮または引張応力度 σ（最大）は、断面係数を使って求めることができます。

$$\sigma_{max} = M/Z$$ 重要!

はりの曲げ剛性は、(縦弾性係数)×(断面二次モーメント）で、棒のねじり剛性は、(横弾性係数)×(断面二次極モーメント）で求めます。それぞれの値は定理では積分法で求めますが、計算が複雑なので公式を一覧表にしておきます(表2)。

表2　はりの曲げ剛性等を求める公式

断面形状	断面二次モーメント I〔mm^4〕	断面係数 Z〔mm^3〕	断面二次極モーメント I〔mm^4〕	極断面係数 Z_p〔mm^3〕
b, h	$I=\dfrac{bh^3}{12}$	$Z=\dfrac{bh^2}{12}$		
d	$I=\dfrac{\pi d^4}{64}$	$Z=\dfrac{\pi d^3}{32}$	$I_p=\dfrac{\pi d^4}{32}$	$Z_p=\dfrac{\pi d^3}{16}$
d_1, d_2	$I=\dfrac{\pi(d_1^4-d_2^4)}{64}$	$Z=\dfrac{\pi(d_1^4-d_2^4)}{32d_2}$	$I=\dfrac{\pi(d_1^4-d_2^4)}{32}$	$Z=\dfrac{\pi(d_1^4-d_2^4)}{16d_2}$
b, $2/3h$, $h/3$	$I=\dfrac{bh^3}{36}$	$Z=\dfrac{bh^2}{24}$		

(4)　座屈

柱の上から荷重を加えていくと、一定の荷重を超えるとき、柱は急激に折れ曲がります。このような現象を**座屈** 重要！ といいます。細長い物体は、引張力より圧縮力のほうが弱いので、材料がもつ強度より小さな力で破壊します。座屈が発生するときの荷重を**座屈荷重**といい、そのときの応力を**座屈応力**といいます。

部材の座屈耐力や曲げ耐力は細長比という数値で算定します。**細長比**は部材の座屈長さを断面二次半径で除した値です。細長い部材ほど座屈は起きやすく、細長比の大きな部材の座屈荷重（または座屈応力度）は低くなります。

マメ知識 ➡➡➡ たわみと強度

たわむ＝曲がるは、変形に関するもので、強度とは関係ありません。断面二次モーメントにだけ関係する語句です。たくさん曲がっても＝たわみが大きくても、破損するとは限りません。

よく出る問題

問 1 ［難易度 😊😐😞］

次のうち、はりの種類ではないものはどれか。

(1) 片持ばり
(2) 固定ばり
(3) 斜めばり
(4) 単純支持ばり

はりは支持点によって種類が分かれます。片持ばり、単純支持ばり、張出ばり、固定ばり、連続ばりの５種類です。

問 2 ［難易度 😊😐😞］

次の説明のうち、誤っているものはどれか。

(1) はりにかかる荷重には集中荷重と等分布荷重の二種類がある。
(2) 上から荷重を加えていき、一定の荷重を超えたとき、柱が急に折れ曲がる現象を座屈という。
(3) 曲げやねじりの力に対する、寸法変化のしづらさを剛性という。
(4) 一般に細長い物体は、圧縮力より引張力のほうが弱い。

解説　細長い物体は、引張力より圧縮力のほうが弱いので、材料がもつ強度より小さな力で破壊します。座屈が発生するときの荷重を座屈荷重といい、そのときの応力を座屈応力といいます。

解答 問１－(3)　問２－(4)

レッスン 3-9

運動と運動量

重要度

(1) 加速度

加速度とは**単位時間当たりの速度の変化率** 重要! のことです。速度の変化がない状況では加速度は0となります。速度が遅くても、速度に変化があれば加速度が発生します。SI単位系では加速度は m/s^2 で表されます。

加速度が一定の運動を**等加速度運動**といいます。

時間を t、速度を v、加速度を a とすると、等加速度直線運動は次式が成り立ちます。

時間 t のときの速度➡ $v = v_0 + at$

時間 t のときの変位➡ $S = v_0 t + \frac{1}{2} at^2$

v と S の関係➡ $v^2 - v_0{}^2 = 2aS$ 重要!

物体が運動して位置が変わったとき、その位置の変化量を変位といいます。

(2) 運動の法則 重要!

① 運動の第1法則

物体に外部から力が加わらないとき、又は、加わってもその合力が0であるとき、いままでの状態（静止、等速度運動）を続ける法則を**慣性の法則（運動の第1法則）**といい、この性質を**慣性（惰性）**といいます。

② 運動の第2法則

物体に力がはたらくとき、物体には力と同じ向きの加速度が生じ、その大きさは力の大きさに比例し、物体の質量に反比例します。これを**運動の法則（運動の第2法則）**といいます。質量 m の物体に F〔N〕の力がはたらくとき生じる加速度を a とすると、次の式が成り立ちます。

$$F = ma$$

③ 運動の第3法則

物体Aから物体Bに力を加えると、物体Bから物体Aに、同じ作用線上で、大きさが等しく、向きが反対の力がはたらきます。これを**作用・反作用の法則（運動の第3法則）**といいます。

(3) 運動量保存の法則

外力が無視できるとき、物体系の運動量の和は保存されます。これを運動量保存の法則といいます。質量 m_1、速度 v_1 の物体と、質量 m_2、速度 v_2 の物体が同じ直線上を運動していて衝突し、速度がそれぞれ v_1'、v_2' になったと仮定すると、運動量は次式で表されます。

$$m_1v_1 + m_2v_2 = m_1v_1' + m_2v_2'$$ 重要！

よく出る問題

問 1　［難易度 😊😐😟］

時速 21.6 km で走る自転車が、５秒後に時速 14.4 km になったときの加速度はいくらか。

(1) $-7.2\ \mathrm{m/s^2}$

(2) $-0.4\ \mathrm{m/s^2}$

(3) $-1.44\ \mathrm{m/s^2}$

(4) $-6.4\ \mathrm{m/s^2}$

解説　初速度が 21.6 km/h なので 6 m/s、５秒後の速度は時速 14.4 km なので 4 m/s となります。５秒後の速度と初速度の差を時間当たりに直します。加速度は減速するときにも使います。減速度とはいいません。

$$\Rightarrow \frac{4\ \mathrm{m/s} - 6\ \mathrm{m/s}}{5\mathrm{s}} = -0.4\ \mathrm{m/s^2}$$

問 2　［難易度 😊😐😟］

運動の法則について、説明が誤っているものはどれか。

(1) 慣性の法則とは物体に外部から力が加わらないとき、いままでの状態（静止、等速度運動）を続ける法則をいう。

(2) 作用・反作用の法則とは、物体Ａから物体Ｂに力を加えると、物体Ｂから物体Ａに、同じ作用線上で、大きさが等しく、向きが反対の力がはたらく法則をいう。

(3) 運動の第２法則とは、物体に力がはたらくとき、物体には力と同じ向きの加速度が生じ、その大きさは力の大きさに比例し、物体の質量に反比例する法則のことである。

(4) 運動の第２法則とは、物体に力がはたらくとき、物体には力と同じ向きの加速度が生じ、その大きさは力の大きさに反比例し、物体の質量に比例する法則のことである。

運動の法則は基本的な内容なので、しっかり整理して覚えておきましょう。

解答　問１－(2)　　問２－(4)

レッスン 3 - 10

仕事と仕事の原理

重要度 ✎✎✎

(1) 仕事と仕事量 重要!

物体に一定の力 F を加え続けて、その力の向きに距離 s だけ動かしたとき、その力と距離の積を力が物体にした**仕事**といいます。仕事は記号 W を用います。

$$W = F \times s$$

向きに角度がある場合 ➡ $W = F \times s\cos\theta$

仕事の単位はジュール (J) といいます。$1\,\mathrm{J} = 1\,\mathrm{N \cdot m} = 1\,\mathrm{kg \cdot m^2/s^2}$ です。

仕事を時間で割ったものを仕事率といいます。仕事率は記号 P を用います。

$$P = W/t$$

(2) 運動エネルギーと位置エネルギー

運動している物体は何か他の物体に当たったときに、他の物体を動かしたり変形させたりします。この**運動している物体のもつエネルギーを運動エネルギー**といいます。運動エネルギーは次式で表されます。運動エネルギーは記号 K を用います。

$$K = \frac{1}{2}mv^2$$ (m：質量、v：速度) 重要!

また、物体は重力によって落下すると、他の物体に当たってそれを動かしたり変形させたりします。この**物体の運動状態に無関係に力の場の中の位置だけで決まるエネルギーを位置エネルギー**といいます。位置エネルギーは次式で表されます。位置エネルギーは記号 U を用います。

$$U = mgh$$ (m：質量、g：重力加速度、h：高さ) 重要!

(3) 仕事の原理と種類

物体に力を加えて動かすと、その力は仕事をしたことになります。道具などを使って必要な力を小さくした場合、動かす距離は長くなり仕事の量は変わりません。「道具を使っても仕事の量が変わらない」(必要なエネルギーは変わらない) ことを**仕事の原理** 重要! といいます。

仕事の原理にはいろいろなものがあります。

① てこ 重要!

棒の途中に置いた支点を中心に棒が自由に回転して、小さい力を大きな力に、変える仕組みをてこといいます。

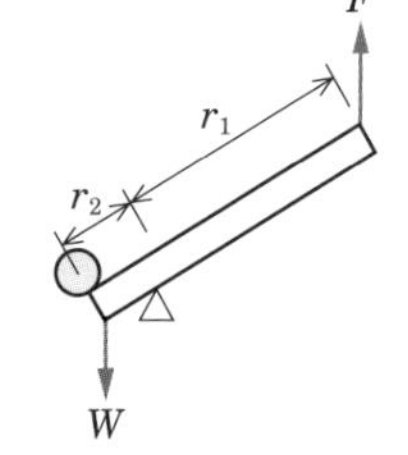

● 図1 てこの原理 ●

てこの原理を図１に示します。

$$\frac{W}{F} = \frac{r_1}{r_2}$$

②　輪軸

大きな半径をもつ輪の中心部分に小さな半径をもつ軸を固定して同時に回転するようにしたものを輪軸といいます。

輪軸の原理を図２に示します。

$$F = \frac{D}{2} = W\frac{d}{2}$$

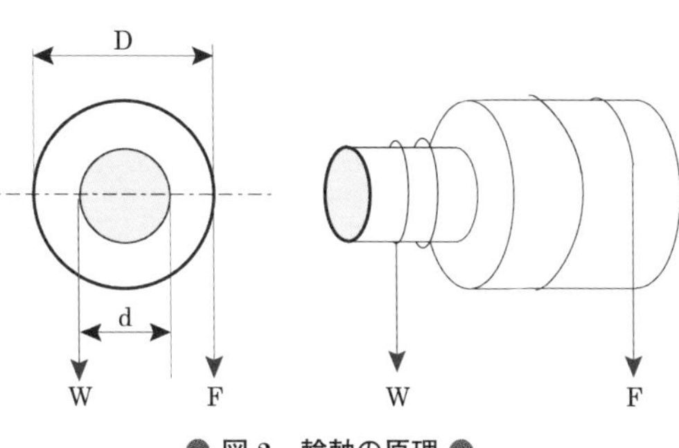

図２　輪軸の原理

③　滑車 **重要！**

溝に綱をかけて回転するようにした車を滑車といい、小さい力で重い物を持ち上げたり、力の方向を変えたりするのに使います。固定されている滑車を定滑車といい、滑車自体が固定されていないものを動滑車といいます。二つ以上の滑車のおのおのの運動の差または和をとり出して一つの部分を動かすようにした滑車を差動滑車と言います。 **重要！**

滑車の原理を図３〜５に示します。

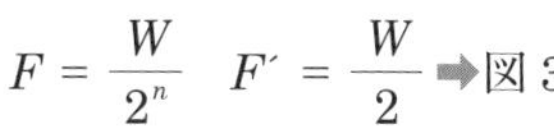

$$F = \frac{W}{2^n} \quad F' = \frac{W}{2}$$ ➡図３

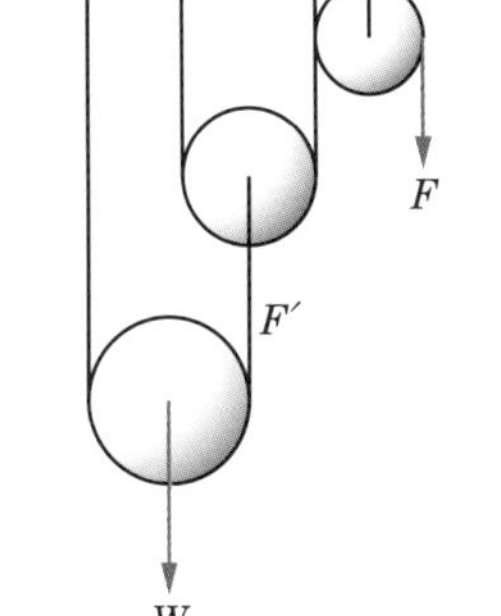

図３　滑車の原理

n：動滑車の個数（図３）

$$F = \frac{W}{n}$$ ➡図４

n：動滑車をつるしているロープの数（図４）

$$F = W\frac{D-d}{2D}$$ ➡図５

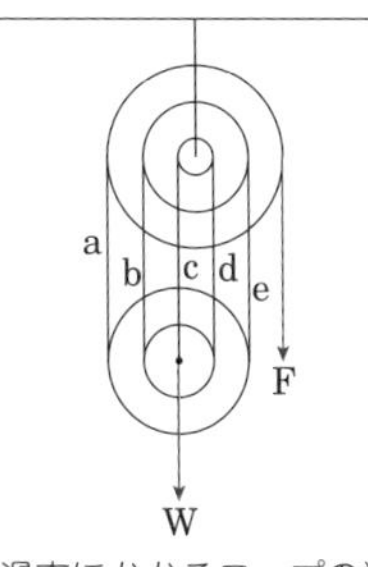

動滑車にかかるロープの数は
a〜eまでの５本

図４

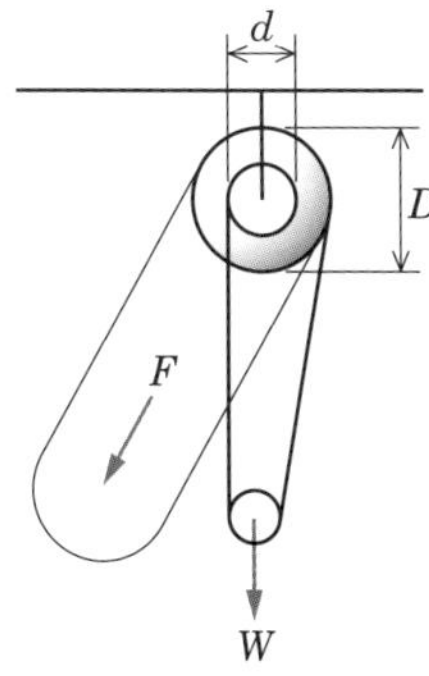

図５

④　ボルト締め

ねじを回転させて締め付けを行うと、被締結物には圧縮力、おねじには引張力がかかり、締付けた座面や互いのねじ面などの摩擦抵抗などにより強固に締結されます。

ボルト締めの原理を図6に示します。

$$W\frac{d}{2} = F\ell \quad F = \frac{d}{2\ell}W$$

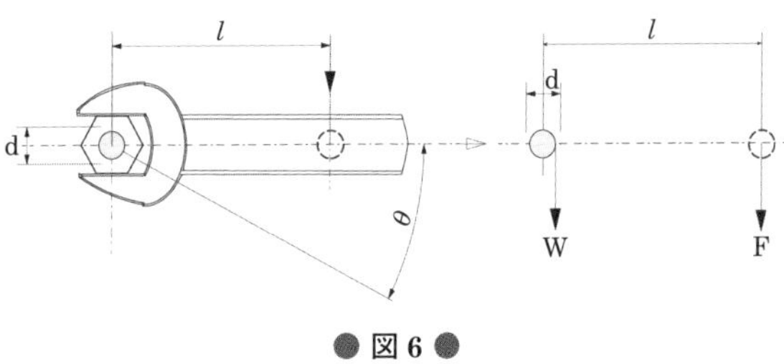

● 図6 ●

学習法のヒント！

0°から90°までの角の三角比のうち、問題文中のθの値は、0°、30°、45°、60°、90°であることがほとんどです。覚え方は次の表のようになります。すべてのθを$\frac{\sqrt{n}}{2}$で表してみます。

	0°	30°	45°	60°	90°
$\sin\theta$	$\frac{\sqrt{0}}{2}$（＝0）	$\frac{\sqrt{1}}{2}$	$\frac{\sqrt{2}}{2}$	$\frac{\sqrt{3}}{2}$	$\frac{\sqrt{4}}{2}$（＝1）
$\cos\theta$	$\frac{\sqrt{4}}{2}$（＝1）	$\frac{\sqrt{3}}{2}$	$\frac{\sqrt{2}}{2}$	$\frac{\sqrt{1}}{2}$（$=\frac{1}{2}$）	$\frac{\sqrt{0}}{2}$（＝0）

$\sqrt{n}$の部分が$\sin\theta$は左から、$\cos\theta$は右から0、1、2、3、4と並んでいます。

よく出る問題

問 1 ［難易度 😊😐😠］

図のような滑車があり、いま 36 N の物体をもち上げようというとき、必要な力は次のうちどれか。

(1) 36 N
(2) 18 N
(3) 5.7 N
(4) 4.5 N

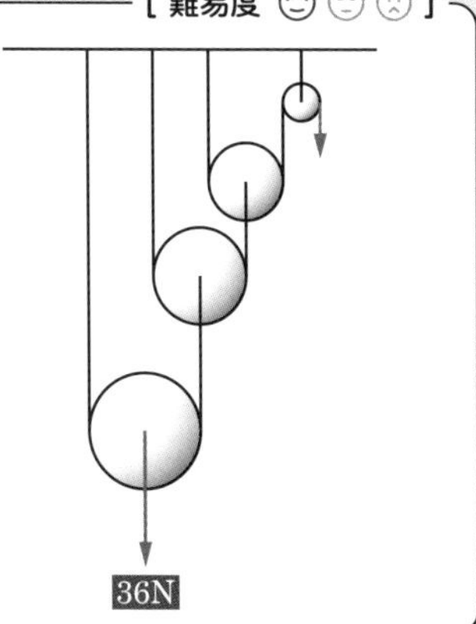

解説 滑車は動滑車の個数の2倍の力がはたらきます。2個の滑車のうち1個が動滑車で1個が定滑車（固定された滑車のこと）の場合、1N の力で引っ張ると 2N の物体を動かすことができます。

$F = \frac{W}{2^n}$（n：動滑車の個数）です。図の動滑車は3個です。

問 2 ［難易度 😊😐😠］

図のような差動滑車があり、$D = 320$ mm、$d = 160$ mm とすると 100 N の物体を引き上げるとき必要な力は次のうちどれか。

(1) 25 N
(2) 12.5 N
(3) 100 N
(4) 50 N

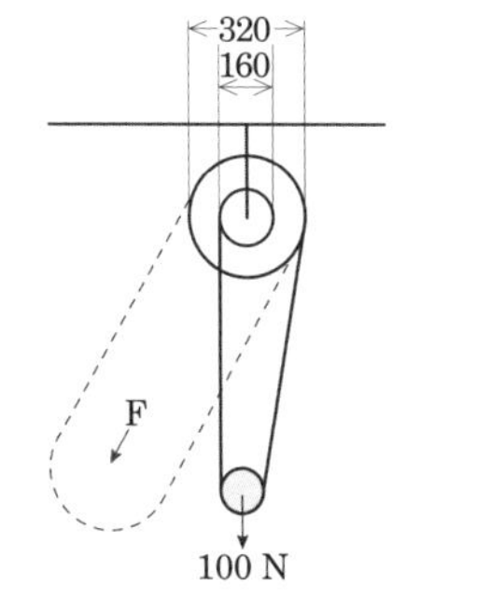

解説 差動滑車の公式は次の通りです。

$$F = W\frac{D - d}{2D}$$

$W = 100 \quad D = 320 \quad d = 160$

解答 問 1 −(4)　問 2 −(1)

レッスン 3-11 回転運動と摩擦

重要度

(1) 回転運動 重要!

場所を変えずに、その場で自転するような運動を回転運動といいます。

回転軸のまわりの力のモーメントを**トルク**（回転モーメント）といいます（図1）。

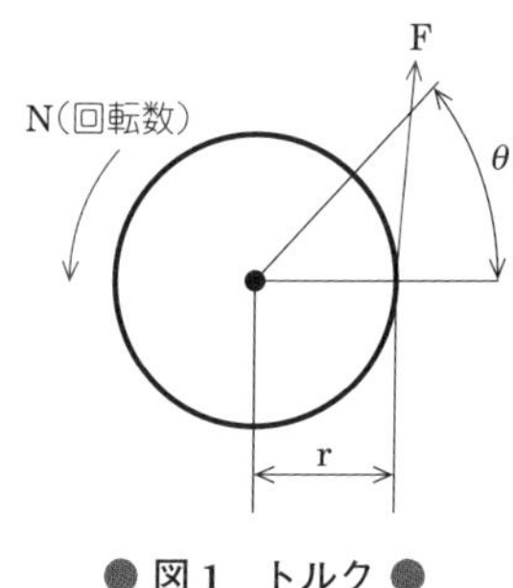

● 図1　トルク ●

$$T = Fr$$

$$\omega = \frac{\Delta\theta}{\Delta t} = \frac{2\pi N}{60}$$

N：回転数、$\frac{\Delta\theta}{\Delta t}$：角速度

トルクを使用して締め付けるものにねじがあります。ボルト、ナットのねじは次のように呼びます（表1）。

● 表1 ●

ねじの基本的な知識

外径	おねじの山の径
内径	めねじの内側の径

ねじ各部の名称

ピッチ	隣り合う山の中心間の距離。Pという記号であらわす。
有効径	谷の幅がねじ山の幅に等しくなるような仮想的な円筒の直径
リード	ねじが1回転したときに進む距離
リード角	ねじのらせんの向きの、軸の垂直断面からの傾きの角度
一条ねじ	1本のらせん状にねじ山を作ったもの
右ねじ	一般的に使われるねじ。右に回すと締まり、左に回すと緩む

(2) 摩擦 重要!

床などにある物体を動かそうとしたとき、それを**邪魔しようとする力を摩擦力**といいます。**物体が動く向きと必ず逆向きになります**。二つの物体の接触面にはたらく摩擦力と、接触面に垂直に作用する圧力（垂直抗力）との比を**摩擦係数**といいます。摩擦力は次の式で表されます。摩擦力は記号 $\boldsymbol{F}$ を、摩擦係数は μ を用います。

① すべり摩擦

物体を面に沿ってすべらせたときに、運動を妨げるようにはたらく力を**すべり摩擦**と言います（図2）。

水平に引く力

$$F = \mu R$$

$$\mu = \tan\theta$$

角度 θ で引く力

$$R = W - F\sin\theta$$

$$F\cos\theta = \mu R = \mu(W - F\sin\theta)$$

$$F = \frac{\mu W}{\cos\theta + \mu\sin\theta}$$

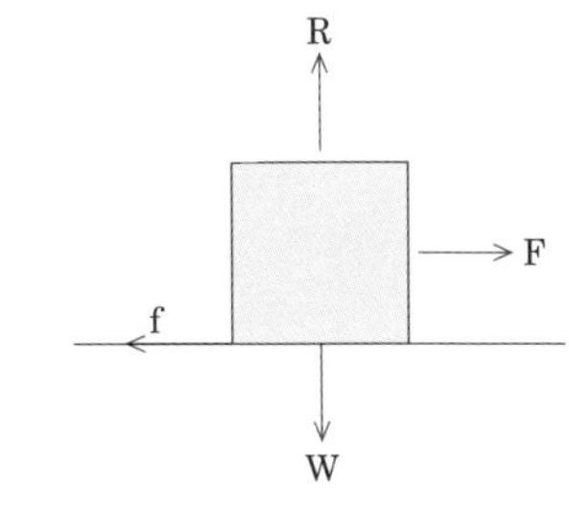

図２　すべり摩擦

(3) 転がり摩擦

球体などが面に接してすべらずに転がるときの抵抗を**転がり摩擦**といいます（図3）。

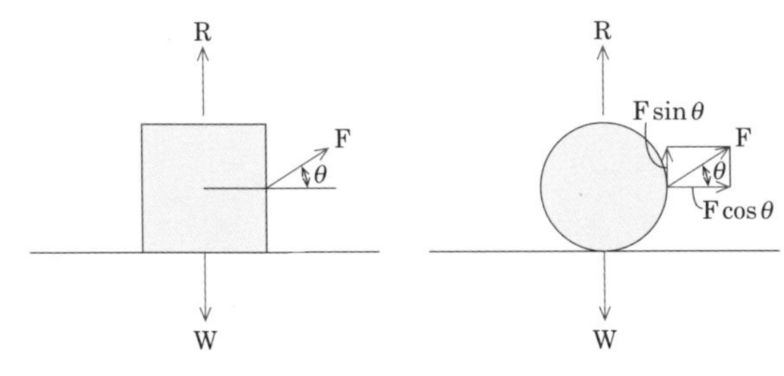

図３　転がり摩擦

転がり摩擦　$F = \mu W/R$

球体などが自由転動しているとき、面から球体に働くモーメントのうち、球体の回転軸のまわりの成分を**転がりモーメント**といいます（図4）。

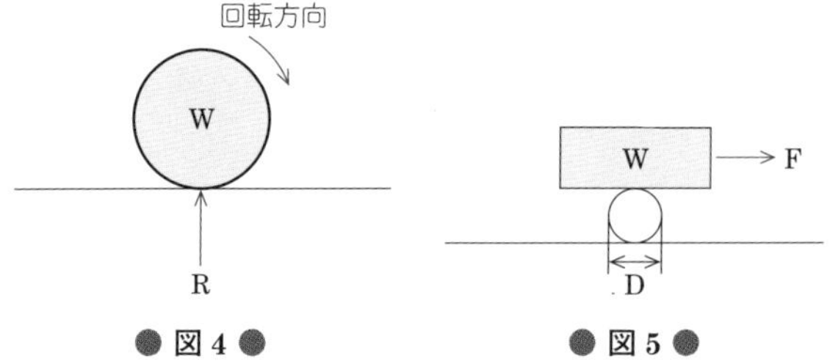

● 図 4 ●　　● 図 5 ●

転がりモーメント　$M_f=\mu R$

●重さ W の物体を直径 D の丸棒に乗せて動かすとき

$$M_f=\mu_1 W+\mu_2 W=FD$$

$$F=\frac{\mu_1+\mu_2}{DW}$$

μ_1：物体と丸棒の摩擦係数、μ_2：床と丸棒の摩擦係数

マメ知識 ➡➡➡ 摩擦にまつわる言葉

高校レベルの物理では、摩擦のない接触面をなめらかな面、摩擦のある接触面をあらい面と呼びます。なめらかな面とは摩擦力が 0 という意味です。

よく出る問題

問 1 [難易度 😊😐😞]

水平な床の上に置いた 36 N の物体がある。床との摩擦係数が 0.5、床との接地面積が 60 cm^2 のとき、この物体を動かす最小の力は次のうちどれか。なお、重力加速度は考えないものとする。

（1） 36 N
（2） 72 N
（3） 18 N
（4） 0.6 N

水平に動かす場合の力は $F=\mu R$ で接地面積などは関係ありません。この場合は R が 36 N、μ が 0.5 です。

問 2 [難易度 😊😐😞]

摩擦係数が 0.2 cm のとき、重さ 1.2 tf、輪の直径 60 cm の車を押して動かすのに必要な力（N）は次のどれか。なお、重力加速度は 9.8 m/s^2 であるとする。

（1） 49 N
（2） 39.3 N
（3） 78.4 N
（4） 1 200 N

転がり摩擦の公式は下の通りです。

$$F=\mu W/R$$

この場合、重量：W、摩擦係数：μ、半径：R ですが、問題文では 1.2 tf となっているので単位を N（ニュートン）に揃えないといけません。

解答 問 1 −（3）　問 2 −（3）

これは覚えておこう！

レッスン3の重要事項のまとめ

① **合金の特性**：ほぼ等しい膨張係数、低融点化、機械的強度と耐食性の上昇

② **熱処理**：焼入れ、焼戻し、焼きなまし

③ **鉄鋼の種類**：低炭素鋼、中炭素鋼、高炭素鋼

④ **その他の鉄鋼材料**：ステンレス＝さびにくい、鋳鉄＝硬くてもろい

⑤ **非鉄金属**：銅合金（黄銅、青銅）、アルミ合金

⑥ **その他の材料**：ゴム、ガラス、合成樹脂、FRP等

⑦ **表面処理**：メッキ、塗装

⑧ **溶接の欠陥**：アンダーカット・オーバーラップ・ピンホール・割れ

⑨ **ボイル・シャルルの法則**：$\frac{pV}{T} = K$（一定）

⑩ **力の三要素**：力の大きさ、力の向き、力の作用点

⑪ **ベクトルとスカラー**：大きさ＋向き＝ベクトル、大きさのみ＝スカラー

⑫ **力の平行四辺形**：対角線Cが合力 $C = \sqrt{A^2 + B^2 + 2AB\cos\theta}$

⑬ **力のつり合い**：合力の和及びモーメントの和はそれぞれ0

⑭ **重心**：重力を合成してできた合力の作用点

⑮ **荷重**：引張り、圧縮、せん断、曲げ、ねじり

⑯ **応力**：引張り・圧縮　$\sigma = P/A = W/A$

せん断　$\tau = P/A = W/A$

⑰ **比例限度内**：σ（応力）$= E \times \varepsilon$（ひずみ）ヤング係数・フックの法則

⑱ **ポアソン比**：ν＝横ひずみ/縦ひずみ

⑲ **安全率**：安全率＝材料の基準強さ/許容応力

⑳ **材料の破壊**：疲労破壊、脆性破壊、クリープ破壊

㉑ **はりの種類**：片持ばり、単純支持ばり、張出ばり、固定ばり、連続ばり

㉒ **剛性**：寸法変化のしづらさ

㉓ **曲げモーメント**：$\sigma_{max} = M/Z$

㉔ **運動の法則**：慣性の法則、運動の法則、作用・反作用の法則

㉕ **てこの原理と動滑車**：てこ　$\frac{W}{F} = \frac{r_1}{r_2}$

動滑車　$F = \frac{W}{2^n}$　（n：動滑車の個数）

㉖ **摩擦力**：邪魔しようとする力　$F = \mu R$

レッスン 4　避難器具の構造と機能

レッスン４は避難器具そのものについて解説していきます。
まず種類、そしてそれぞれの規格について、解説します。特に金属製避難はしごや緩降機の規格についての内容は、よく出る問題です。数字や法律用語が多いので整理して記憶しましょう。その他の避難器具の規格は一括して「避難器具の基準」にまとめられています。そのなかでも救助袋は出題頻度が高くなっています。

避難器具の構造は鑑別や実技でも出題されます。

- 4-1「**避難器具の種類**」では、避難器具として定められている８つの器具の名称を覚えておきましょう。細かい分類はその都度その器具ごとに整理します。
- 4-2「**金属製避難はしごの種類**」は、最も出題頻度が高いものの一つです。それぞれの定義をよく理解しておきましょう。特につり下げはしごは、現在の避難器具の主流の一つなので、整理しておくことが重要です。
- 4-3「**金属製避難はしごの構造**」は基本的な構造と種類別の規格、試験方法の出題頻度が高く、特に突子の寸法はよく出題されます。つり下げはしごのつり下げ金具の種類は、違いをよく理解しておきましょう。
- 4-4「**金属製以外の避難はしごの構造**」が出題されたときは金属製避難はしごの規格との比較問題が多いので、整理しておきましょう。
- 4-5「**緩降機の構造**」で試験内容は高い頻度で出題されます。また、２学期で学習する実技試験では緩降機の構成部材についての穴埋め問題が多いです。メーカーごとに多少の差はありますが名称は同じなので写真を見て覚えてしまいましょう。
- 4-6「**救助袋の構造**」では構成内容を問う問題が多く、実技試験では緩降機と同様に構成部材そのものを穴埋めすることが多いようです。緩降機、はしごと比べると実物に触れる機会は少ないのですが、試験には頻出するのでよく確認しておきましょう。

● 4-7「**すべり台の構造**」では構造の名称と材質、及び降下角度が出題されます。頻度は少ないですが、こういうところで落とさないことが合格への早道です。

● 4-8「**避難器具用ハッチの構造**」はレッスン 4-2、4-3、4-6 とセットで覚えておくとよいです。格納されているものは、つり下げはしごと垂直式救助袋ですから、相互に理解することが大切です。

● 4-9「**その他の避難器具**」は出題頻度こそ少ないですが、すべり台同様落とさないように覚えておきましょう。特に、避難橋の勾配などは誤りを見つける問題に出ることが多いです。

避難器具の種類

重要度

避難器具は次の８種類があります。**重要!**

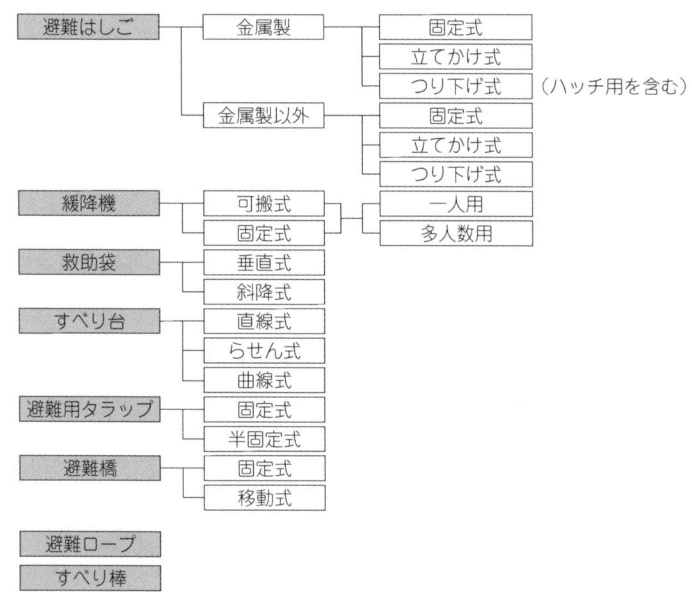

● 図１ ●

そのうち、**金属製避難はしごと緩降機は検定品** **重要!** であり、規格省令により、その構造、性能等についての基準が定められています。その他の避難器具は「避難器具の基準（昭和53年消防庁告示第１号）」でその構造、性能等について基準が定められています。

誘導灯や誘導標識は**避難設備**といい、避難器具とは別に定義されています。

マメ知識 ➡➡➡ 避難器具のあれこれ

避難器具のうち、避難橋、避難用タラップ、すべり棒はあまり見かけることがありません。著者もさまざまな現場を見てきましたが、避難用タラップは１回しか見たことがありませんし、すべり棒に至っては全く現場では見たことがありませんでした。避難橋は何度か現場で見ましたが、２台も避難橋のあるビルもあり、少し驚いたことがあります。避難橋は隣接する建築物に避難するためのものなので、防犯上の理由やプライバシーの問題などの理由で、最近の建築物に採用されることは少なくなっています。器具としては主に築40～50年のビルで見かけることが多いようです。

よく出る問題

問 1 [難易度 😊😐😣]

次のうち避難器具ではないものはどれか。

(1) 緩降機

(2) すべり棒

(3) 避難はしご

(4) 誘導灯

解説 避難器具は、避難はしご、緩降機、すべり台、救助袋、避難ロープ、避難橋、避難用タラップ、すべり棒の8種類が避難器具として定義されて、その中に誘導灯は含まれていません。誘導灯は避難設備に含まれます。

問 2 [難易度 😊😐😣]

次のうち避難器具として存在しないものはどれか。

(1) 金属製つり下げ式避難はしご

(2) 可搬式一人用緩降機

(3) 斜降式救助袋

(4) 垂直式すべり台

解説 金属製避難はしごはつり下げ式、立てかけ式、固定式の3種、緩降機は可搬式と固定式で一人用と多人数用、救助袋は斜降式救助袋と垂直式救助袋、すべり台は直線式、らせん式、曲線式があります。垂直式のすべり台は存在しません。

解答 問1－(4)　問2－(4)

金属製避難はしごの種類

重要度

避難はしごは金属製避難はしごと金属製以外の避難はしごに分類されます。避難はしごの定義は「避難はしごは、縦棒及び横桟で構成されるものとする」です。

金属製避難はしごは使用形態により、さらに分類されます（図１）。重要！

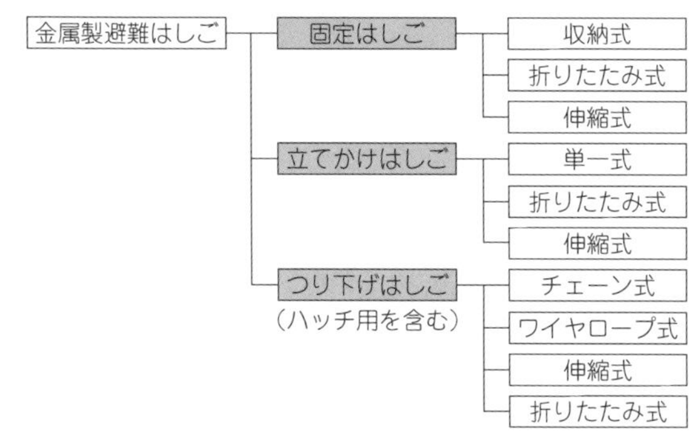

● 図１　避難はしごの分類 ●

(1) 固定はしご

縦棒、又ははしごの一部が常時建物に固定されています。収納方法により下記のように分類されます

① 収納式➡横桟を縦棒内に収納しておき、これを取り出して使用する。

② 折りたたみ式➡下部を折りたたむことができる。

③ 伸縮式➡下部を伸縮させることができる。

(2) 立てかけはしご

折りたたみ式と伸縮式があります。常時折りたたみ、伸縮等の方法により収納しておき、使用の際は防火対象物に立てかけて使用します。

(3) つり下げはしご 重要！

つり下げ金具を建物に人力で取り付けて、防火対象物につり下げて使用します。

(4) ハッチ用つり下げはしご 重要！

つり下げはしごのうち、ベランダ等に設けられた避難器具用ハッチに格納されているもので、ハッチを開放するこ

● 図２　ハッチ用つり下げはしご ●

とですぐに使用できます（図2）。前述（3）のつり下げはしごとは若干構造が違います。

型式適合検定に合格した製品には、図3の**型式適合検定合格証**がシールにより表示されます。

外径は 10 mm

● 図3 ●

問 1 ［難易度 😊😐😠］

固定はしごの収納方法で存在しないものはどれか。

(1) 収納式
(2) 伸縮式
(3) 一部取り外し式
(4) 折りたたみ式

縦棒、又ははしごの一部が常時建物に固定されているはしごが固定はしごなので、取り外して収納することはできません。

問 2 ［難易度 😊😐😠］

金属製避難はしごについて書かれた次の文のうち、下線部の誤りは何か所あるか。

避難はしごは、縦桟及び横棒で構成され、金属製避難はしごと金属製以外の避難はしごに分類される。金属製避難はしごは使用形態によりさらに分類され、そのうち、ハッチ用つり下げはしごは建物に人力で取り付けて使用する。また、型式適合検定に合格した製品には、型式適合検定合格の表示が付される。

(1) 一つ
(2) 二つ
(3) 三つ
(4) 四つ

解説　避難はしごは、縦棒及び横桟で構成されます。また、ハッチ用つり下げはしごは、ベランダ等に設けられた避難器具用ハッチに格納されており、ハッチを開放することですぐに使用できます。

解答 問1－(3)　　問2－(2)

レッスン 4-3 金属製避難はしごの構造

重要度 ///

避難はしごは、安全、確実、容易に使用できる構造のものでなければならないので、規格が細かく決められています。これを前提として規格をみていきましょう。固定はしご、立てかけはしご、つり下げはしごのそれぞれに、固有の規格が定められています。

(1) 金属製避難はしご全般

はしごは縦棒・横桟で構成されています。この基本的な構造に、固有の構造が付属します。

① **縦棒の数が 1 本のものは**、縦棒が中心軸となるように横桟を取り付け、横桟の先端に、縦棒の軸と平行に長さ **5 cm 以上の横すべりを防止する突子**を設けてあります。**横桟の長さは**、縦棒から横桟の先端までの長さの**内法寸法が 15 cm 以上 25 cm 以下**で、**縦棒の幅は**、横桟の軸方向について **10 cm 以下**でなくてはなりません（図 1 左）。

② **縦棒の数が 2 本以上のものの縦棒の間隔**は、**内法寸法で 30 cm 以上 50 cm 以下**でなくてはなりません（図 1 右）。重要！

③ 避難はしごの**横桟は、直径 14 mm 以上 35 mm 以下の円形又はこれと同等の握り太さ**の他の形状の断面を有するものでなくてはなりません（図 1 右）。重要！

④ 避難はしごの**横桟は**、縦棒に**同一間隔に取り付けられたもの**であり、**間隔は 25 cm 以上 35 cm 以下**でなくてはなりません（図 1）。重要！

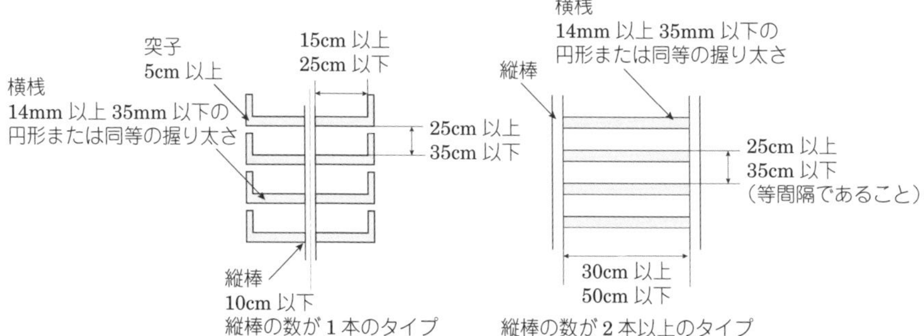

● 図 1　縦棒の数が 1 本と 2 本以上の場合 ●

⑤ 避難はしごの**横桟の踏面は**、**すべり止めの措置**を講じたものでなくてはなりません。

(2) 固定はしご固有の規格

① **収納式のもの、その下部を折りたたむ又は伸縮させることができる構造のもの**は、振動その他の衝撃で容易に外れないように**保安装置**を設けなくてはなりません。

② 保安装置を外す動作を除き、**2 動作以内ではしごを使用可能な状態にする**ことができなくてはなりません。重要！

(3) 立てかけはしご固有の規格（図 2）

① 先端から **60 cm 以内の任意の箇所**に、すべり及び転倒を防止するための安全装置を設けなくてはなりません。

② **下部支持点に、すべり止めを**設けなくてはなりません。

③ **伸縮させることができる構造のものは**、使用の際、自動的に作動する**縮梯防止装置**を設けなくてはなりません。

④ **折りたたむことができる構造のものは**、使用の際、**自動的に作動する折りたたみ防止装置**を設けなくてはなりません。

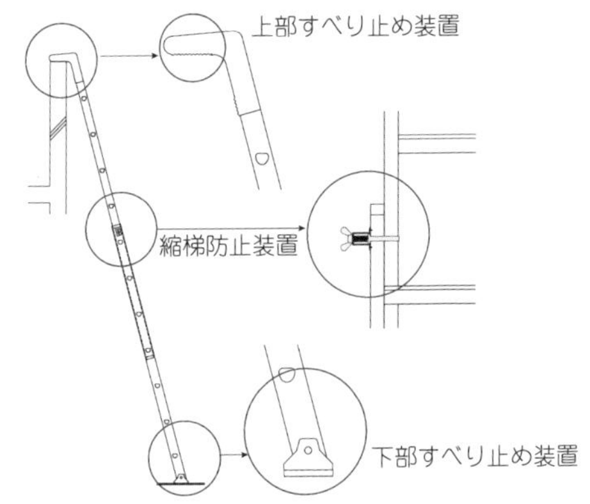

● 図 2　立てかけはしご固有の規格 ●

(4) つり下げはしご固有の規格 重要！

① 使用の際、防火対象物から **10 cm 以上の距離を保有するための有効な突子を横桟の位置ごとに設けなくてはなりません**。ただし、突子を設けなくても、使用の際、防火対象物から **10 cm** 以上の距離を保てるものについては

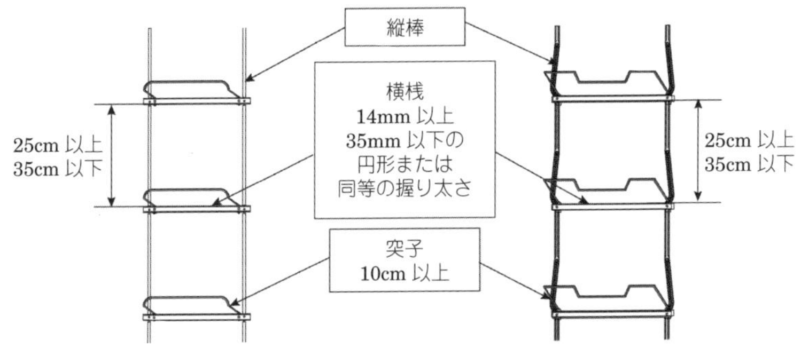

● 図 3　つり下げはしごの規格 ●

不要です（図３）。

② **縦棒の先端には、丸かん、フック、その他のつり下げ金具をつけなくてはなりません**（図４）。重要！

③ つり下げ金具は、**容易に外れない構造のもの**でなくてはなりません。

つり下げはしごには、**縦棒に相当する金属棒又は金属板、ワイヤロープ、チェーン**が使用されています（図５）。

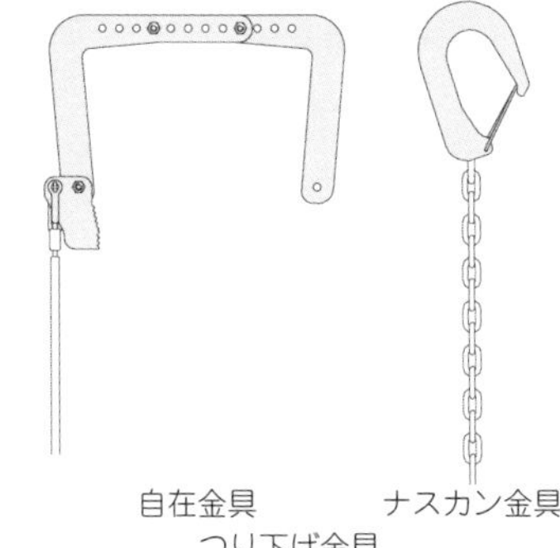

図４

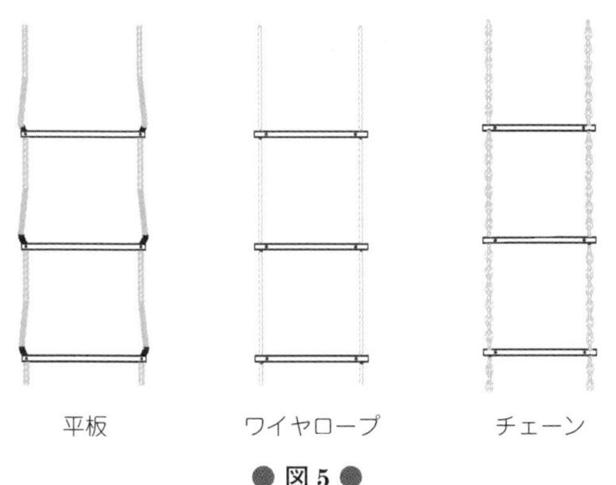

図５

避難はしごには、次に掲げる事項が、見やすい箇所に容易に消えないように表示されていなければなりません。重要！

① 種別
② 区分
③ 製造者名又は商標
④ 製造年月
⑤ 製造番号
⑥ 長さ
⑦ 立てかけはしご又はつり下げはしごにあっては、自重
⑧ 型式番号
⑨ ハッチ用つり下げはしごにあっては「ハッチ用」という文字

金属製避難はしごの縦棒及び横桟、その他の材料は表１のように規定されています。

● 表1　金属製避難はしごの材料 ●

種別	部品名	材料
立てかけハシゴ 固定ハシゴ	縦棒 横桟 補強材 支え材	JIS G 3101（一般構造用圧延鋼材）
		JIS G 3444（一般構造用炭素鋼鋼管）
		JIS H 4100（アルミニウム及びアルミニウム合金の押出形材）
	縮梯防止装置 折りたたみ防止装置	JIS G 3104（リベット用丸鋼）（注）
		JIS G 3201（炭素鋼鍛鋼品）
		JIS G 5705（可鍛鋳鉄品）
	フック	JIS G 3101（一般構造用圧延鋼材）
	滑車	JIS G 5101（炭素鋼鋳鋼品）
		JIS H 5120（銅及び銅合金鋳物）
	ボルト類	JIS G 3123（磨き棒鋼）
	ピン類	JIS G 3104（リベット用丸鋼）
		JIS H 4040（アルミニウム及びアルミニウム合金の棒及び線）
つり下げハシゴ	縦棒 突子	JIS F 3303（フラッシュバット溶接アンカーチェーン）
		JIS G 3101（一般構造用圧延鋼材）
		JIS G 3535（航空機用ワイヤロープ）
		JIS H 4000（アルミニウム及びアルミニウム合金の板及び条）
	横桟	JIS G 3101（一般構造用圧延鋼材）
		JIS G 3123（磨き棒鋼）
		JIS G 3141（冷間圧延鋼板及び鋼帯）
		JIS G 3444（一般構造用炭素鋼鋼管）
		JIS H 4000（アルミニウム及びアルミニウム合金の板及び条）
	つり下げ金具	JIS G 3101（一般構造用圧延鋼材）
	ボルト類	JIS G 3123（磨き棒鋼）
	ピン類	JIS G 3104（リベット用丸鋼）
		JIS H 4040（アルミニウム及びアルミニウム合金の棒及び線）

※　使用材料は、上記の表にある材料と同等以上の強度及び耐久性があり、耐食性を有しない材質のものにあっては、耐食加工を施したものを使用する。

（注）JIS G 3104　2011-02-11　JIS 規格廃止

また、金属製避難はしごの強度試験のうち、荷重試験は表2の条件で行います。重要！

● 表2　金属製避難はしごの荷重試験 ●

	長　さ	縦棒の本数	材　質	荷　重
縦棒	2 m 又はその端数ごと	1本	—	1本につき 1 000 N
		2本	下記以外	1本につき 500 N
		2本	ワイヤロープ又はチェーン	1本に付き 750 N
		3本	—	内側の1本に 1 000 N
横桟	中央 7 cm の部分			1 000 N の等分布荷重

固定はしご、立てかけはしご、つり下げはしごのそれぞれに固有の試験があります（表3）。

● 表3　各はしごの固有試験 ● 重要!

固有の試験項目	試験基準
避難はしごの縦棒及び横桟は、縦棒の方向について、表2の2倍の静荷重を加える試験	亀裂、破損等を生じない。
収納式の固定はしごは一方の縦棒を固定し、横桟を水平に取り出した状態で、縦棒及び横桟のいずれにも直角となる方向に 220 N の静荷重を、固定されていない縦棒の上端、中央及び下端にそれぞれ加える試験	永久歪、亀裂、破損等を生じない。
立てかけはしごは、水平にして両端部を適当な架台で支え、同時に縦棒の方向についてその中央部及びその左右 2 m ごとの箇所に、それぞれ 650 N の静荷重を垂直に加える試験	
ハッチ用つり下げはしごの縦棒及び横桟、縦棒及び横桟の取付箇所は、縦棒の方向について、表2の静荷重を加える試験	永久歪を生じない。
ハッチ用つり下げはしごの縦棒及び横桟、縦棒及び横桟の取付箇所に表2の2倍の静荷重を加える試験	亀裂、破損等を生じない。
避難はしごは **100 回の展開及び収納**の操作を繰り返す試験	著しい変形、亀裂又は破損を生じない。
つり下げはしごのつり下げ金具1個につき、伸ばした縦棒の方向の横桟 2 m 又はその端数ごとに 1 500 N の引張荷重を加える試験	
つり下げはしごの1本の横桟に取り付けられた突子について、縦棒及び横桟に対し同時に直角となる方向に **150 N の圧縮荷重**を加える試験	
避難はしごの横桟に 23 N·m のトルクを用いる試験	回転し、又は著しい変形、亀裂又は破損を生じない。
ハッチ用つり下げはしごは、荷重取付位置から **1 000 N の静荷重**を加える試験	上部横桟取付部から下部横桟取付部までの水平距離が 0.4 m 以下
避難はしごに塩水を8時間噴霧した後に16時間放置することを5回繰り返した後、水洗いをして24時間自然乾燥させる試験	機能又は構造に異常が生じるおそれのある腐食を生じない。

よく出る問題

問 1 [難易度]

次のうち正しいものはどれか。

(1) 縦棒の数が 2 本以上のものの縦棒の間隔は、内法寸法で 14 cm 以上 35 cm 以下でなくてはならない。

(2) 避難はしごの横桟は、直径 30 mm 以上 50 mm 以下の円形又はこれと同等の握り太さの他の形状の断面を有するものでなくてはならない。

(3) 避難はしごの横桟は、縦棒に同一間隔に取り付けられたものであり、間隔は 25 cm 以上 35 cm 以下でなくてはならない。

(4) 固定はしごは、保安装置を外す動作を除き、3 動作以内ではしごを使用可能の状態にすることができなくてはならない。

解説 縦棒の間隔は、内法寸法で 30 cm 以上 50 cm 以下です。横桟は、直径 14 mm 以上 35 mm 以下の円形又は同等の握り太さの断面とされています。保安装置を外す動作を除き、2 動作以内とされています。

問 2 [難易度]

避難はしごの試験で誤りはどれか。

(1) 縦棒が 2 本のものは、2 m 又はその端数ごとに 1 本につき 750 N の荷重をかける試験

(2) 1 本の横桟に取り付けられた突子について、縦棒及び横桟に対し同時に直角となる方向に 150 N の圧縮荷重を加える試験

(3) 100 回の展開及び収納の操作を繰り返す試験

(4) ハッチ用つり下げはしごに固有の試験では、荷重取付位置から 1 000 N の静荷重を加える

縦棒が 2 本のものは、2m 又はその端数ごとに 1 本につき 500N の荷重をかける試験を行います。

解答 問 1 − (3)　　問 2 − (1)

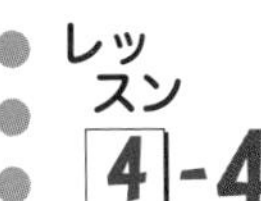

金属製以外の避難はしごの構造

重要度

金属製以外の避難はしごの構造と規格は避難器具の基準（昭和53年3月13日消防庁告示第一号）で定められています。

(1) 構造

① はしご全般の規定

(a) 安全、確実かつ容易に使用できる構造のもの。

(b) **2本以上の縦棒**、横桟及びつり下げ具で構成されるもの。

(c) 縦棒の間隔は、**内法寸法で30 cm以上50 cm以下**のもの。

(d) 横桟は、**直径14 mm以上35 mm以下**の円形またはこれと同等の握り太さの他の形状の断面を有するもの。

(e) 横桟は、縦棒に25 cm以上35 cm以下で同一間隔に取り付けられたもの。

(f) 横桟は、使用の際、離脱及び回転しないもの。横桟の踏面は、すべり止めの措置を講じたもの。

② つり下げはしごの規定

(a) つり下げ具は、丸かん、フックその他の容易に外れない構造のものとし、縦棒の上端に取り付けられたもの。

(b) つり下げはしごは、伸張時にもつれ等の障害を起こさない構造のもの。

(c) つり下げはしごは、使用の際、防火対象物から**10 cm以上の距離を保有するための有効な突子**を横桟の位置ごとに設けたもの。ただし、当該突子を設けなくても、使用の際、防火対象物から10 cm以上の距離を保有することができるものは、不要。

③ 立てかけはしごの規定

先端から60 cm以内の任意の箇所には、すべり及び転倒を防止するための措置を講じ、下部支持点には、すべり止めの措置を講じたもの。

(2) 材質

材質に関する規定はすべて共通で、以下の通りです。

① 縦棒は、耐久性に富んだ繊維製のもの又はこれと同等以上の耐久性を有するもの

② 横桟は、金属製のもの又はこれと同等以上の耐久性を有するもの、つり下げ具は、鋼材又はこれと同等以上の耐久性を有するもの

③ 耐食性を有しない材質のものは、耐食加工を施したもの

(3) 表示

避難はしごには、次に掲げる事項が、見やすい箇所に容易に消えないように表示されていなければなりません。

① 種別　② 製造者名又は商標　③ 製造年月　④ 長さ

⑤　立てかけはしご又はつり下げはしごにあっては、自重

(4) 強度試験

金属製避難はしごの試験とほぼ同じですが、**記載されている単位に注意**してください（表1）。

● 表1　金属製以外の避難はしごの試験 ●

試験項目	試験基準
(1) 縦棒は、避難はしごを伸ばして最上部の横桟から、最下部の横桟までの2m又はその端数ごとに縦棒の方向について、縦棒1本につき1.3 kNの圧縮荷重（つり下げはしごは、引張荷重）を加える試験	亀裂、破損等を生じないもの。
(2) 縦棒は、(1)の静荷重の2分の1の静荷重を加える試験	永久歪を生じないもの。
(3) 横桟は、縦棒の方向について、1本につき中央7cmの部分に、金属製のものは2kN、その他の材質のものは、3kNの等分布荷重を加える試験	亀裂、破損等を生じないもの。
(4) 横桟は、(3)の静荷重の2分の1の静荷重を加える試験	永久歪を生じないもの。
(5) 縦棒及び横桟の取付箇所にて、(1)及び(3)の試験	離脱、著しい変形等の障害を生じないもの。
(6) つり下げ具1個につき、はしごを伸ばした縦棒の方向に、最上部の横桟から最下部の横桟までの部分について2m又はその端数ごとに**1.5 kNの引張荷重**を加える試験	著しい変形、亀裂又は破損を生じないもの。
(7) 1本の横桟に取り付けられた突子について、縦棒及び横桟の両方に垂直となる方向に**0.15 kNの圧縮荷重**を加える試験	著しい変形、亀裂又は破損を生じないもの。

よく出る問題

問 1　［難易度 😊😐😣］

金属製以外の避難はしごについて書かれた文のうち、誤りはどれか。

(1) 縦棒の間隔は、内法寸法で30cm以上50cm以下のもの

(2) 1本以上の縦棒、横桟及びつり下げ具で構成されるもの

(3) 横桟は、直径14mm以上35mm以下の円形またはこれと同等の握り太さの他の形状の断面を有するもの

(4) 横桟は、縦棒に25cm以上35cm以下で同一間隔に取り付けられたもの

解説　金属製以外の避難はしごには、金属製避難はしごとは別の規定が定められており、特に大きな違いは縦棒の数です。金属製避難はしごは1本以上ですが、金属製以外の避難はしごは2本以上と規定されています。

解答 問1－(2)

レッスン 4-5 緩降機の構造

重要度

緩降機とは使用者の自重により自動的に連続交互に降下することができる機構を有するものをいいます。**固定式**（常時取付け具に固定されて使用する）と**可搬式**（使用時に取付け具に取り付けて使用する）があります。

(1) 構造 重要！

緩降機は**調速器**、**調速器の連結部**、**ロープ**、**ベルトなどの着用具**、**ロープと着用具を連結する緊結金具**で構成されています。調速器の連結部には**止め金具**と**安全環**という部品がついています。また、ロープと着用具を収納するために**リール**が付属しています。

可搬式の緩降機は**調速器の質量が 10 kg 以下**で、取付け具に安全環により確実かつ容易に取り付けることができることとされています（図 1）。重要！

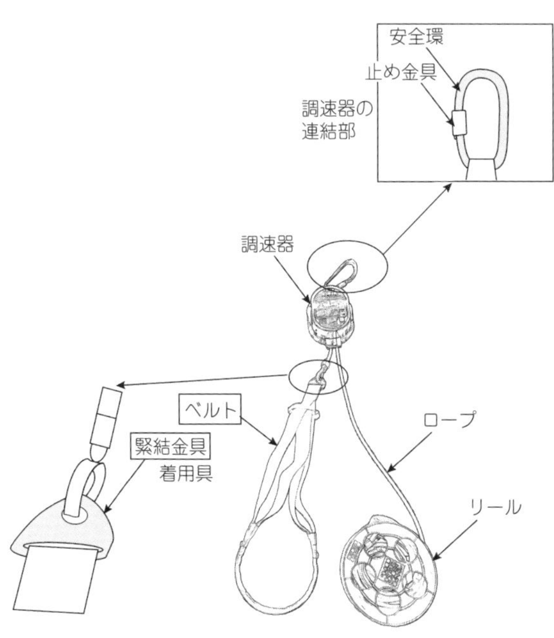

● 図 1　緩降機 ●

構造にかかわる規格は表 1 の通りです。重要！

● 表 1　緩降機の各部品の構造 ● 重要！

部品	構造
調速器	堅ろうで、耐久性がある。
	分解掃除等を行わなくても常時作動する。
	使用時に発生する熱によって機能に異常を生じない。
	使用時にロープを損傷しない。
	機能に異常を生じさせるおそれのある異物が、容易に入らないよう措置されている。
	カバーが堅固な構造である。
	ロープが調速器のプーリー等から外れない構造である。
調速器の連結部	使用中に分解、損傷、変形又は調速器の離脱を生じない。
ロープ	芯に外装を施し、全長を通じ均一な構造である。
	使用時に使用者を著しく旋転させるねじれ又は機能に支障を及ぼすおそれのある損傷を生じない。
	外装を金剛打ちとしたもの又はこれと同等以上のねじれを生じない構造である。
着用具	容易に着用することができる。
	着用する際には、使用者の身体の定位置を、操作を加えることなく確実に保持する。
	着用し使用する際に、使用者から外れず、緩まないものである。
	取り外す操作をした場合には、容易に取り外すことができる。
	使用時に使用者が監視及び動作するうえで支障を生じないものである。
	使用者に損傷を与えるおそれがない。
	ロープの両端にそれぞれ最大使用者数（一回で降下できる使用者の最大数をいう）に相当する数の着用具を離脱しない方法で連結してある。
	着用具のうち、ベルトは、ほつれが続けて生じないものである。
	ベルトは、最大使用荷重（緩降機を使用する場合において、当該緩降機に加えることのできる最大荷重をいう）を最大使用者数で除して得た値に 6.5 を乗じて得た値に相当する引張荷重を加えて 5 分間保持した場合、破断又は著しい変形を生じないものである。
緊結金具	ロープの両端と着用具を離脱しない方法で連結してある。
	使用中に離脱、分解、損傷又は変形を生じない。
	使用者に損傷を与えるおそれがない。
リール	使用時に、ロープ及び着用具が円滑に展張できるように巻き取ることができる。
	使用者に損傷を与えるおそれがない。

(2) 表示

緩降機は下記の内容を見やすい箇所に、容易に消えないように表示しなければなりません。

① 型式番号
② ロープ長
③ 最大使用荷重
④ 最大使用者数
⑤ 製造者名又は商標
⑥ 製造年月
⑦ 製造番号
⑧ 取扱い上の注意事項

(3) 試験等 重要！

緩降機は、一定の速度の範囲内で降下するように設計されています。ロープの先端に**250 N**（子供の体重に相当）、**650 N**（成人の体重に相当）及び**最大使用荷重**（使用できる最大の荷重で、最低 1 000 N 以上と規定されている）に相当する荷重をかけて降下させた場合の速度が**16 ～150 cm/s の範囲**となっています。

緩降機の試験は表２に示すように行われます。なお、試験をする場所の温度によって結果に影響があるので、**低温試験及び高温試験以外の試験は周囲温度10～30℃の状態で行うこととされています。**

● 表 2　各試験の内容について ●

試験の内容	詳　細	結　果
強度試験	着用具に最大使用荷重に 3.9 を乗じて得た値に相当する静荷重を加えて 5 分間保持する。	調速器、調速器の連結部、リング及び緊結金具は、分解、破損又は著しい変形を生じない。
		ロープは、破断又は著しい損傷がなく、着用具又は緊結金具から離脱しない。
降下速度試験	ロープの長さを最大限に使用する高さ（ロープの長さが 15 m を超えるものは、15 m の高さ）に緩降機を取り付け、着用具の一端に 250 N、650 N 及び最大使用荷重に相当する荷重を左右交互に加えて、荷重を加えて降下させる。	降下速度はいずれも規定の速度（16～150 cm/s）である。
	650 N に最大使用者数を乗じて得た値に相当する荷重を左右交互に加えて、左右連続してそれぞれ 10 回降下させる。	いずれの降下速度も 20 回の平均降下速度の 80～120% である。
含水降下試験	ロープを水に 1 時間浸した後、直ちに荷重 650 N を左右交互に加えて、左右連続してそれぞれ 1 回降下させる。	いずれの降下速度も平均降下速度の 80～120% であり、機能又は構造に異常を生じない。
低温試験及び高温試験	零下 20℃及び 50℃に 24 時間放置した後、直ちに 250 N、650 N 及び最大使用荷重に相当する荷重を左右交互に加えて、左右連続してそれぞれ 1 回降下させる。	降下速度は規定の速度（16～150 cm/s）であり、機能又は構造に異常を生じない。
繰返し試験	最大使用荷重に相当する荷重を左右交互に加えて、左右連続してそれぞれロープ長 15 m につき 10 回降下させることを 1 サイクルとして 5 回繰り返した後、250 N、650 N 及び最大使用荷重に相当する荷重を左右交互に加えて、左右連続してそれぞれ 1 回降下させる。	
落下衝撃降下試験	着用具に最大使用荷重を加えて 25 cm 自由落下させることを 5 回繰り返した後、緩降機を取り付け、着用具の一端に 250 N、650 N 及び最大使用荷重に相当する荷重を左右交互に加えて、左右連続してそれぞれ 1 回降下させる。	
落下試験 ※可搬式緩降機に限る	調速器を硬く、弾力性のない平滑な水平面に床上 1.5 m の高さから落下させることを 5 回繰り返した後、試験高度に緩降機を取り付け、着用具の一端に 250 N、650 N 及び最大使用荷重に相当する荷重を左右交互に加えて、左右連続してそれぞれ 1 回降下させる。	
腐食試験	塩水を 8 時間噴霧した後に 16 時間放置することを 1 サイクルとして 5 回繰り返した後、24 時間自然乾燥させ、緩降機を取り付け、着用具の一端に 250 N、650 N 及び最大使用荷重に相当する荷重を左右交互に加えて、左右連続してそれぞれ 1 回降下させる。	

(4) 材料

緩降機に使われる材料は表3の通りです。同等以上の強度及び耐久性のあるものを使用することが可能です。

表3　各部材について **重要!**

部品名		材　料
ロープ	芯	JIS G 3525（ワイヤロープ）に適合するもので耐食加工を施したもの
	外装	綿糸又はポリエステルのもの
ベルト		綿糸又はポリエステルのもの
リング・緊結金具・安全環		JIS G 3101（一般構造用圧延鋼材）に適合するもので耐食加工を施したもの
リベット		JIS G 3104（リベット用丸鋼）（注）に適合するもので耐食加工を施したもの

（注）2011-02-21 JIS 規格廃止

緩降機は検定品であるので、型式適合検定に合格した製品には、**型式適合検定合格の印**がシールにより表示されます（図3）。

外形は 12 mm

図3

よく出る問題

問 1 [難易度 😊😐😣]

緩降機の内容について書かれたもので誤りはどれか。

(1) 調速器の質量が 10 kg 以下であること
(2) ロープは、芯に外装を施し、かつ、全長を通じ均一な構造であること
(3) 着用具を着用する際には、使用者の身体の定位置を自力で確実に保持すること
(4) 降下速度は 16 cm/s～150 cm/s の範囲であること

解説 緩降機は検定品であり、その規格は緩降機の技術上の規格を定める省令によって定められています。規格は詳細に定められていますが、なかでも着用具については、「離脱等の事故を防止するために着用する際には、使用者の身体の定位置を、操作を加えることなく確実に保持すること」とされています。

問 2 [難易度 😊😐😣]

緩降機の試験として誤りはどれか。

(1) 強度試験
(2) 降下速度試験
(3) 含水降下試験
(4) 低音試験及び高音試験

解説 問 1 でも述べた通り、試験方法も詳細に決められています。試験方法は、強度試験、降下速度試験、含水降下試験、低温試験及び高温試験、繰返し試験、落下衝撃降下試験、落下試験（可搬式緩降機に限る）、腐食試験です。低音試験と高音試験ではありません。

解答 問 1 －(3)　　問 2 －(4)

救助袋の構造

重要度

　救助袋は使用の際、**展張し、布製の袋本体の内部をすべり降りるもの**をいいます。袋本体は、連続してすべり降りることができるものです。展張方法により、垂直に降ろす**垂直式**と斜めに降ろす**斜降式**があります。重要!

(1) 救助袋の構造 重要!

　救助袋は、安全、確実かつ容易に使用される構造のものであることとされており、**入口金具、袋本体、緩衝装置、取手及び下部支持装置（斜降式のみ）等**により構成されています。救助袋の例を図１に示します。

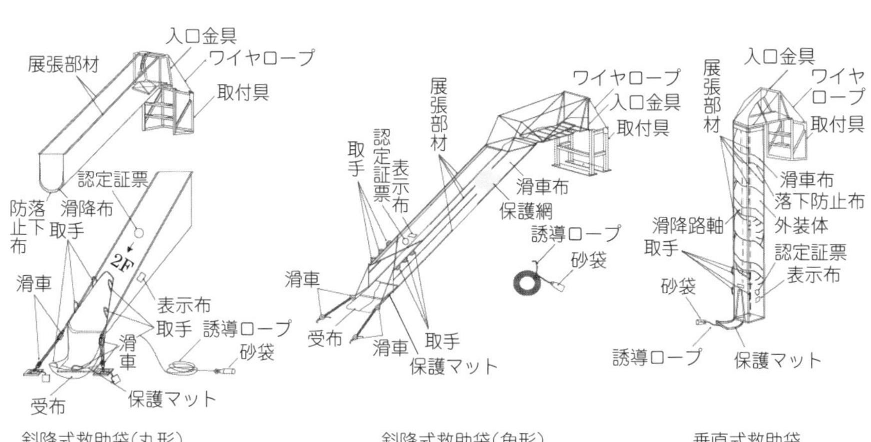

● **図１　斜降式救助袋と垂直式救助袋** ●

マメ知識 ➡➡➡ 告示基準前の救助袋

　救助袋は昭和 56 年消防庁告示第８号で、構造、材質及び強度に係る技術基準が策定され、現在はその基準に基づいて製造されています。告示基準より以前に製造された救助袋は、製造者により強度や材質もバラバラで、安全性に疑問が残るものも多く、さらに未だに多くの器具が現存しています。平成 28 年３月 31 日の消防庁課長通知で、告示基準前の救助袋に対する点検基準が発出され、展張したときに地上高が 50 cm を超えるものについては使用できなくなりました。

① 垂直式・斜降式に共通する構造 重要!

a）入口金具は、入口枠、支持枠、袋取付枠、結合金具及びロープ、その他これに類するものにより構成される。

b）入口金具の底部にはマット等が、その他の面には覆い布が取り付けられている。

c）**直径 50 cm 以上**の球体が通過することができる。

d）袋本体は、展張部材を有する。

e）使用の際、展張部材の伸びは、本体布の伸びを超えない。

f）展張部材及び本体布は、袋取付枠に強固に取り付けられている。

g）滑降部は、落下防止のため、布を重ねた二重構造のものか、外面に網目の辺の長さが 5 cm 以下の無結節の網が取り付けられている（落下防止の性能を有する袋本体を除く）。

h）袋本体の下端に、**直径 4 mm 以上**の誘導綱が取り付けられてあり、その先端には **300 g 以上**で夜間の識別がしやすい砂袋等が取り付けられている。

② 垂直式固有の構造 重要!

a）袋本体は、平均 **4 m/s 以下**の速度で、途中で停止することなくすべり降りることができる。

b）降着の際、衝撃を受ける部分に、保護マットその他の緩衝装置が取り付けられている。

c）**4 個以上の取手**が出口付近に、左右均等で、強固に取り付けられている。

d）誘導綱は、（袋本体の全長 + 4 m）以上の長さを有する。

③ 斜降式固有の構造 重要!

a）袋本体は、展張時においてよじれ及び片だるみがないものであり、平均 **7 m/s 以下**の速度で途中で停止することなくすべり降りることができる。

b）滑降部は、すべり降りる方向の縫い合わせ部が設けられていない。

c）降着の際衝撃を受ける部分に、緩衝装置として受布及び保護マットが取り付けられている。

d）本体布及び展張部材は、引張力が均等にかかるように下部支持装置に強固に取り付けられている。

e）下部支持装置は、袋本体を確実に支持することができ、容易に操作することができる。

f）**6 個以上の取手**が出口付近に、左右対象で、強固に取り付けられている。

g）誘導綱は、袋本体の全長以上の長さを有する。

斜降式救助袋は下部支持装置を固定するため、**固定環** 重要！ とよばれる装置が地盤面に埋められています。固定環はふたを設けた箱の内部に、容易に下部支持装置を引っかけることができる大きさの環又は横棒を設けたものです（図２）。

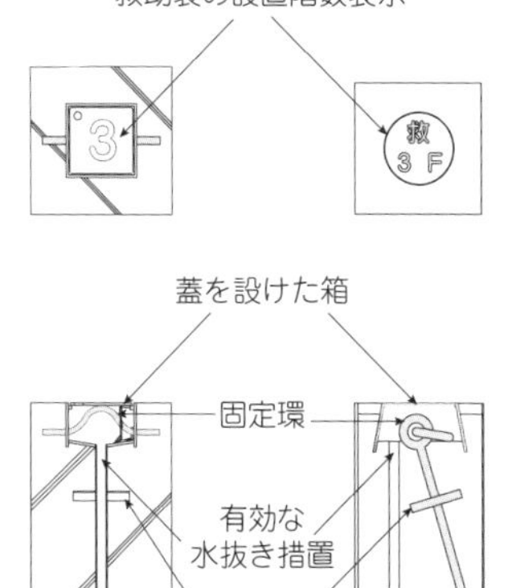

● 図２　斜降式救助袋の下部支持装置を固定する固定環 ●

(2) 表示

救助袋は、下記の内容をその見やすい箇所に、容易に消えないように表示しなければなりません。

① 種別　② 製造者名又は商標　③ 製造年月
④ 製造番号　⑤ 設置階数　⑥ 展張方向（斜降式の救助袋のみ）

(3) 試験・材料

本体布の材料は、表１の条件を満たすものとされています。

● 表１　用布の材料 ●

材　料	試験内容	基　準	
用　布	JIS L 1096 の引張強さの試験及び引裂強さの試験	引張強さ	1 kN（覆い布は 0.8 kN）以上
		引裂強さ	0.12 kN（覆い布は 0.08 kN）以上

また、その他の材料は表2の通りです。

● 表2　本体布以外の部品の材料 ● 重要！

部　品		材　質
入口金具	入口枠、支持枠及び袋取付枠	JIS G 3101（一般構造用圧延鋼材）、JIS G 3444（一般構造用炭素鋼鋼管）又は JIS G 3452（配管用炭素鋼鋼管）
	ワイヤロープ	JIS G 3525（ワイヤロープ）
	ボルト	JIS G 3123（みがき棒鋼）
	シャックル	JIS B 2801（シャックル）注）
	シンブル	JIS B 2802（シンブル）注）
	チェーン	JIS F 2106（船用一般チェーン）注）
	ロープ	JIS L 2703（ビニロンロープ）注）、JIS G 3123（みがき棒鋼）
本体布、受布（落下防止用布を含む）		耐久性を有し、かつ、織むら等がなく十分な密度を有するもの。
展張部材		耐久性を有するもので、ロープの場合は、よりに緩みがなく、よじれの生じにくいもの。
落下防止網、下部支持装置及び縫糸		耐久性を有するもの

注）1989-12-01 JIS 規格廃止

耐食性のない材質のものは、耐食加工を施さなくてはなりません。

固定環は表3に示す材料を使用しています。

● 表3　固定環の材料 ●

部　品	条　件	材　質
固定環	直径 16 mm 以上	JIS G 4303（ステンレス鋼棒）
		JIS G 4303 と同一、又は類似の試料採取方法及び試験方法により化学的成分及び機械的性質が同一である又は類似している材料
		上記と同等以上の強度及び耐食性を有する材料又は、同等以上の強度及び耐食措置が講じられた材料
ふた及び箱	車両等の通行に伴う積載荷重に充分耐えられる強度を有するもの	JIS G 5501（ねずみ鋳鉄品）
		JIS G 5501 と同一、又は類似の試料採取方法及び試験方法により化学的成分及び機械的性質が同一である、又は類似している材料
		上記と同等以上の耐食性を有する材料

(4)　強度

救助袋の強度は、表４の条件を満たすものとされています。

表４　救助袋の強度

箇所		条件
結合部分	入口金具、展張部材、下部支持装置、袋本体と下部支持装置	作用する救助袋の自重、積載荷重、風圧等に対して、構造耐力上安全なもの
	本体布と袋取付枠	
	展張部材と袋取付枠	
	展張部材相互	
	取手と袋本体との結合部分	充分な引張強さを有する
	取手と受布との結合部分及び取手	
縫糸		充分な引張強さ及び引掛強さを有する
縫い合わせ部		充分な強度を有し、縫糸に緩み等がない

現在流通している救助袋は（一財）**日本消防設備安全センター認定品**であり、製品には図３のマークが貼付されています。

図３

よく出る問題

問 1 [難易度 😊😐😣]

救助袋について書かれたもので誤りはどれか。

(1) 袋本体の下端には、直径 4 mm 以上の誘導綱と 300 g 以上の砂袋等が取り付けられている。
(2) 斜降式救助袋は、平均毎秒 4 m 以下の速度で、途中停止することなく滑り降りることができる。
(3) 救助袋の内部は直径 50 cm 以上の球体が通過することができる。
(4) 垂直式救助袋には、4 個以上の取手が出口付近に、左右均等に強固に取り付けられている。

解説 救助袋の規格は避難器具の基準に定められており、その規格条件に則したものが日本消防設備安全センター認定品として認められています。その中で斜降式救助袋の降下速度は、平均 7 m/s 以下とされています。

問 2 [難易度 😊😐😣]

救助袋の表示として、不要なものはどれか。

(1) 種別
(2) 製造者名又は商標
(3) 勾配
(4) 製造番号

解説 救助袋の表示は問 1 と同じく避難器具の基準に定められており、種別、製造者名又は商標、製造年月、製造番号、設置階数、展張方向（斜降式の救助袋のみ）を表示しなければなりません。勾配を表示する必要はありません。

マメ知識 ➡➡➡ 鋼管の一般的な名称

JIS G 3452 の配管用炭素鋼鋼管を一般には SGP と呼びます（Steel Gas Pipe）。これは比較的、圧力の低い気体等の圧力流体の配管に使用されます。

使用圧力 10 MPa 程度までの気体等の圧力流体の配管には JIS G 3454 の圧力配管用炭素鋼鋼管（STPG：Steel Tube Pipe General）を使用します。

解答 問 1 −(2)　問 2 −(3)

レッスン 4-7 すべり台の構造

重要度 

すべり台とは、勾配のある直線状又はらせん状の固定されたすべり面をすべり降りるものをいいます（図1）。

直線式

らせん式

● 図1　直線式・らせん式のすべり台 ●

(1) 構造

すべり台は、**底板、側板、手すり、その他のものにより構成**されるものとされています（表1）。

● 表1 ●

底　板	一定の勾配を有するすべり面及びすべり面の下端に連続して設けた減速面がある。	
	表面は平滑で段差、すきま等がない。	注1）
	底板の有効幅は、40 cm 以上とし、底板と側板との接続部にはすきまを設けない。	
	すべり面の勾配は、25° 以上 35° 以下である。	
	減速面は、滑降時の速度を安全かつ有効に落とすものである。	
側　板	高さは 40 cm 以上である。	
手すり	高さは 60 cm 以上である。	注2）
	地上高が 1 m を超える底板の両側に設ける。	

注1）すべり面がローラー等で構成されている場合は、滑降に支障のないすきま等を設けることができる。
注2）側板の高さが 60 cm 以上のものには不要。

(2) 材質

すべり台の材質は、**鋼材、アルミ材、鉄筋コンクリート材、又はこれと同等以上の耐久性を有するもの**であることとされており、耐食性を有しない材質のものは、耐食加工を施したものでなくてはなりません。

(3) 表示

すべり台は下記の内容を見やすい箇所に、容易に消えないように表示しなければなりません。

① 種類
② 製造者名又は商標
③ 製造年月
④ 長さ
⑤ 勾配

(4) 強度

すべり台は、構造耐力上安全なものであり、側板及び手すりは、底板、支持部等主要構造の部分に離脱しないように固定されていなくてはなりません。積載荷重は、**すべり面の長さ 1 m につき 1.3 kN** であることとされています。

よく出る問題

問 1 ［難易度 ☺😐☹］

すべり台の構造について、誤っているものはどれか。

(1) 底板はすべり面の下端に連続して設けた減速面がある。
(2) 手すりは地上高が 1 m を超える底板の両側に設け、高さは 60 cm 以上である。
(3) 材質は、鋼材、アルミ材、鉄筋コンクリート材、又はこれと同等以上の耐久性を有するものである。
(4) すべり面の勾配は 30° に限定されている。

すべり面の勾配は 25°～35° の範囲内とされています。

マメ知識 ➡➡➡ すべり台？滑り台？どっち？

消防法、消防法施行令、消防法施行規則、避難器具の基準の中では「すべり台」と「滑り台」が混在しています。どっちなのでしょう？

国や自治体などが、広く世間に知らせることを発出といいますが、確認したところその法律や規則を発出したときに、主として作成した方々の文言の使い方の違いだそうで、時期によるバラツキとも言っていました。ですから解答で記入する欄があった場合はどちらを書いても正解です。

解答 問 1 －(4)

レッスン 4-8 避難器具用ハッチの構造

重要度

避難器具用ハッチとは、ハッチの形状をした避難器具の取付け具をいい、ハッチ用つり下げはしご、固定はしご又は垂直式救助袋が組み込まれています。避難器具用ハッチの例を図１に示します。

● 図１　避難器具用ハッチ ●

組み込まれた避難器具は、それぞれの避難器具の基準が適用されます。

組み込まれた避難器具のタイプにかかわらず、**3 動作以内** 重要！ で、容易、かつ確実に避難器具を展張できるものとされています。

(1) 構造

避難器具用ハッチの構造は、**本体、上ぶた、取付金具等**により構成され、ふた**はちょう番等、取付金具はボルト・ナット等で本体と一体構造**とすることとされています。また、**屋外に設置するものは、下ぶた**を設けなくてはなりません。足かけを設ける場合は、足かけにすべり止めの措置が講じられていなくてはなりません。

詳細は表１の通りです。

なお、避難器具を展張した状態の開口部は、**直径 0.5 m 以上の円が内接する大きさ又は人の避難がこれと同等以上にできる大きさ**でなくてはなりません。

● 表1　避難器具用ハッチの基準 ●

<table>
<tr><td colspan="2">本体の板厚</td><td>1.2 mm 以上（取付金具を固定する部分は、3 mm 以上）</td></tr>
<tr><td colspan="2">本体の上縁の高さ</td><td>床面から 1 cm 以上</td></tr>
<tr><td colspan="2">上ぶた</td><td>おおむね 90°の開放状態でふたを固定でき、何らかの操作をしなければ閉鎖しない。手かけを設ける。板厚は、2 mm 以上（2 mm 以上の板厚と同等以上の強度及び耐久性を有するよう補強等の措置を講じる場合にあっては、板厚を 1.5 mm 以上。）</td></tr>
<tr><td colspan="2">下ぶた</td><td>直径 6 mm 以上の排水口を 4 個以上またはこれと同等以上の面積の排水口を設ける。おおむね、90°開く。板厚は、1.2 mm 以上</td></tr>
<tr><td rowspan="2">取付工法</td><td>アンカーにより建物本体に取り付ける構造のもの</td><td>固定箇所を 4 箇所以上とする。</td></tr>
<tr><td>フランジにより建物に取り付ける構造のもの</td><td>フランジの幅 5 cm 以上で 4 箇所以上をボルト等でハッチ本体又は建物本体に固定できるものである。</td></tr>
<tr><td colspan="2">ボルト・ナット</td><td>スプリングワッシャ、割ピン及びダブルナット等の緩み止めの措置が講じられている。使用者に損傷を与えるおそれのないよう設置されている。</td></tr>
</table>

(2) 材質

避難器具用ハッチに用いる部品は、表2の材質又はこれらと同等以上の強度、耐食性を有する不燃材料でなくてはなりません。

● 表2　避難器具用ハッチの部品に用いることのできる材料 ●

部品	材料
本体 ふた フランジ	JIS G 4304（熱間圧延ステンレス鋼板及び鋼帯） JIS G 4305（冷間圧延ステンレス鋼板及び鋼帯）
取付金具 手掛け 足掛け アンカー	JIS G 3446（機械構造用ステンレス鋼鋼管） JIS G 3448（一般配管用ステンレス鋼鋼管） JIS G 3459（配管用ステンレス鋼鋼管） JIS G 4303（ステンレス鋼棒） JIS G 4304（熱間圧延ステンレス鋼板及び鋼帯） JIS G 4305（冷間圧延ステンレス鋼板及び鋼帯） JIS G 4308（ステンレス鋼線材） JIS G 4315（冷間圧造用ステンレス鋼線） JIS G 4317（熱間成形ステンレス鋼形鋼） JIS G 4320（冷間成形ステンレス鋼形鋼）
蝶番 ピン ボルト ナット ワッシャー リベット	JIS G 3446（機械構造用ステンレス鋼鋼管） JIS G 3448（一般配管用ステンレス鋼鋼管） JIS G 3459（配管用ステンレス鋼鋼管） JIS G 4303（ステンレス鋼棒） JIS G 4304（熱間圧延ステンレス鋼板及び鋼帯） JIS G 4305（冷間圧延ステンレス鋼板及び鋼帯） JIS G 4308（ステンレス鋼線材） JIS G 4314（ばね用ステンレス鋼線） JIS G 4315（冷間圧造用ステンレス鋼線）
ワイヤロープ	JIS G 3535（航空機用ワイヤロープ） JIS G 3540（操作用ワイヤロープ）

(3) 仕様

避難器具用ハッチの各部品の仕様は、表3のように決められています。

● 表3　各部品の仕様 ●

板　厚	本体及びフランジの板厚	1.2 mm 以上
	取付金具を設ける部分	3 mm 以上
	上ぶた	2.0 mm 以上（注）
	下ぶた	1.2 mm 以上
取付金具	板厚	1.5 mm 以上
金具取付用ボルト		直径 10 mm 以上
手掛け及びアーム	丸棒	直径 8 mm 以上
	板加工	板厚 1.5 mm 以上
	平鋼	板厚 3 mm 以上
アンカー	板加工	板厚 1.5 mm 以上
	丸棒	直径 9 mm 以上
ワイヤロープの太さ		直径 1.5 mm 以上

（注）補強等の措置を講じて強度が板厚 2.0 mm と同等以上となった場合は 1.5 mm 以上

(4) 表示

避難器具用ハッチは、下記の内容を見やすい箇所に容易に消えないように表示しなければなりません。**重要!**

・「避難器具用ハッチ」である旨の表示
・製造者名
・製造年月
・使用方法
・取扱い上の注意事項

避難器具用ハッチは（一社）全国避難設備工業会が登録認定機関となっており、製品の認定を行っています。

マメ知識 ➡➡➡ 緩降機と斜降式救助袋

避難器具にもいろいろありますが、よく混同しやすいものに緩降機と斜降式救助袋があります。緩降機は「ゆっくり（緩く）降りる」から緩降機、斜降式救助袋は「斜めに降りる」から斜降式救助袋と覚えておきましょう。

よく出る問題

問 1 [難易度 😊😐😠]

避難器具用ハッチについて誤っているものはどれか。

(1) 本体の上縁の高さは、回り縁から 2 cm 以上とする。
(2) 3 動作以内で容易、かつ確実に避難器具を展張できる。
(3) 展張した状態の開口部は、直径 0.5m 以上の円が内接する大きさである。
(4) 屋外に設置する場合の下ぶたには直径 6 mm 以上の排水口を 4 個以上設けるか、同等以上の面積の排水口を設ける。

避難器具用ハッチには認定基準が規定されています。本体の上縁の高さは、回り縁から 1 cm 以上とすることと規定されています。

問 2 [難易度 😊😐😠]

避難器具用ハッチについて書かれた、次の文のうち下線部の誤りはいくつあるか。

避難器具用ハッチとは、ハッチの形状をした避難器具の取付け具をいい、ハッチ用つり下げはしご、または垂直式救助袋が組み込まれており、組み込まれた避難器具はそれぞれの避難器具の基準が適用される。

(1) 3 つ
(2) 2 つ
(3) 1 つ
(4) 全部正しい

解説

避難器具用ハッチは避難器具ではなく、避難器具を取り付けるための器具（ハッチ）です。ですから、中に取り付けられる器具によって、基準がそれぞれにあります。

解答 問 1 − (1)　　問 2 − (4)

その他の避難器具

重要度

その他の避難器具の構造、材質、強度は表1の通りです。

● 表1　その他の避難器具の基準 ●

すべり棒	形状・構造	**外径が 35 mm 以上 60 mm 以下**の範囲で、一定の値の円柱状のもので、表面は平滑なものであること。
	材質	鋼材又はこれと同等以上の耐久性を有する。
		耐食性を有しない材質のものは、耐食加工を施す。
	強度	**3.9 kN の圧縮荷重**を軸方向に加える試験において、亀裂、破損又は著しいわん曲等の障害を生じないもの。
		3.9 kN の静荷重の 2 分の 1 の静荷重を軸方向に加える試験において、永久歪を生じない。
	表示すべき事項	種類、製造者名又は商標、製造年月
避難ロープ	形状・構造	ロープ及びつり下げ具により構成される。使用の際、急激な降下を防止するための措置を講じてある。
		全長を通じ均一な構造で、使用者を著しく旋転させるねじれ等の障害を生じない。
		太さは、直径 12 mm 以上のものである。
		ロープの一端に、固定するためのつり下げ具を装着したものである。
	材質	ロープは、耐久性に富んだ繊維性のものである。
		つり下げ具は、鋼材又はこれと同等以上の耐久性を有する。
		耐食性を有しない材質のものは、耐食加工を施す。
	強度	**ロープは、6.5 kN の引張荷重**を加える試験において、破断、著しい変形等を生じない。
		つり下げ具は、6 kN の引張荷重を加える試験において、亀裂、破損、著しい変形等を生じない。
	表示すべき事項	種類、製造者名又は商標、製造年月、長さ、自重
避難用タラップ	形状・構造	踏板、手すり等により構成される。
		半固定式のものは、1 動作で容易に架設できる構造である。
		手すり間の有効幅は、50 cm 以上 60 cm 以下である。
		踏面には、すべり止めの措置を講じる。
		踏面の寸法は、**20 cm** 以上であること。
		けあげの寸法は、**30 cm** 以下であること。
		避難用タラップの**高さが 4 m を超える**ものは、高さ **4 m** ごとに踊場を設ける、**踏幅は、1.2 m 以上**であること。
		手すり及び手すり子は、避難用タラップの踏板等の両側に設け、**手すりの高さは 70 cm 以上**とし、**手すり子の間隔は 18 cm 以下**とすること。
	材質	踏板、手すり、手すり子及び支持部は、鋼材、アルミニウム材又はこれと同等以上の耐久性を有する。
		耐食性を有しない材質のものは、耐食加工を施す。
	強度	踏板及び支持部に作用する自重、積載荷重、風圧、地震力等に対して、構造耐力上安全なものであること。
		積載荷重は、**手すり間の各踏板の部分につき、0.65 kN** とし、**踊場の床面 1 m^2 につき、3.3 kN** とすること。
		手すりは、踏板、支持部等主要な部分に固定するとともに、使用に際して、安全な強度を有していること。
	表示すべき事項	種類、製造者名又は商標、製造年月、勾配

避難橋	形状・構造	避難橋は、橋げた、床板及び手すり等により構成される。
		固定式又は移動式である。
		安全上充分なかかり長さを有する。
		移動式のものは、架設後のずれを防止する装置を有する。
		主要な部分の接合は、溶接、リベット接合又はこれと同等以上の強度を有する接合とすること。ただし、構造耐力上主要な部分は、溶接又はこれと同等以上の強度を有する接合でなければならない。
		床面の勾配は、5分の1未満とすること。ただし、階段式の機構のものにあっては、この限りでない。
		床板は、すき間の生じない構造で、すべり止めの措置を講じたものであり、床板と幅木とはすき間を設けない構造である。
		手すり、手すり子及び幅木は、避難橋の床板等の両側に取り付けること。
		手すりの高さは 1.1 m 以上、手すり子の間隔は 18 cm 以下、幅木の高さは 10 cm 以上であること。
		手すりと床板との中間部に、転落防止のための措置を講じてあること。
	材質	構造耐力上主要な部分は不燃性のものとし、橋げた、床板、幅木及び手すりは鋼材、アルミニウム材又はこれと同等以上の耐久性を有する。
		耐食性を有しない材質のものは、耐食加工を施す。
	強度	橋げた、床板及び手すり等に作用する自重、積載荷重、風圧、地震力等に対して、構造耐力上安全であること。
		積載荷重は、**床面 1 m^2 につき 3.3 kN** とすること。
		荷重試験におけるたわみは、支点間隔の 300 分の 1 を超えない。
		幅木、手すり等は、橋げた、床板等主要な部分に固定するとともに、使用に際して安全な強度を有している。
	表示すべき事項	種類、製造者名又は商標、製造年月、長さ、勾配（勾配を有するものに限る）

避難ロープ

すべり棒

避難橋

避難用タラップ

● 図1 ●

よく出る問題

問 1 ［難易度 😊😐😣］

次のうち誤っているものはどれか。

(1) すべり棒の形状は、外径が 35 mm 以上 60 mm 以下の円柱状である。

(2) 避難橋の手すりの高さは 1.2 m 以上、手すり子の間隔は 18 cm 以下、幅木の高さは 10 cm 以上であること。

(3) 避難ロープのロープは、耐久性に富んだ繊維性のものである。

(4) 避難用タラップの高さが 4 m を超えるものは、高さ 4 m ごとに踊場を設ける。

解説 表1にまとめていますが、レッスン3で解説した他の避難器具より、基準が細かくありません。ただ、数字が決められているものは、整理しておきましょう。

解答 問 1 − (2)

これは覚えておこう!

レッスン4の重要事項のまとめ

① **避難器具の種類**：避難はしご、緩降機、救助袋、すべり台、避難ロープ、避難用タラップ、避難橋、すべり棒

② **検定品**：金属製避難はしごと緩降機

③ **避難はしごの種類**：立てかけはしご、固定はしご、つり下げはしご

④ **ハッチ用つり下げはしご**：避難器具用ハッチに格納されたはしご

⑤ **はしごを構成する名称**

a）縦棒、横桟、突子

b）つり下げ金具

⑥ **はしごの寸法**

a）縦棒の間隔は、内法寸法で 30～50 cm、横桟は、縦棒に同一間隔で、間隔は 25～35 cm、握り太さは直径 14～35 mm

b）突子は 10 cm 以上

⑦ **緩降機を構成する名称**

a）調速器、調速器の連結部、ロープ、着用具、ロープと着用具を連結する緊結金具

b）調速器の連結部には止め金具と安全環

c）リール

⑧ **緩降機の降下速度**：速度が 16～150 cm/s の範囲

⑨ **救助袋の種類と構成する名称**

a）斜降式、垂直式

b）入口金具、袋本体、緩衝装置、取手及び下部支持装置等、固定環

⑩ **避難器具用ハッチ**

a）3 動作以内に器具を展張できる

b）ハッチ用つり下げはしご、固定はしご又は垂直式救助袋を格納

レッスン 5 避難器具の設置

レッスン５では、避難器具の設置について解説します。
まず、特有の用語を解説します。設計荷重は、実技試験でも計算問題が出題されることがあります。
開口部、操作面積、降下空間など固有の設計や構造計算が必要なので、それぞれをきちんと把握しておくことが大事です。

それぞれの避難器具の設置基準の違いを確実に覚えましょう。

- 5-1「**避難器具特有の用語と設計荷重**」は基本となる用語と固有の設計荷重です。まずこれは丸暗記してしまいましょう。
- 5-2「**操作面積と開口部**」は頻出する開口部の問題と操作面積の問題のうち、避難はしご・緩降機のグループと救助袋のグループで分類しておくと覚えやすいでしょう。また、開口部が同一直線上に並ばないような位置関係のこともきちんと整理しておくことが大事です。
- 5-3「**標識と格納等**」は出題頻度こそ高くないですが、出題された場合はサービス問題になることが多いので整理しておきましょう。
- 5-4「**避難はしごの設置基準**」、5-5「**緩降機の設置基準**」、5-6「**救助袋の設置基準**」ではそれぞれの降下空間や避難空地、設置条件をしっかり整理しておきましょう。展張状態での最下部の高さはよく出題されます。特に降下空間を共用する基準は緩降機と垂直式救助袋特有のものなのでしっかり記憶しておきましょう。
- 5-7「**すべり台の設置基準**」も5-3と同じく出題頻度こそ高くないですが、出題された場合はサービス問題になることが多いので整理しておきましょう。
- 5-8「**避難器具用ハッチの設置基準**」は避難器具用ハッチ独自の基準と格納される避難器具の設置基準が複合されたり、独自に決められたりしています。基準を混同しないようにしましょう。
- 5-9「**その他の器具の設置基準**」では実際の設置では採用されることは少ないのですが、試験には、細かい文言の違いなど知識を試される問題が出題される傾向にあります。

サービス問題とは、引っかかりやすい文言の言い換え等が発生しづらい問題です。

レッスン 5-1

避難器具特有の用語と設計荷重

重要度 ///

(1) 避難器具特有の用語

避難器具の設置については特有の用語があります。

まずこの用語を理解しましょう（表1）。重要!

● 表1　避難器具の設置に特有の用語 ●

用　語	意　味
取付部	避難器具を取り付ける部分
取付部の開口部の大きさ	避難器具を取り付けた状態での取付部の開口部の有効寸法。ただし、救助袋は、取付部の開口部の有効寸法
操作面積	避難器具を使用できる状態にするための操作に必要な取付部付近の床等の面積
降下空間	避難器具を使用できる状態にした場合に、設置階から降着面までの周囲に保有しなければならない避難上必要な空間。この空間内に立木や電線など、障害物があってはならない
避難空地	避難器具の降着面等付近に必要な避難上の空地
避難通路	避難空地から避難上安全な広場、道路等に通じる避難上有効な通路
取付け具	避難器具を固定部に取り付けるための器具
避難器具用ハッチ	金属製避難はしご、救助袋等の避難器具を、常時使用できる状態で格納することのできるハッチ式の取付け具
避難器具専用室	避難はしご又は避難用タラップを地階に設置する場合の専用室
固定部	防火対象物の柱、床、はり、その他構造上堅固な部分又は堅固に補強された部分

(2) 避難器具の設計荷重

避難器具にはそれぞれ設計荷重というものがあります。避難器具の取付けはすべてこの設計荷重をもとに、取付部や取付け具の強度を計算して設計します。

荷重計算のうちの付加荷重ですが、取付け具の重量が固定部にかかるものはその重量を含みます（表2）。重要!

● 表2　避難器具の荷重計算 ●

<table>
<tr><th colspan="2">種　類</th><th colspan="3">荷重〔kN〕</th><th>付加荷重〔kN〕</th><th>荷重方向</th></tr>
<tr><td colspan="2">避難はしご</td><td colspan="3">有効長（最上部の横桟から最下部横桟までの長さをいう）について2m又はその端数ごとに1.95を加えた値</td><td rowspan="4">自重</td><td rowspan="4">鉛直方向</td></tr>
<tr><td colspan="2">緩降機</td><td colspan="3">最大使用者数に3.9を乗じた値</td></tr>
<tr><td colspan="2">すべり棒</td><td colspan="3">3.9</td></tr>
<tr><td colspan="2">避難ロープ</td><td colspan="3">3.9</td></tr>
<tr><td rowspan="10">救助袋</td><td rowspan="4">垂直式</td><td>袋長が10 m以下のもの</td><td colspan="2">6.6</td><td rowspan="4">入口金具重量</td><td rowspan="4">鉛直方向</td></tr>
<tr><td>袋長が10 mを超え20 m以下のもの</td><td colspan="2">9</td></tr>
<tr><td>袋長が20 mを超え30 m以下のもの</td><td colspan="2">10.35</td></tr>
<tr><td>袋長が30 mを超えるもの</td><td colspan="2">10.65</td></tr>
<tr><td rowspan="5">斜降式</td><td></td><td>上部</td><td>下部</td><td rowspan="5">入口金具重量
（上部のみ）</td><td rowspan="5">上部
俯角70°

下部
仰角25°</td></tr>
<tr><td>袋長が15 m以下のもの</td><td>3.75</td><td>2.85</td></tr>
<tr><td>袋長が15 mを超え30 m以下のもの</td><td>5.85</td><td>5.25</td></tr>
<tr><td>袋長が30 mを超え40 m以下のもの</td><td>7.35</td><td>6.45</td></tr>
<tr><td>袋長が40 mを超えるもの</td><td>8.7</td><td>7.5</td></tr>
<tr><td colspan="2">すべり台</td><td colspan="3">踊場の床面積1 m² 当たり3.3にすべり面1 m当たり1.3を加えた値</td><td>自重、風圧力、地震力、積雪加重</td><td rowspan="3">合成力の方向</td></tr>
<tr><td colspan="2">避難橋</td><td colspan="3">1 m² 当たり3.3</td><td>自重、風圧力、地震力、積雪加重</td></tr>
<tr><td colspan="2">避難用タラップ</td><td colspan="3">踊場の床面積1 m² 当たり3.3に踏板ごとに0.65を加えた値</td><td>自重、風圧力、地震力、積雪加重</td></tr>
</table>

注1）風圧力：1 m² 当たりの風圧力は、次の式によること。
$q=0.6\,k\sqrt{h}$
q：風圧力〔kN/m²〕
k：風力係数〔1とすること〕
h：地盤面からの高さ〔m〕
注2）積雪加重：積雪量が1 m² 当たり1 cmにつき20 N以上として計算すること。
注3）地震力：建築基準法施行令第88条の規定の例によること。

避難器具のうち、斜降式救助袋は下部を降着面に固定するので、固定する部分の引張荷重が定められています。固定環はこれを基準に設置されます。

よく出る問題

問 1 [難易度 😊😐😞]

次の用語の解説で正しいものはどれか。

(1) 取付部の開口部の大きさとは、救助袋の場合は避難器具を取り付けた状態での有効寸法をいう。

(2) 操作面積とは、避難器具を使用できる状態にするための操作に必要な床等の面積をいう。

(3) 避難器具用ハッチとは、避難器具を常時使用できる状態で格納することができる避難器具のことである。

(4) 避難空地とは、設置階から降着面までの周囲に保有しなければならない避難上必要な空間をいう。

解説 救助袋の開口部は、取付部の開口部の有効寸法のことで器具を取り付けた状態（使用できる状態）のことではありません。救助袋を除き、操作面積に避難器具自体の面積は含みません。避難器具用ハッチは取付け具であり、避難器具そのものではありません。避難空地とは避難器具の降着面等付近に必要な避難上の空地のことです。

問 2 [難易度 😊😐😞]

袋長が 8.5 m の垂直式救助袋の設計荷重として、正しいものはどれか。ただし、負荷荷重は 0.4 kN とする。

(1) 8.9 kN　(2) 7.0 kN　(3) 4.15 kN　(4) 6.6 kN

解説 垂直式救助袋の設計荷重は 10 m 以下、10 m を超えて 20 m 以下、20 m を超えて 30 m 以下、30 m を超えるもの、に分類され、設計荷重に入口金具重量を加算します。

マメ知識 ➡➡➡ 避難器具の取付部分

避難器具の取付部分についてはおおむね、鉄筋コンクリート造の建築物が対象となっています。しかし、最近の建築の多様化によって、鉄筋コンクリート造以外の建築物に設置しなければならない場合も多く、5 類消防設備士は知らなくてはいけないことが増えています。

例えば、木造の建築物に救助袋を設置しなければならない場合や、アルミの手摺りに避難はしごを設置しなければならない場合など、取付部分そのものの強度や材質的な強度などを把握しなければなりません。新しく設置する場合は、設計図等をよく確認したうえで、取付部分にかかる荷重を計算し、補強しなければならない場合は補強する等、設計・建築と一体となって考えていくことが重要です。

解答 問 1 −(2)　問 2 −(2)

レッスン 5-2 操作面積と開口部

重要度

レッスン2-5で、避難器具の設置位置について解説しました。もう少し詳しく見ていくことにしましょう。

(1) 操作面積

避難器具はそれぞれの種類によって、操作に必要な面積が異なり、三つのパターンに分かれます。

① 避難はしご・緩降機・すべり棒・避難ロープ・避難器具用ハッチに内蔵された避難器具（避難はしご・救助袋） 重要！

面積は 0.5 m² 以上で一辺の長さは 0.6 m 以上です（図1）。器具の操作に支障のないものとされています。**器具本体を含みません。**

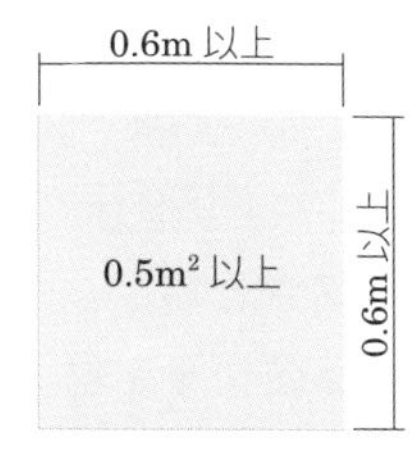

● 図1 ●

② 救助袋（避難器具用ハッチに内蔵されていないもの） 重要！

面積は 2.25m² 以上で一辺の長さはおおむね 1.5 m 以上です（図2）。ただし、**操作に支障のない範囲内で形状を変えることができます。器具本体を含みます。**

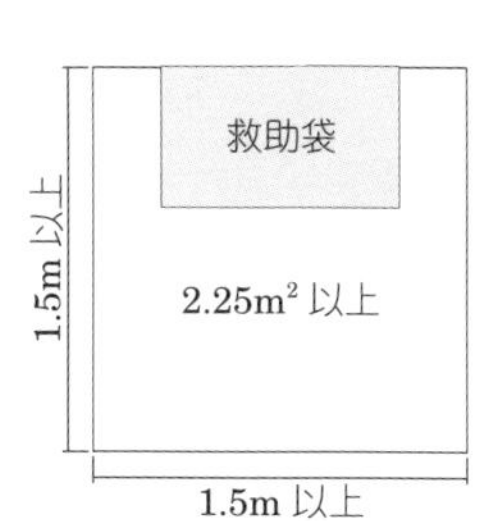

● 図2 ●

③ すべり台・避難橋・避難用タラップ

器具を使用するのに必要な広さとされています。

(2) 開口部

開口部は、避難器具を使用するに当たって、十分な大きさがなくてはなりません。四つのパターンがあります。

① 避難はしご・緩降機・すべり棒・避難ロープ 重要！

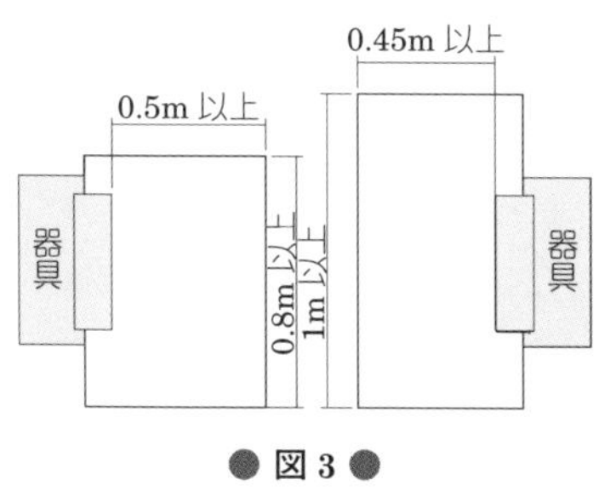

● 図3 ●

開口部が壁面の場合は、高さが0.8 m以上で幅が0.5 m以上、または高さが1 m以上で幅が0.45 m以上となっています（図3）。使用状態に取り付けた器具を含みません。なお、床面に開口部を設ける場合は0.5 m^2の円が内接する大きさになります（図4）。避難器具用ハッチに内蔵された避難器具（避難はしご・救助袋）を設置する場合の開口部であることが多いです。ただし、例外もあります。

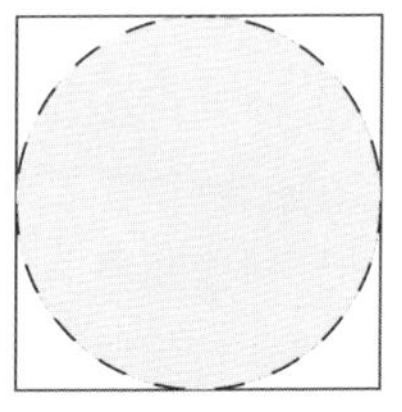

● 図4 ●

② 救助袋（避難器具用ハッチに内蔵されていないもの）重要！

高さと幅が0.6 m以上で（図5）、使用の際、救助袋の展張状態を確認できるものでなくてはなりませんが、確認は近くの開口部からでも可とされています。使用状態に取り付けた器具を含みます。

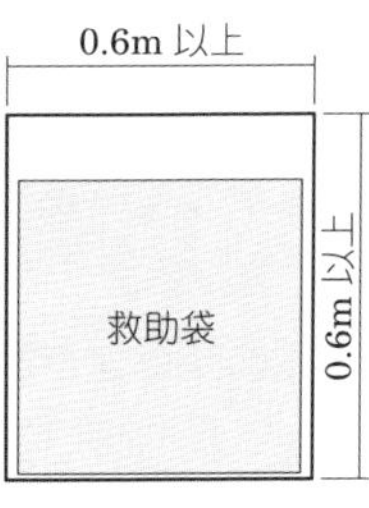

● 図5 ●

③ すべり台

高さが0.8 m以上、幅がすべり台の最大幅以上と規定されています（図6）。

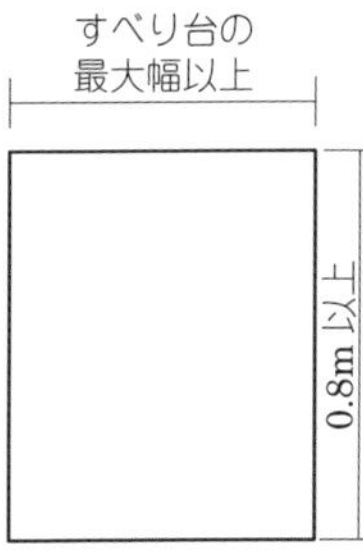

● 図6 ●

④ 避難橋・避難用タラップ

避難橋・避難用タラップは高さが1.8 m以上、幅がそれぞれの最大幅以上と規定されています（図7）。

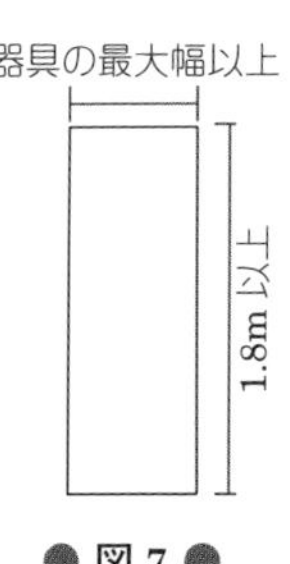

● 図7 ●

なお、①の開口部のうち床面に開口部を設ける場合は直径0.5 mの円が内接する大きさになります（図4）。

避難器具用ハッチに内蔵された避難器具（避難はしご・救助袋）を設置する場合の開口部であることが多いです。ただし、例外もあります。

(3) 開口部と設置位置の関係 重要！

斜降式救助袋、すべり台、避難用タラップと避難橋以外の避難器具は、すべて設置位置から垂直方向に避難します。使用する開口部が同一の直線上にあると、どちらかが使用できなくなってしまいます。設置の際は図8の例のように、同一直線上に並ばないように設置しなくてはなりません。

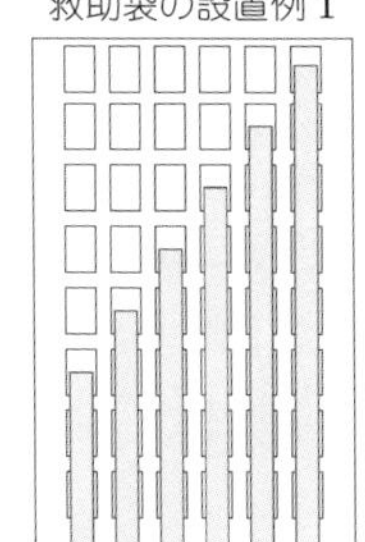

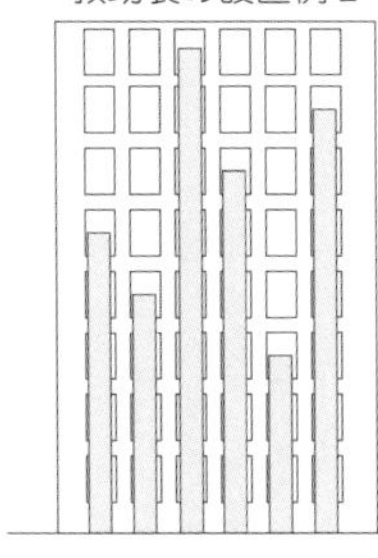

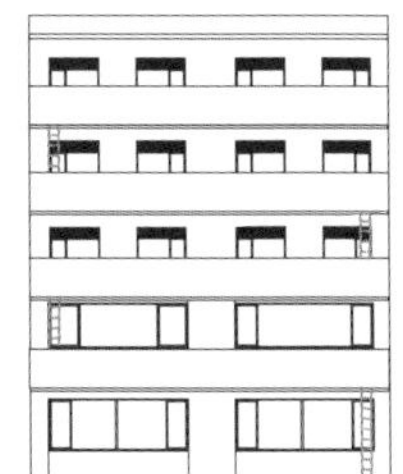

図 8

解答のテクニック！

覚え方のポイントとしては、救助袋と他の避難器具を分けて考えるといいでしょう。器具を含むものが救助袋、他の避難器具は器具を含まないというように考えると整理しやすいです。

マメ知識 ➡➡➡ 救助袋の開口部

救助袋にはレッスン 4-6 で示したとおり、入口金具という構成部材があり、直径 500 ミリの球体が通るようにという基準があります。この入口金具が開口部の役割を兼ねるため、設置基準の開口部に入口金具を含んでよいという解釈が成り立っています。

学習法のヒント！

通勤・通学時の歩く時間を「**暗記タイム**」として有効活用するのも一つの学習法です。人は運動をすることで、全身の血行がよくなり、脳の血行がよくなるので、歩いているときは脳の機能が高まった状態にあります。また「シータ波」と呼ばれる記憶力を司る脳波は、運動や移動しているときに出ており、記憶力が最大に発揮されます。屋外を歩きながら難しい用語などを覚えましょう。赤信号などで止まったとき、単語帳やメモなどを見て脳に焼き付けると効果的です。もちろん、交通事故には十分注意して下さいね。

よく出る問題

問 1 [難易度]

操作面積を述べた文で、正しいものは次のうちどれか。

(1) 緩降機：操作面積は 0.5 m^2 以上で一辺は 0.6 m 以上、器具本体を含む。
(2) 避難はしご：操作面積は 0.5 m^2 以上で一辺は 0.6 m 以上、器具本体を含む。
(3) 救助袋：操作面積は 0.5 m^2 以上で一辺は 0.6 m 以上、器具本体を含む。
(4) 救助袋：操作面積は 2.25 m^2 以上、器具本体を含む。

解説 操作面積に器具本体を含むか含まないかという設問で、器具本体を含むものは、避難器具用ハッチに内蔵されていない救助袋だけです。また、一辺はおおむね 1.5 m 以上とされていますが、例えば 1.25 m×1.8 m の操作面積でも、2.25 m^2 を満たしているので、操作に支障がない限り問題はありません。

問 2 [難易度]

緩降機を取り付ける場合の開口部と操作面積について、下記の文章中で下線部に誤りはいくつあるか。

操作面積は、設置された器具本体を含み、0.5 m^2 以上で一辺の長さは 0.6 m 以上であり器具の操作に支障のないものとされている。また、開口部は壁面の場合、高さが 0.6 m 以上で幅が 0.6 m 以上、又は高さが 1 m 以上で幅が 0.45 m 以上で、使用状態に取り付けた器具を含まない。

(1) 一つ
(2) 二つ
(3) 三つ
(4) 四つ

緩降機の操作面積に設置された器具本体は含みません。また開口部は高さ 0.8 m 以上×幅 0.5 m 以上又は高さ 1 m 以上×幅 0.45 m 以上です。

解答 問 1 −(4)　　問 2 −(2)

標識と格納等

重要度

(1) 避難器具を地階に設置する場合

避難はしごを地階に設ける場合は、固定式とし、ドライエリアの部分に設けなくてはなりません。ただし、避難器具専用室内に設置する場合を除きます。

(2) 避難器具専用室

避難器具専用室は次の条件を満たすこととされています。

● 避難器具専用室の条件 ●

不燃材料で区画されている。	
避難に際し支障のない広さである。	
非常照明を設置する。	
入口には、随時開けることができ、かつ、自動閉鎖する高さ 1.8 m 以上、幅 0.75 m 以上の防火戸を設ける。	
上昇口は、直接建築物の外部に出られる部分に設ける。	注 1
上昇口の大きさは、**直径 0.5 m 以上**の円が内接することができる。	
上昇口には、金属製のふたを設ける。	注 2
上部に、手がかり等を**床面からの距離が 1.2 m 以上**になるように設ける。	注 3
ふたは、容易に開けることができるものとする。	
片開き式のふたは、**取付面と 90° 以上の角度**で固定でき、操作をしなければ閉鎖しない。	注 4
上昇口のふたの上部には、ふたの開放に支障となる物件が放置されないよう囲いを設ける。	

注 1） 建築物内部に設ける場合には、避難器具専用室を設ける。
注 2） 上昇口の上部が避難器具専用室である場合を除く。
注 3） 直接建築物の外部に出られる場合を除く。
注 4） おおむね 180° 開くものを除く。

(3) 標識

避難器具を設置した場合、標識を設け**設置場所や使用法を示す必要**があります（表 1）。

マメ知識 ➡➡➡ 標識のあれこれ

標示板ともよばれる標識は、以前は白地に黒文字という規定がありましたが、規制緩和等で改正されており、ピクトサイン等で表示されることも増えています。

● 表1　避難器具の標識 ●

標識の設置場所	避難器具の直近の見やすい箇所	避難器具の設置場所が容易にわかる場合は不要
	避難器具の設置箇所に至る廊下、通路等	
標識の大きさ	**縦 0.12 m 以上横 0.36 m 以上**	
標識の内容	「避難器具」「避難」「救助」のいずれかの文字を有する器具名を記載する。又は避難器具である旨が容易にわかるシンボルマークを表示する。	
標識の配色	地色と文字の色は、**相互に対比色**	
	文字が明確に読みとれる	
使用方法を表示する標識	避難器具の直近の見やすい箇所	使用方法の簡便なものは、設置しないことができる
使用方法	図及び文字等を用いてわかりやすく表示する	

(4) 明るさの確保

避難器具は、使用方法の確認、避難器具の操作等が安全・円滑に行うことができる**明るさが確保される場所に設置**しなくてはなりません。

(5) 避難器具の格納 重要!

① 避難器具は**常時使用状態に取り付けてあるものを除き**、種類、設置場所等に応じて、**格納箱等に収納しなくてはなりません**。格納箱等は、避難器具の操作に支障をきたさないものでなくてはなりません。避難器具用ハッチを除く格納箱等は、器具の種類、設置場所及び使用方法に応じて、**耐候性、耐食性及び耐久性を有しなくてはなりません**。耐食性を有しない材料は、耐食措置を施す必要があります。また、屋外に設けるものは、有効に雨水等を排水するための措置を講じなくてなりません。

② はしごや救助袋は、折りたたんだあとに器具が格納箱の中で崩れないように格納バンドがついています。器具が崩れたまま格納されていると、使用するときに正しく使用できない可能性が高くなります。二学期のレッスン 1-3 (p. 192) も参照してください。

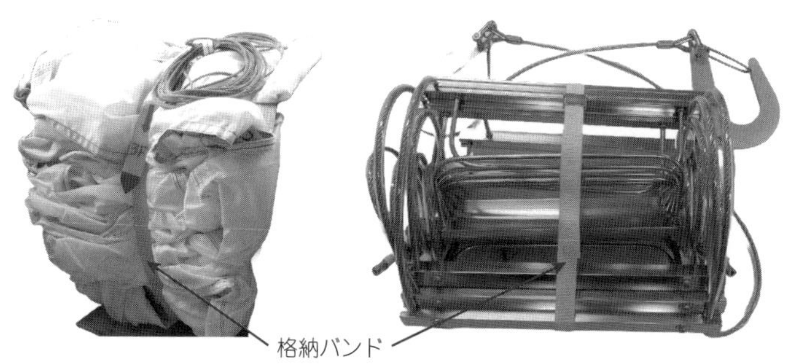

● 図1 ●

よく出る問題

問 1 [難易度 😊😐😣]

次のうち誤っているものはどれか。

(1) 避難はしごを地階に設ける場合は、避難器具専用室内に設置する場合を除き、固定式とし、ドライエリアの部分に設けなくてはならない。

(2) 避難器具は常時使用状態に取り付けてあるものを除き、種類、設置場所等に応じて、格納箱等に収納しなくてはならない。

(3) 避難器具専用室は不燃材料で区画されていれば、非常照明は必要ない。

(4) 避難器具を設置した場合、設置場所や使用法を示す標識を設ける。

解説 避難はしごを地階に設ける場合は、原則として固定式とし、ドライエリアの部分に設けます。また、種類、設置場所等に応じて、格納箱等に収納します。避難器具専用室は明るさを確保するために非常照明が必要です。避難器具を設置した場合、設置場所や使用法を示す標識を設けます。

問 2 [難易度 😊😐😣]

避難器具の標識について次のうち誤っているものはどれか。

(1) 標識は避難器具、避難、救助のいずれかの文字を表記する。

(2) 標識の大きさは縦 0.3 m 以上横 0.6 m 以上でなくてはならない。

(3) 使用方法の簡便なものは、使用方法の標識を設置しないことができる。

(4) 標識の地色と文字の色は、相互に対比色で文字が明確に読みとれること。

解説 避難器具の標識は縦 0.12 m 以上横 0.36 m 以上で避難器具、避難、救助のいずれかの文字を表記し、地色と文字の色は、相互に対比色でなくてはなりません。使用方法の標識は使用方法の簡便なものについては設置しないことができます。

解答 問1－(3)　問2－(2)

レッスン 5-4 避難はしごの設置基準

重要度

ここからはそれぞれの避難器具について解説していきます。まず、避難はしごの設置基準です。

(1) 開口部 重要!

レッスン 4-2 で開口部を解説しましたが、開口部の下端の高さ（腰高という）については、**1.2 m 以下**としなければなりません（図 1）。

ただし、避難上支障のないように、固定又は半固定のステップを設ければその限りではありません。

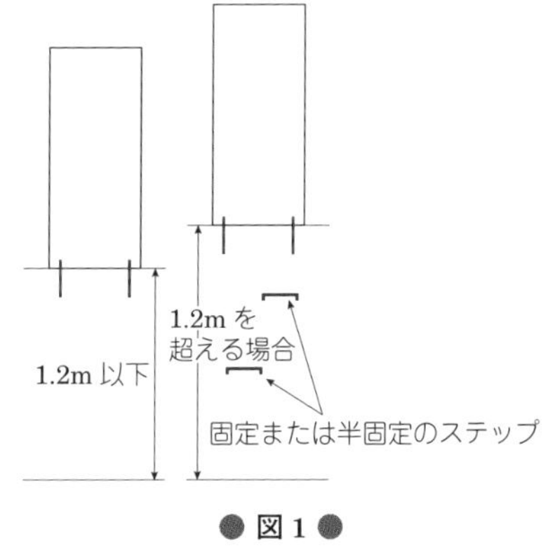

● 図 1 ●

(2) 降下空間 重要!

避難はしごは**縦棒が 2 本以上のもの**は縦棒の中心線からそれぞれ**外側に 0.2 m 以上、前面に 0.65 m 以上**の降下空間が必要です。**縦棒が 1 本のものは横桟の端から、それぞれ外側に 0.2 m 以上、前面に 0.65 m 以上**の降下空間が必要です（図 2）。

(3) 避難空地 重要!

降下空間の投影面積となります（図 3 の ▢ 部分）。

(4) 設置条件 重要!

避難はしごを使用状態にしたときに**避難はしごの最下部横桟から降着面等まで**

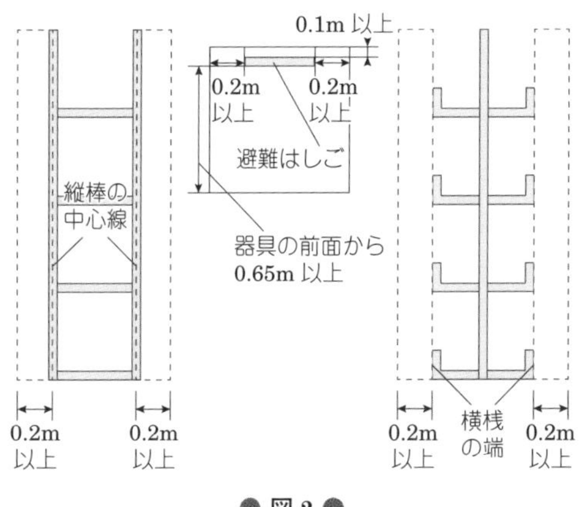

● 図 2 ●

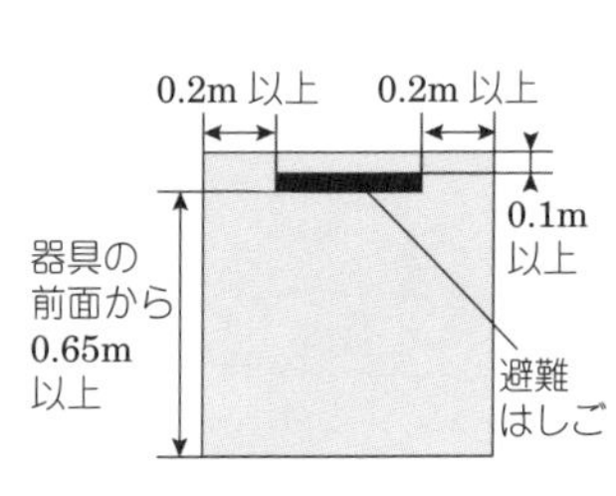

● 図 3 ●

の高さは、**0.5 m 以下**でなくてはなりません（図 4）。

降下空間と架空電線との間隔は 1.2 m 以上で、避難はしごの上端と架空電線との間隔は 2 m 以上でなくてはなりません。

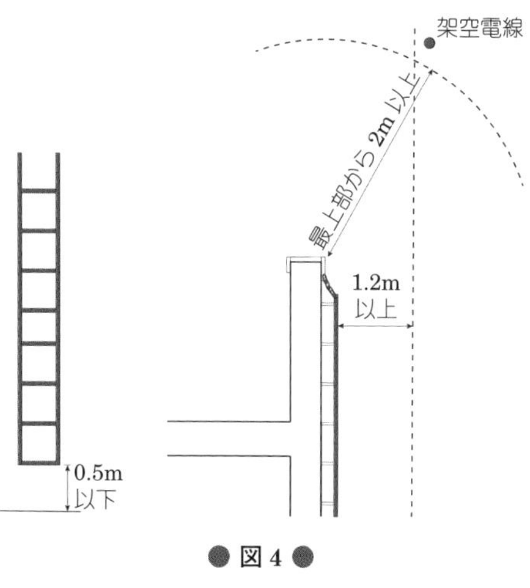

図 4

よく出る問題

問 1　［難易度 😊😐😞］

避難はしごの設置基準について、誤っているものはどれか。

(1) 開口部の下端の高さは、1.2 m 以下

(2) 降下空間は縦棒が 2 本以上のものは縦棒の中心線からそれぞれ外側に 0.2 m 以上、前面に 0.65 m 以上

(3) 使用状態で避難はしごの最下部横桟から降着面等までの高さは ± 0.5 m

(4) 避難空地は降下空間の投影面積

解説　開口部の下端の高さが 1.2 m を超える場合は固定又は半固定のステップを設けることとされています。降下空間は縦棒が 2 本以上のものは縦棒の中心線からそれぞれ外側に 0.2 m 以上、前面に 0.65 m 以上、縦棒が 1 本のものは横桟の端から、それぞれ外側に 0.2 m 以上、前面に 0.65 m 以上の降下空間となります。

避難はしごは使用状態にしたときに避難はしごの最下部横桟から降着面等までの高さは、0.5 m 以下でなくてはなりません。

解答　問 1 −(3)

レッスン 5-5

緩降機の設置基準

重要度

緩降機の設置基準について解説します。

(1) 開口部

開口部の下端の高さは床から**1.2 m 以下**とし（図 1）、高さが**1.2 m 以上の場合は、有効に避難できる固定又は半固定のステップ等を設けなくてはなりません**（図 1）。重要！

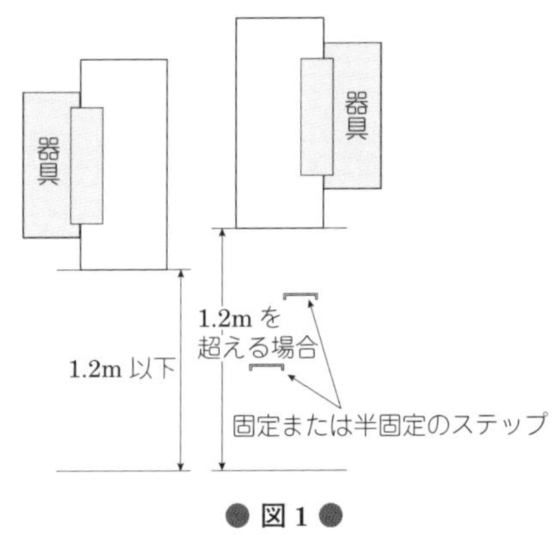

● 図 1 ●

(2) 降下空間

緩降機は、**使用の際、壁面からロープの中心までの距離が 0.15 m 以上 0.3 m 以下**となるように設置し、降下空間は、本器を中心とした半径 0.5 m 以上の円柱形となります（図 2）。重要！

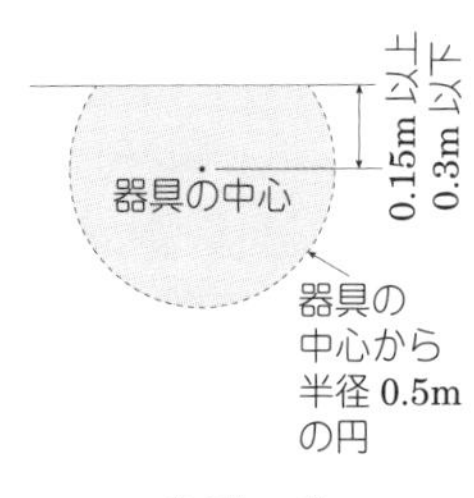

● 図 2 ●

降下空間内に、**0.1 m 以内の避難上支障のない突起物や、0.1 m を超える突起物があってもロープを損傷しない措置を講じた場合は障害物とはしません**。

(3) 避難空地

避難空地は**降下空間の投影面積**となります（図 3 の　　部分）。重要！

(4) 設置条件

緩降機は取付位置に設置したとき、降着面等へ降ろした**着用具の下端が降着面等から ±0.5 m** の範囲でなくてはなりません。また、緩降機を取り付けるフック**の取付位置は、床面から 1.5 m 以上 1.8 m 以下**の高さでなくてはなりません。

降下空間と**架空電線との間隔は 1.2 m 以上で、緩降機の上端と架空電線との**

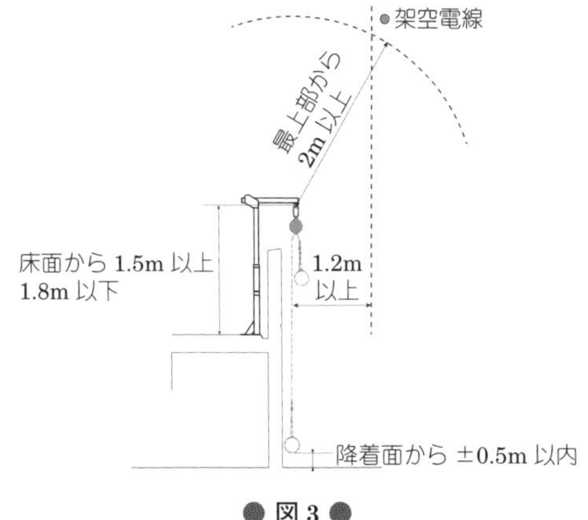

● 図 3 ●

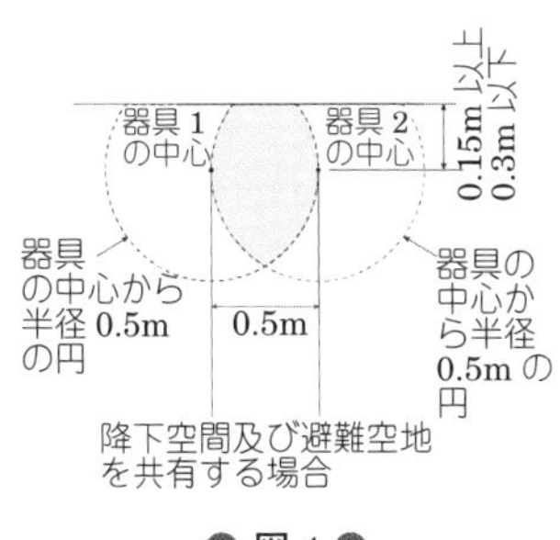

● 図 4 ●

間隔は 2 m 以上でなくてはなりません（図 3）。**重要!**

やむを得ない理由により、**降下空間及び避難空地を他の緩降機と共用する場合は、器具相互の中心を 0.5 m まで近接させることができます**（図 4）。**重要!**

よく出る問題

問 1 ［難易度 😊😐😟］

緩降機の設置基準で正しいものはどれか。

(1) 使用の際、壁面からロープの中心までの距離が 0.3 m 以上 0.5 m 以下
(2) 降着面等へ降ろした着用具の下端が降着面等から ± 0.5 m の範囲
(3) 降下空間及び避難空地を他の緩降機と共用する場合は、器具相互の中心を 0.3 m まで近接させることができる。
(4) 降下空間は、本器を中心とした半径 1 m の円柱形である。

解説　緩降機は壁面からロープの中心までの距離が 0.15 m 以上 0.3 m 以下となるように設置します。緩降機はロープ長が 1 m きざみのため、着用具の下端が降着面等から±0.5 m の範囲で設定します。降下空間は、本器を中心とした半径 0.5 m の円柱形で、降下空間及び避難空地を他の緩降機と共用する場合は、器具相互の中心を 0.5 m まで近接させることができます。

解答 問 1 －(2)

レッスン 5-6 救助袋の設置基準

救助袋の設置基準について解説します。ただし、避難器具用ハッチに内蔵された救助袋を除きます。避難器具用ハッチに内蔵された救助袋については、レッスン 5-8 で解説します。

(1) 開口部

開口部の下端の高さは床から **1.2 m 以下**とします（図 1）。ただし、避難上支障のないように固定又は半固定のステップを設けるか、取付具にステップを設ければその限りではありません（図 1）。**重要!**

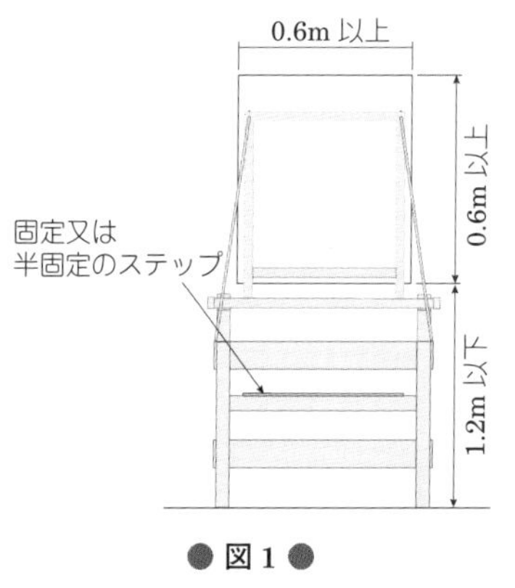

● 図 1 ●

(2) 降下空間 **重要!**

① 斜降式救助袋は、救助袋の下側の**展張した救助袋の取付け高さの 0.2 倍の距離の平行線と上部は 25°、下部は 35° の線の交差する範囲**で、側面は**救助袋の側面から両側に 1 m の距離の平行線と上部は 25°、下部は 35° の線の交差する範囲**が降下空間になります（図 2）。

防火対象物の側面に沿って降下する場合の最上部を除く救助袋と壁面との間隔は、**0.3 m 以上とすることができます**。側面に沿って降下する場合、**庇**（ひさし）**等の突起物のあるときは突起物の先端から 0.5 m の距離が必要です**。突起

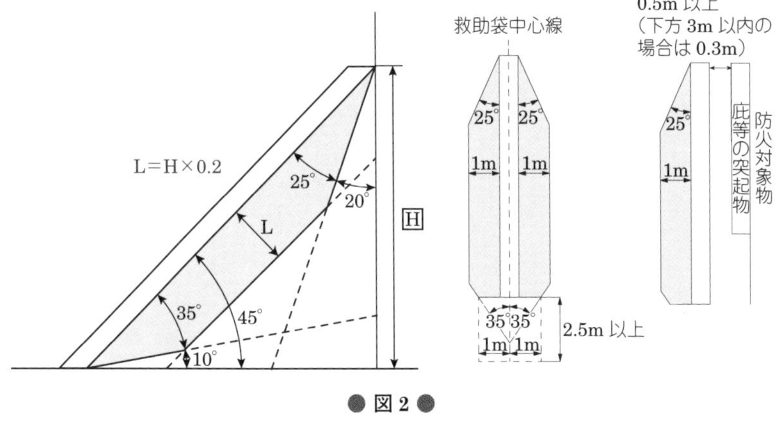

● 図 2 ●

物が入口金具から下方 3 m 以内の場合にあっては 0.3 m とすることができます（図 2）。

② 垂直式救助袋は器具の中心から**半径 1 m 以上の円柱形**の範囲となります。ただし、**救助袋と壁との間隔は 0.3 m 以上**で、庇等の突起物がある場合は救助袋と突起物の先端との間隔は **0.5 m 以上**とすることとなっています。突起物が入口金具から下方 **3 m 以内の場合は 0.3 m 以上**とすることができます（図 3）。降下空間及び避難空地を共用して垂直式救助袋を設置する場

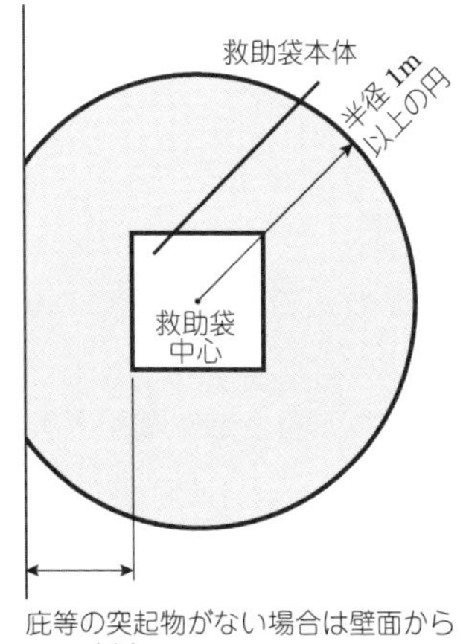

● 図 3 ●

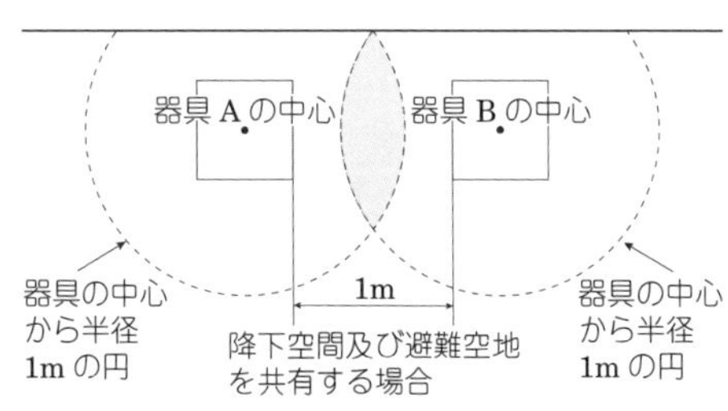

● 図 4 ●

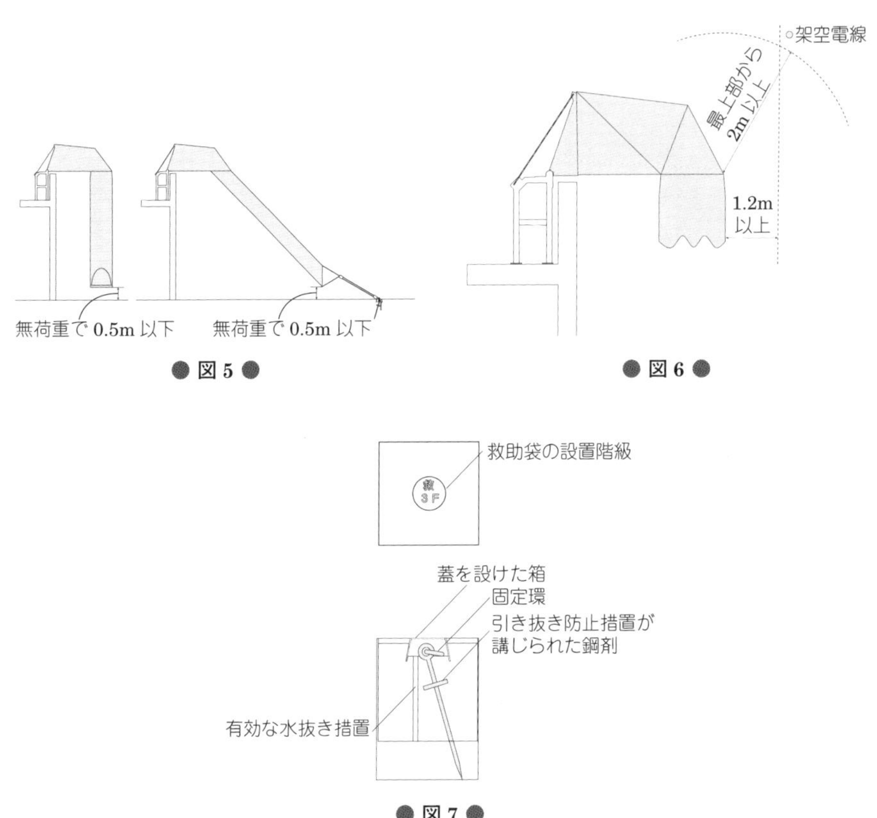

図 5

図 6

図 7

合は、器具相互の外面を 1 m まで接近させることができます（図 4）。

(3) 設置に関する補足条件 重要!

袋本体の**下部出口部と降着面等**からの高さは、**無荷重の状態において 0.5 m 以下**でなくてはなりません（図 5）。

降下空間と架空電線との間隔は 1.2 m 以上で、救助袋の上端と架空電線との間隔は 2 m 以上でなくてはなりません（図 6）。

斜降式救助袋は、下部支持装置を結合するための**固定環が設けられていなくてはなりません**（図 7）。

よく出る問題

問 1　［難易度 😊😐😣］

救助袋の設置基準で、次のうち正しいものはどれか。

(1) 救助袋本体の下部出口部と降着面等からの高さは、静荷重の状態において 0.5 m 以下である。

(2) 開口部の下端の高さが 1.2 m を超える場合、取付具に固定又は半固定のステップが付いていれば使用できる。

(3) 垂直式救助袋の下方 4 m に庇等の突起物がある場合は、突起物の先端との間隔は 0.3 m 以上とすることができる。

(4) 斜降式救助袋は、固定環が設けられていなくてもよい。

解説　救助袋本体の下部出口部と降着面等からの高さは無荷重の状態において 0.5 m 以下です。垂直式救助袋の下方 3m 以内の庇等の突起物に対しては間隔は 0.3 m 以上とすることができ、それ以外は 0.5 m 以上です。斜降式救助袋には、固定環が設けられていなくてはなりません。

問 2　［難易度 😊😐😣］

次の文の下線部に誤りはいくつあるか。

斜降式救助袋の降下空間は、救助袋の下側の<u>展張した救助袋の取付け高さの 0.2 倍の距離の平行線</u>と<u>上部は 35°</u>、<u>下部は 25°</u> の線の交差する範囲で、側面は救助袋の<u>側面から両側に 1 m</u> の距離の平行線と上部は 25°、下部は 35° の線の交差する範囲である。

(1) 一つ　　(2) 二つ　　(3) 三つ　　(4) 四つ

解説　降下空間は展張した救助袋の取付高さの 0.2 倍の距離の平行線と上部は 25°、下部は 35° の線の交差する範囲です。わかりにくいですが図を見て覚えてしましましょう。

1学期 ⬇ 筆記試験対策
2学期 ⬇ 実技試験対策
3学期 ⬇ 模擬試験

解答　問 1 −(2)　　問 2 −(2)

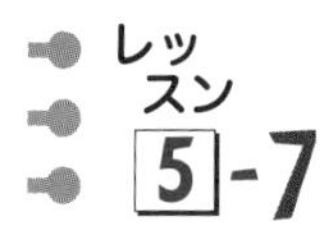

すべり台の設置基準

すべり台の設置基準について解説します。すべり台は防火対象物に固定されているため、他の器具より規定は多くありません。

(1) 開口部

開口部の下端の高さは、**1.2 m 以下**としなければなりません（図 1）。ただし、図 2 のように避難上支障のないよう固定又は半固定のステップを設ければその限りではありません。

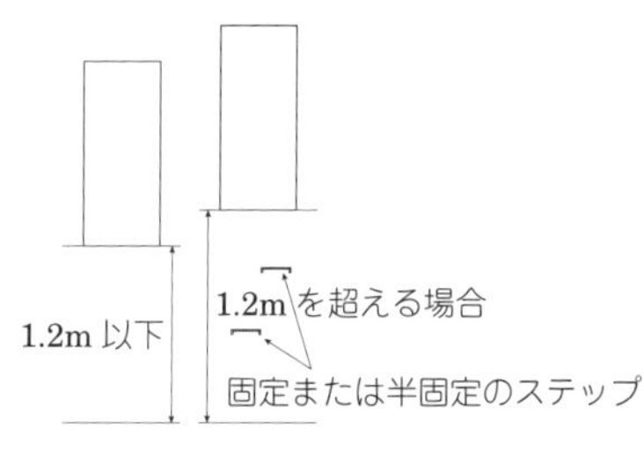

● 図 1 ●

(2) 降下空間

すべり台の降下空間はすべり面から上方に 1 m 以上で、すべり台の両端からそれぞれ外方向に 0.2 m 以上の範囲となります（図 2）。

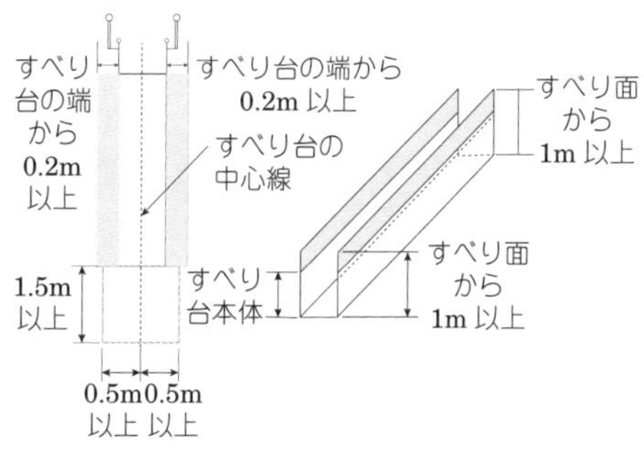

● 図 2 ●

(3) 避難空地

すべり台の避難空地はすべり台の下部先端から前方 1.5m 以上で、すべり台の中心線から左右にそれぞれ 0.5 m 以上が必要です（図 2）。

(4) 設置に関する補足条件

すべり台の設置されている階の部分からすべり台に至るまでの間に段差がある場合は、階段、スロープ等を設けなければなりません。

よく出る問題

問 1 [難易度 😊😐😞]

すべり台の設置基準について、誤っているものはどれか。

(1) 設置されている階の部分からすべり台に至るまでの間に段差がある場合は、階段、スロープ等を設ける。

(2) 降下空間はすべり面から上方に1m以上で、すべり台の両端からそれぞれ外方向に0.2m以上の範囲である。

(3) 避難空地はすべり台の下部先端から前方に2.5m、中心線から左右それぞれ1m以上である。

(4) 開口部の下端の高さは、1.2m以下である。

解説 すべり台の設置基準は他の避難器具よりも少ないので、効率よく覚えてしまいましょう。

(1)(2)(4)は問題文の通りですが、(3)は斜降式救助袋の降下空間です。

解答 問1－(3)

レッスン 5-8 避難器具用ハッチの設置基準

重要度 ///

避難器具用ハッチの設置基準について解説します。内蔵する避難器具の規定と、避難器具用ハッチの規定を併せて考えます。

① 内蔵する金属製避難はしごは、つり下げはしごであり、突子が防火対象物の壁面等に接しない場合は、**ハッチ用つり下げはしご**（図1）でなくてはなりません。重要！

● 図1 ●

② 金属製避難はしごと垂直式救助袋は、避難器具用ハッチに**常時使用できる状態で格納**されていなくてはなりません。重要！

③ 避難器具用ハッチは、バルコニー等**外気に接する部分の床**に設け、バルコニーは**手すりその他の転落防止のための措置**を講じていなくてはなりません。重要！

ただし、レッスン5-3で解説した避難器具専用室内に設置する場合を除きます。

④ 各階の避難器具用ハッチの降下口は、**直下階の降下口と同一垂直線上にない位置**でなくてはなりません（図2）。重要！

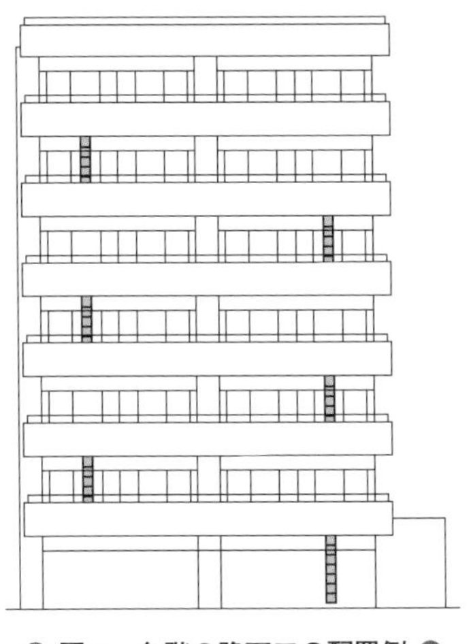

● 図２　各階の降下口の配置例 ●

⑤　降下空間は、避難器具用ハッチの**開口部の水平投影面積以上の角柱形の範囲**となります 重要！ （図３）。

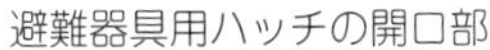

● 図３　降下空間の範囲（水平投影面積）●

⑥　避難空地は、**降下空間の水平投影面積以上の面積**で、**避難上の安全性が確**保されてなくてはなりません。**避難階の避難空地**には、避難空地の**最大幅員以上で、避難上の安全性が確保**されている**避難通路**を設けなくてはなりません。

⑦　避難器具用ハッチの下ぶたの下端は、避難器具用ハッチの下ぶたが開いた場合に、**避難空地の床面上 1.8 m 以上の位置**でなくてはなりません。

⑧　避難器具用ハッチの下ぶたの下端は、避難器具用ハッチの下ぶたが開いた場合に、**避難空地の床面上 1.8 m 以上の位置**でなくてはなりません。**重要！**

⑨　避難はしご又は垂直式救助袋を使用状態にした場合、避難はしごの最下部横桟又は垂直式救助袋の**出口部分から降着面等までの高さは、0.5 m 以下**でなくてはなりません。

避難器具用ハッチに内蔵された垂直式救助袋の操作面積は、0.5 m^2 以上で、1 辺の長さはそれぞれ 0.6 m 以上となります。
そうでない場合の垂直式救助袋との違いを覚えておきましょう。

マメ知識 ➡➡➡ 避難器具用ハッチと避難用ハッチ

避難器具用ハッチははしご又は救助袋を内蔵しており、取付具としての扱いとなっています。現在はステンレス製ですが、以前は鉄製でした。鉄製の避難器具用ハッチは、塗装などのメンテナンスをよほどこまめに行わない限り腐食してしまいます。また、沿岸部などでは塩害によっても腐食します。腐食したハッチを改修するに当たって、そのハッチを撤去してしまうと建物の構造と強度に影響が出ることがあることから、現在はカバー工法で改修することが多くなっています。

厳密に仕分けすると、認定品としての避難器具用ハッチはあくまで新築物件用の一体型であり、それ以外のカバー工法用のハッチは避難用ハッチといえます。避難用ハッチには、改修用や固定はしごのためのハッチも含まれます。

よく出る問題

問 1 ［難易度 😊😐😣］

避難器具用ハッチに内蔵された避難器具について、正しいものはどれか。

(1) 内蔵する金属製避難はしごはつり下げはしごであればよい。

(2) 内蔵する垂直式救助袋の操作面積は、2.25 m² 以上である。

(3) 避難器具の降下空間は、避難はしごの場合は避難はしごの降下空間を、垂直式救助袋の場合は垂直式救助袋の降下空間を適用する。

(4) 金属製避難はしごと垂直式救助袋は、避難器具用ハッチに常時使用できる状態で格納されていなくてはならない。

解説　避難器具用ハッチに内蔵された避難器具の基準は独自のものがあります。避難器具用ハッチに内蔵する避難はしごは、突子が壁面等に接しない場合は、ハッチ用つり下げはしごでなくてはなりません。垂直式救助袋を内蔵する場合の操作面積は 0.5 m² 以上で、1 辺の長さはそれぞれ 0.6 m 以上です。降下空間は避難器具用ハッチの開口部の水平投影面積以上の面積です。

問 2 ［難易度 😊😐😣］

避難器具用ハッチについて、誤っているものはどれか。

(1) 避難器具用ハッチの降下口は、直下階の降下口と同一垂直線上にない位置になくてはならない。

(2) 避難器具用ハッチの下ぶたの下端は、避難空地の床面上 1.8 m 以上の位置でなくてはならない。

(3) 避難器具用ハッチを設けたバルコニーは、手すりその他の転落防止のための措置を講じなくてはならない。

(4) 避難階の避難空地には避難通路を設けなくてはならないが、幅等の既定はない。

避難通路の幅員は避難空地の最大幅員以上です。

解答　問 1 －(4)　　問 2 －(4)

レッスン 5-9

その他の避難器具の設置基準

その他の避難器具の設置基準を表1にまとめておきます。出題されることは多くないですが、知識として覚えておきましょう。

● 表1　避難器具の設置基準 ●

		すべり棒	避難ロープ	避難橋	避難用タラップ
開口部の大きさ	高さが 0.8 m 以上幅が 0.5 m 以上又は高さが 1 m 以上幅が 0.45 m 以上	○	○		
	床面の部分に設ける場合にあっては直径 0.5 m 以上の円が内接することができる	○	○		
	高さ 1.8 m 以上であり、幅は器具の最大幅以上			○	○
開口部の下端	床面から 1.2 m 以下	○	○		注1)
開口部に窓、扉等が設けられる場合	ストッパー等を設け、窓及び扉等が器具の使用中に閉鎖しない措置を講ずる	○	○		
操作面積	$0.5\ m^2$ 以上で1辺の長さはそれぞれ 0.6 m 以上	○	○		
	器具を使用するのに必要な広さ			○	○
降下空間	器具を中心とした半径 0.5 m の円柱形の範囲	○	○ 注2)		
	踏面から上方 2 m 以上で器具の最大幅			○	○
避難空地	降下空間の水平投影面積以上	○	○		
	避難上の安全性が確保されている避難通路が設けられている	○	○		
	避難上支障のない広さ			○	○
降下空間と架空電線との間隔	1.2 m 以上	○	○	○	○
	器具の上端と架空電線との間隔は 2 m 以上	○	○	○	○
使用状態にした場合	最下部から降着面等まで 0.5 m 以下		○		
器具に至るまでの間に段差がある場合	階段、スロープ等を設ける			○	○
避難空地に設ける避難通路	有効な経路で広場、道路等に通じている			○	
すべり棒の高さ	取付部の開口部の下端から 1.5 m 以上	○			

注1）固定又は半固定のステップ等を設けた場合は、この限りでない。
注2）壁面に沿って降下する場合の壁面側に対しては、この限りでない。

よく出る問題

問 1 ［難易度 😊😐😟］

次のうち避難用タラップの設置基準に該当するものはどれか。

(1) 開口部の大きさは高さが0.8 m以上幅が0.5 m以上又は高さが1 m以上幅が0.45 m以上である。
(2) 床面に設ける場合の開口部の大きさは、直径0.5 m以上の円が内接することができるものである。
(3) 開口部の大きさは高さ1.8 m以上であり、幅は器具の最大幅以上である。
(4) 開口部の下端は床面から1.2 m以下である。

解説　出題頻度は少ないですが、覚えておきましょう。(1) (2) (4) はすべり棒と避難ロープの基準です。

問 2 ［難易度 😊😐😟］

下記の設置条件がすべて当てはまるものは、どの避難器具か。

降下空間と架空電線との間隔は1.2 m以上、高さは取付部の開口部の下端から1.5 m以上、避難空地には避難上の安全性が確保されている避難通路が設けられていて、開口部の窓や扉には器具の使用中に閉鎖しない措置を講じてある。

(1) 避難ロープ
(2) 避難用タラップ
(3) 避難橋
(4) すべり棒

解説　この設問のポイントは高さで、高さが基準にある器具は一つだけです。

解答　問１－(3)　　問２－(4)

これは覚えておこう！

レッスン５の重要事項のまとめ

① **取付部**：避難器具を取り付ける部分
② **操作面積**：操作に必要な取付部付近の床等の面積
③ **降下空間**：保有しなければならない避難上必要な空間
④ **避難空地**：必要な避難上の空地
⑤ **避難通路**：避難空地から安全な広場等に通ずる有効な通路
⑥ **取付け具**：避難器具を固定部に取り付けるための部材
⑦ **避難器具用ハッチ**：金属製避難はしご、救助袋等の避難器具を、常時使用できる状態で格納することのできるハッチ式の取付け具
⑧ **避難器具専用室**：避難はしご又は避難用タラップを地階に設置する場合の専用室
⑨ **固定部**：構造上堅固な部分又は堅固に補強された部分
⑩ **設計荷重**：避難はしご・緩降機は「＋自重」、救助袋は「＋入口金具重量」
⑪ **操作面積と開口部の大きさ**：避難はしご・緩降機・すべり棒・避難ロープ・避難器具用ハッチは器具を含まないが、救助袋は器具を含む。
⑫ **開口部の位置**：同一線上に並ばないようにする。
⑬ **避難はしご**：地階に設ける場合は固定式でドライエリア内が原則
⑭ **標識**：設置場所や使用法を示す。
⑮ **格納状況**：格納箱等に収納しておかなければならない。
⑯ **開口部の下端**：床面から 1.2 m 以下
⑰ **緩降機のフックの取付け高さ**：床面から 1.5 m 以上 1.8 m 以下
⑱ **降着面からの高さ**：避難はしごは 0.5 m 以下、緩降機は ±0.5 m、救助袋は無荷重で 0.5 m 以下
⑲ **降下空間の共有**：緩降機は 0.5 m、垂直式救助袋は 1 m まで接近できる。

※ここで触れていない各々の長さや面積等の数値も確認しておきましょう。 重要！

レッスン 6 避難器具の施工方法

避難器具の施工方法についてはまず、鋼材の強度から学習します。レッスン３で解説しましたが、許容応力や引張強度等の言葉が出てきます。耐食性についても触れられます。

そして取付方法へ進んでいきます。ここは筆記試験でも必ず出題されているうえに、実技試験でも問題が出ます。きちんと整理しておきましょう。

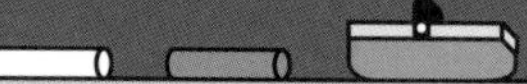

避難器具を取り付けるうえでの基本ともいうべき内容です。

- 6-1「**取付具の材料と鋼材の強度**」では鋼材の名前などを整理して覚えましょう。JIS 記号も覚えておくと出題されても慌てずにすみます。
- 6-2「**固定方法の種類**」は重要な工法が出題されています。施工するうえで重要なことは必ず試験問題に含まれています。工法を聞いてどんな工法でどんな特徴があるかなど連想できるようにしましょう。
- 6-3「**金属拡張アンカー工法**」は最もポピュラーな取付方法なので、出題内容も多岐にわたります。アンカーのピッチ、へりあき、埋込み深さ、穿孔深さの４点はセットで覚えましょう。また、アンカーの部分名称も整理しましょう。施工方法は２学期でも解説しますのでそちらも合わせて確認してください。
- 6-4「**金属拡張アンカー以外の施工方法**」は軽量コンクリートやデッキプレート等で構成されたスラブに設置する場合の工法です。レッスン 6-3 で解説する金属拡張アンカー工法の次に多い取付方法が貫通工法ですが、よく出題されるのは金属拡張アンカーとのピッチの比較です。間違えないように正確に覚えておきましょう。金属拡張アンカーと違ってセットで覚える項目が少ないのでやさしいはずです。
- 6-5「**避難器具用ハッチの固定方法**」はブラケットの数やアンカーの本数が出題されることがあります。公式を覚えておいて損はありません。
- 6-6「**斜降式救助袋の固定環の取付**」では施工方法より構造について聞かれることが多いです。パーツをそれぞれ確認しておきましょう。

レッスン 6-1

取付け具の材料と鋼材の強度

重要度 ///

レッスン5-1で解説したように、避難器具には設計荷重というものがあり、**取付け具及び固定部に発生する応力に耐えるものでなければなりません。**

(1) 取付け具の材料

避難器具の取付け具には下記の材料を使用しなくてはなりません。ただし、避難器具用ハッチを除きます。重要!

- ・JIS G 3101（一般構造用圧延鋼材）
- ・JIS G 3444（一般構造用炭素鋼鋼管）
- ・JIS G 3466（一般構造用角形鋼管）
- ・JIS G 3525（ワイヤロープ）

また、上記の材料と同等以上の強度及び耐久性を有する材料を使用することが認められていますが、耐食性を有しない材料は、有効な耐食措置が講じられていなくてはなりません。

外気に接する雨水等のかかる場所に設けるものは、下記の材料を使用しなくてはなりません。ただし、格納箱が耐食性を有していれば、上記の材料を使用することができます。

- ・JIS G 4303（ステンレス鋼棒）
- ・JIS G 4304（熱間圧延ステンレス鋼板及び鋼帯）
- ・JIS G 4305（冷間圧延ステンレス鋼板及び鋼帯）

ここでも、上記の材料と同等以上の耐食性を有する材料を使用することが認められています。

(2) 材料の強度 重要!

① 鋼材

部材が破壊しない安全な強度のことを**許容応力度**といいます。**圧縮、引張り、曲げ、せん断**などの数値が材料ごとに定められており、設計荷重から計算した値が、その強度内に収まるように取付具の設計をします。

主な鋼材の強度は次の通りです（表1）。

また、鋼材は溶接して使用しますが、溶接部分は強度が変わるため次の値で計算します（表2）。

② ワイヤロープ

許容引張り応力は**切断荷重の1/3**とされています。

● 表1　鋼材の許容応力度 ●

種類及び品質		許容応力度〔N/mm²〕			
		圧縮	引張	曲げ	せん断
一般構造用鋼材	SS400 STK400 STKR400	240	240	240	140
ボルト	黒皮	—	190	—	—
	仕上	—	240	—	180

● 表2　鋼材の溶接部の断面の許容応力度 ●

種類及び品質・溶接方法			許容応力度〔N/mm²〕			
			圧縮	引張	曲げ	せん断
一般構造用鋼材	SS400 STK400 STKR400	突合せ	210	210	210	120
		突合せ以外	120	120	120	120

よく出る問題

問 1 ［難易度 😊😐😟］

次のうち正しいものはどれか。

(1) 部材が破壊しない安全な強度のことを限界応力度という。
(2) 使用する鋼材は溶接して使用するが、溶接部分の強度は同じである。
(3) ワイヤロープの許容引張応力は切断荷重の 1/2 である。
(4) 避難器具は取付け具及び固定部に発生する応力に耐えるものでなくてはならない。

解説　避難器具用ハッチを除く避難器具の取付具は、使用する鋼材などは決められています。部材が破壊しない安全な強度のことは許容応力度といいます。一般に溶接を行うと、強度はその使用鋼材の半分となります。ワイヤロープの許容引張り応力は切断荷重の 1/3 とされています。

解答 問1－(4)

レッスン 6-2

固定方法の種類

重要度 

(1) 工法 重要！

① 柱、床、はり等構造耐力上、十分な強度を有する建築物の主要構造部に直接取り付ける場合

(a) 鉄骨又は鉄筋にボルト等を溶接し又は**フック掛けする工法**

(b) スリーブ打込み式**金属拡張アンカーによる工法**

② 補強措置を講じた部分に取り付ける場合

(a) 柱、はりを鋼材等により**挟み込み、ボルト及びナットで締めつける工法**

(b) 建築物の柱、床、はり等の部分又は固定ベースの両面を鋼材等で補強し、**ボルトを貫通する工法**

③ **固定**ベースに取り付ける場合

固定ベースの重量は設計荷重（レッスン 5-1）を元にした**応力の 1.5 倍以上**のものでなくてはなりません。

④ その他の工法を用いる場合は、上記の工法と同等以上の強度を有しなければなりません。

(2) ボルト・ナットの基準 重要！

① 上記の工法に使用されるボルト及びナットには以下の基準があります（避難器具用ハッチに用いられるものを除きます）。重要！

● **表 1 固定方法の基準** ●

項目		基準
素材		JIS G 3123（みがき棒鋼）
		JIS G 4303（ステンレス鋼棒）※雨水等のかかる場所
		上記と同等以上の強度及び耐久性を有する材料
ねじ部		JIS B 0205-1（一般用メートルねじ）
呼び径		M 10 以上
緩み止め		スプリングワッシャ、割ピン等
その他の要件	ボルト	途中に継ぎ目のないもの
		増締めができる余裕のあるねじが切られているもの
	端　部	使用者及び器具等に損傷を与えるおそれのあるものは、キャップ、カバー等で防護する

② ボルト径によって許容応力度は変わります。ボルトを使用する場合は、次の式で計算した値がボルトの呼び径に応じた表 2 の数値以下にならなくてはなりません。

固定部にかかる引張応力/引張り側のボルトの数（単位kN）

● 表2　固定部にかかる引張応力/引張側のボルトの数 ●

ボルトの呼び径	許容荷重〔kN/本〕	
	引張荷重	せん断荷重
M 10	14	10
M 12	20	15
M 16	38	28
M 20	59	44

よく出る問題

問 1　［難易度 😊😐😞］

次のうち誤りはどれか。

(1) 柱、床、はり等に直接取付け具を取り付ける場合の工法として、スリーブ打込み式金属拡張アンカーによる工法がある。

(2) 柱、床、はり等に直接取付け具を取り付ける場合の工法として、鉄骨又は鉄筋にボルト等を溶接又はフック掛けする工法がある。

(3) 補強措置を講じた部分に取り付ける場合の工法として、柱、はりを鋼材等により挟み込み、ボルト及びナットで締めつける工法がある。

(4) 補強措置を講じた部分に取り付ける場合の工法として、柱、床、はり等の部分を、ボルトで貫通する工法がある。

解説　ボルトで貫通する工法は、取り付ける部分を鋼材等で補強しなければなりません。

問 2　［難易度 😊😐😞］

次のうち誤りはどれか。

(1) 固定部にかかる引張応力を引張側のボルトの数で割った数値は、ボルトの許容応力度以下にならなければならない。

(2) ボルトのねじ部は、メートル波目でなければならない。

(3) ボルトの許容応力度のうち、せん断荷重の数値は引張荷重の数値より大きい。

(4) ボルトは割ピンやスプリングワッシャなどでナットの緩み止めをしなければならない。

解説　使用するボルト・ナットに関しても基準が定められています。許容応力度は引っ張り荷重の数値の方が、せん断荷重の数値よりも大きくなります。

解答　問1－(4)　　問2－(3)

レッスン 6-3

金属拡張アンカー工法

重要度 ✎✎✎

金属拡張アンカーによる工法は、鉄筋コンクリート造の床、壁等に取付け具を設置する場合に**最も多く使用されている工法**です。**軽量コンクリートや気泡コンクリートで造られている部分には、この工法は使用できません。** 重要!

(1) 使用できるアンカー

使用できるアンカーは**増締めのできるおねじ式でスリーブ打込み式に限る** 重要! とされています（図1）。

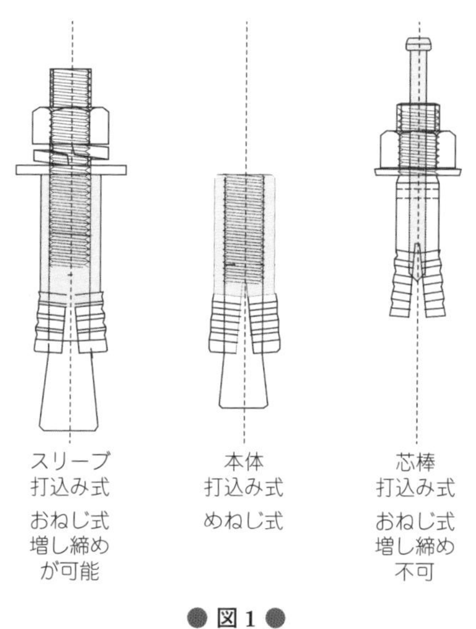

● 図1 ●

図1の一番左側のアンカーを**スリーブ打込み式アンカー**といいます。以下、この項目では単にアンカーといいます。

(2) 埋込深さ等と間隔などの基準

アンカーの**埋込深さとはスリーブの長さ** 重要! のことをいいます。床や壁等の仕上げ部分はモルタルなどで平滑にされているので、その部分の厚さを除き、**呼び径に応じた埋込深さ**で埋め込みます。また、アンカー相互の間隔も決められており、**埋込深さの3.5倍以上** 重要! とされています。アンカーのへりあきの寸法は、**埋込深さの2倍以上** 重要! の長さです（表1）（図2）。

表１　アンカーの埋込み深さと間隔

金属拡張アンカーの呼び径	埋込深さ〔mm〕	穿孔深さの下限〔mm〕	アンカー相互の距離〔mm〕	へりあきの距離〔mm〕
M 10	40	60	140 以上	80 以上
M 12	50	70	175 以上	100 以上
M 16	60	90	210 以上	120 以上
M 20	80	110	280 以上	160 以上

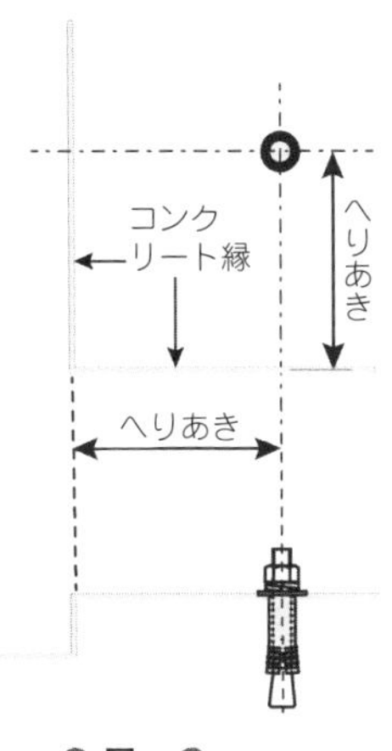

アンカーの中心から部材直交方向の縁までの最小距離のへりあきといいます。

図２

(3) 穿孔深さ

コンクリートの厚さに対する**穿孔する深さの限度** 重要! は表２のように決められています。

表２　アンカーの穿孔深さの限度

コンクリートの厚さ〔mm〕	穿孔深さの限度〔mm〕
120	70 以下
150	100 以下
180	130 以下
200	150 以下

使用するアンカーの径を決定する場合の例。穿孔深さの下限と限度により、コンクリートの厚さが 120 ㎜以下のところには M 16 のアンカーは使用できません。

アンカーを埋め込むためにコンクリートに開ける穴は、アンカーの径にほぼ等しく穿孔します。くさびが開き始めた状態でボルトがガタつかないことが重要で

す。アンカーの埋設が不十分な場合や穿孔径が大きすぎた場合は施工不良となり、十分な強度が得られません。

(4) コンクリート設計基準強度

建築物の構造計算で基準とするコンクリートの圧縮強度を**設計基準強度** 重要! といいます。コンクリートの施工方法によって強度に違いがあり、設計基準強度の違いによって、アンカーの応力が変わってきます。設計基準強度に対して、適切な応力の計算によって、使用するアンカーの本数を決定します。金属拡張アンカーに引張力が働くと、スリーブの先端で支持された力は図3の破線のように流れていきます。

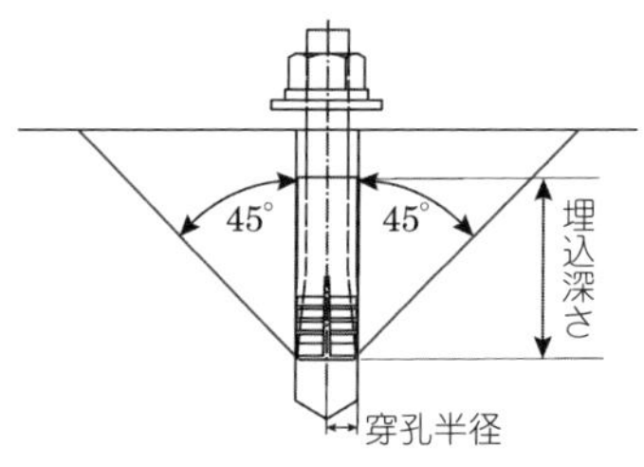

● 図3 ●

設計基準強度に応じた金属拡張アンカーの本数及び呼び径は、次式を満たすものとされています。

$$F/N<P$$

F：固定部に発生する応力〔kN〕

N：引張力のかかる金属拡張アンカーの本数。ただし、$N \geqq 2$ であること。

P：コンクリート設計基準強度に応じた許容引抜荷重〔kN〕 重要!

設計基準強度に対するアンカーの許容引抜荷重は表3の通りです。重要!

● 表3　アンカーの許容引抜荷重 ●

金属拡張アンカーの呼び径	コンクリート設計基準強度〔N/mm²〕		
	15 以上	18 以上	21 以上
M 10	4.7	5.7	6.7
M 12	7.5	8.9	10.5
M 16	10.9	13	15
M 20	18.5	22.2	26

使用するアンカーの本数を検討する場合の例。
固定部に発生する応力が 12 kN でコンクリートの設計基準強度が 18 N/mm²、アンカーが M 16 だとすると $12/N<13$ となり $N=1$ で数式は成り立ちますが、$N \geqq 2$ なので、アンカーは最低 2 本必要となります。

よく出る問題

問 1 ［難易度 😊😐😣］

次のうち誤りはどれか。

(1) アンカー相互の間隔は、埋込深さの3.5倍以上である。
(2) アンカーのへりあきの寸法は、埋込深さの2倍以上の長さである。
(3) 使用できるアンカーは、増し締めのできるおねじ式である。
(4) 金属拡張アンカーによる工法は、軽量コンクリートや気泡コンクリートで造られている部分にも使用される。

解説　金属拡張アンカーによる工法は、鉄筋コンクリート造の床、壁等に取付け具を設置する場合に最も多く使用されている工法で、軽量コンクリートや気泡コンクリートで造られている部分には施工できません。

問 2 ［難易度 😊😐😣］

次のうち正しいものはどれか。

(1) アンカーの埋込深さとはアンカーを打ち込んだときに、床から露出するねじ部分の長さを全体から引いたものである。
(2) コンクリートの厚さに対して、アンカーを打ち込むための穿孔深さはアンカーの径によって異なる。
(3) アンカーを埋め込むためにコンクリートに開ける穴は、アンカーの径より大きく穿孔したほうがより強度が得られる。
(4) コンクリートの設計基準強度にかかわらず、アンカーの許容引抜荷重は一定である。

解説　アンカーの埋め込み深さ＝スリーブの長さです。穿孔する穴が大きいとアンカーにがたつきが生じ、強度が下がります。コンクリートの設計基準強度により、許容引抜荷重には大きく差が出ます。

解答　問1－(4)　　問2－(2)

レッスン 6-4

金属拡張アンカー以外の施工方法

重要度

レッスン6-3で解説した金属拡張アンカー工法以外の施工方法には、以下のものがあります。

(1) 鉄骨又は鉄筋にボルト等を溶接し、又はフック掛けする工法（図1）

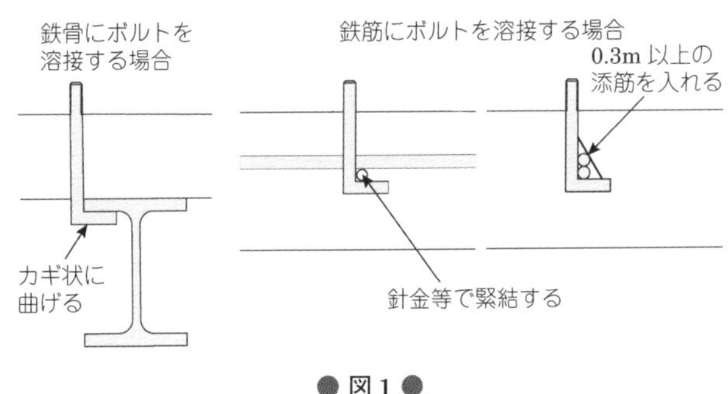

●図1●

・溶接し、又はフック掛けする引張力のかかる**ボルト等は2本以上**で、溶接し又はフック掛けする鉄筋は、それぞれ別のものでなくてはなりません。

・ただし、同一の鉄筋であってもボルト等の相互の間隔を**0.2 m以上**とすれば、同一の鉄筋であっても溶接し又はフック掛けすることができます。

・ボルトを溶接又はフック掛けする鉄筋は、**径9 mm以上**、**長さ0.9 m以上**で、鉄骨の場合は鉄筋と同等以上の強度を有する部分であることとされています。

・フック掛けするボルトは、**かぎ状に十分折り曲げ**、鉄筋又は鉄骨に針金等で緊結しなければなりません。重要！

・また、鉄筋にボルトを溶接する場合は、溶接部に**溶接しようとする鉄筋と同径以上で長さ0.3 m以上の添筋**を入れる必要があります。

(2) 補強措置を講じた部分に取り付ける場合の標準工法

① 柱、はりを鋼材等により挟み込み、ボルト及びナットで締め付ける工法

避難器具を容易に取り付けるための離脱防止装置付きのフック（JIS B 2803（フック））等を設けなくてはなりません。

② 鋼材等の挟込み部は、固定部の柱、はり上を移動しないよう十分締め付けなければなりません。

(3) 床や壁等の主要構造部を鋼材等で補強し、ボルトを貫通する工法（図2）

・補強用の鋼材等は、**厚さ3.2 mm以上で0.1 m角以上の平板又はこれと同等**

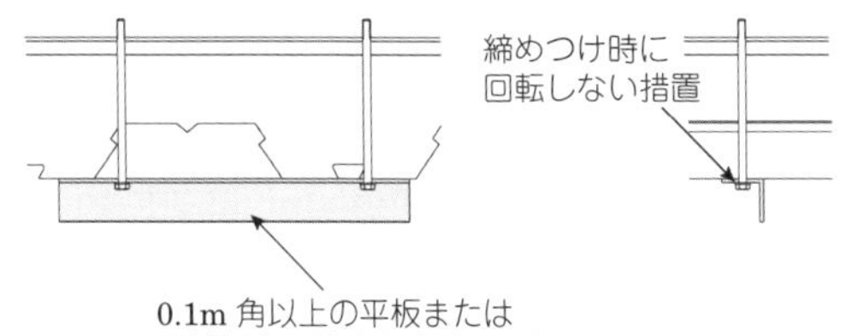

● 図2　貫通工法 ●

以上の強度を有する形鋼でなければなりません。

- ボルトの間隔は **0.2 m 以上**とされていますが、**ボルト間に鉄筋がある場合は、0.15 m 以上**とすることができます。
- 引張力のかかる**貫通ボルトは2本以上で、締付け時に回転しないように措置が講じられていなければなりません。** 重要！

(4) 固定ベースに取り付ける場合の工法

固定ベースの重量は、図3のようにレッスン4-1で解説した**設計荷重の1.5倍以上**のものでなくてはなりません。

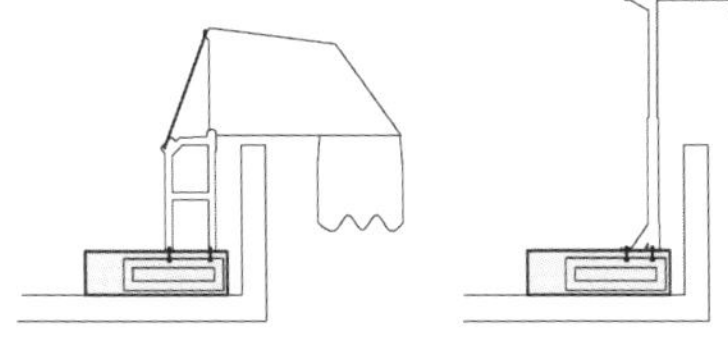

● 図3 ●

よく出る問題

問 1　[難易度]

次のうち誤りはどれか。

(1) 固定ベースの重量は、設計荷重の1.5倍以上のものでなくてはならない。
(2) 補強用の鋼材等は、厚さ3.2 mm 以上で 0.1 m 角以上の平板又はこれと同等以上の強度を有する形鋼でなければならない。
(3) 溶接し、又はフック掛けする引張力のかかるボルトは1本以上であればよい。
(4) フック掛けするボルトは、かぎ状に十分折り曲げてなくてはならない。

解説　固定ベースの重量は、設計荷重の1.5倍以上のものでなくてはいけません。ボルトの間隔は0.2 m 以上で、ボルト間に鉄筋がある場合は、0.15 m 以上とすることができます。引張力のかかるボルトは2本以上なくてはなりません。フック掛けするボルトは、かぎ状に十分折り曲げ、鉄筋又は鉄骨に針金等で緊結しなければなりません。

解答　問1－(3)

レッスン 6-5

避難器具用ハッチの固定方法

重要度

避難器具用ハッチの固定方法について解説します。

(1) 条件

避難器具用ハッチを埋め込む場合の床またはバルコニー等は、主に鉄筋コンクリート造または鉄骨鉄筋コンクリート造とされています。

(2) 固定方法

避難器具用ハッチの固定方法は鉄骨または鉄筋にボルト等を溶接し、またはフック掛けする工法のほか、同等以上の工法により固定します。

(3) 固定部材の強度 重要!

避難器具用ハッチの固定用のボルト、ブラケット及びフック等（以下「ブラケット等」といいます。）の強度は、次の式を満たすものとされています。

$F/N<S$

F：固定部に発生する応力（kN）

S：材料の許容せん断荷重（kN）

N：ブラケット等の数。ただし、$N \geqq 4$ であること。

ブラケットの位置は図1を確認してください。

(4) その他形状による条件

避難器具用ハッチの形状等により、取付方法に条件があります。

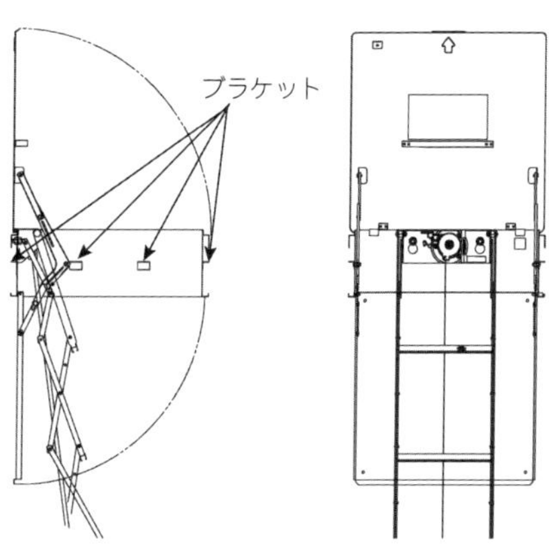

● 図1　ハッチの固定例 ●

● 表1　避難器具用ハッチの取付条件 ●

避難器具用ハッチの形状	取付条件		
外側にフランジを設けた避難器具用ハッチ	フランジの強度が、応力に耐えられるものであること		
アンカーにより建物本体に取り付ける構造のもの	丸棒を用いるもの	直径 9 mm 以上	固定箇所は4か所以上
	板加工をするもの	板厚 1.5 mm 以上	
フランジにより建物に取り付ける構造のもの	フランジの幅	5 cm 以上	
	フランジの板厚	1.2 mm 以上	

(5) 安全対策等

ボルト・ナットには、スプリングワッシャ、割ピン及びダブルナット等の緩み止めの措置が講じられ、使用者に損傷を与えるおそれのないよう設置されていなくてはなりません。

よく出る問題

問 1　［難易度 😊😐😣］

次のうち誤りはどれか。

(1) フランジにより建物に取り付ける構造のもののフランジの幅は 5 cm 以上である。

(2) ブラケットの強度は固定部に発生する応力をブラケットの数で割ったものであるが、ブラケットの数は 2 以上あればよい。

(3) ボルト・ナットには、スプリングワッシャ等の緩み止めの措置が講じられていなければならない。

(4) アンカーにより建物本体に取り付ける構造のもののアンカー部分の板加工の板厚は 1.5 mm 以上である。

解説　避難器具用ハッチの固定方法は、設置位置が床であるため、他の取付具の基準とは異なります。ブラケットの強度は固定部に発生する応力をブラケットの数で割ったもので、ブラケットの数は 4 以上なくてはなりません。

マメ知識 ➡➡➡ インサート工法と鋲打ち工法

従前にあった避難器具の取付工法として、インサート工法と鋲打ち工法があります。

●インサート工法

器具を取り付けるための部材をあらかじめ埋め込んでおいたり、器具そのものの脚部を埋め込んでしまう工法です。器具を取り付けるための部材がおねじであることと、器具の強度を数値的に計測することができないため、現在では使用されていません。

●鋲打ち工法

火薬式鋲打銃により鋲打込みする工法であり、打ち込まれた鋲で固定します。

鋲打銃については、銃刀法により公安委員会の所持許可が必要なことと、のちの強度の判定ができないため、現在では使用されていません。

解答　問 1 − (2)

レッスン 6-6 斜降式救助袋の固定環の取付け

斜降式救助袋の固定環の強度の基準と埋設方法も、ここで解説しておきます。

(1) 構造及び強度

固定具は図1のようにふたを設けた箱の内部に、容易に下部支持装置を引っかけることができる大きさの環又は横棒を設けたものであり、**環又は横棒は直径 16 mm 以上** 重要! とされています。材料はステンレス鋼棒（JIS G 4303）、又は同等以上の強度及び耐食性を有する材料、又は同等以上の強度及び耐食措置が講じられた材料です。降着面等に対し引張荷重に耐えられるよう十分に埋め込まれていることが大前提で、その他に表1の条件があります。

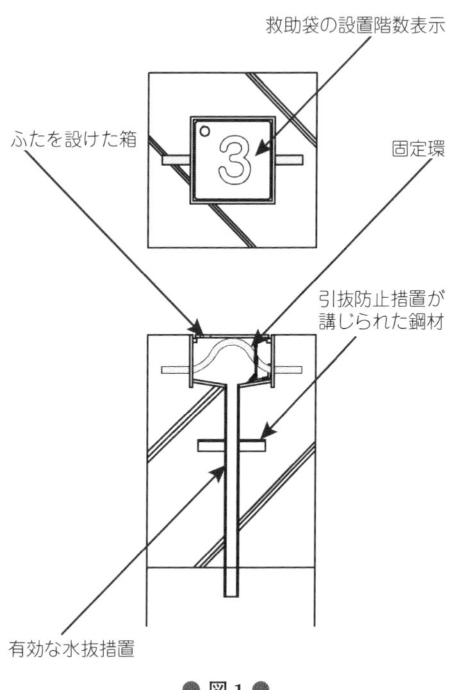

● 図1 ●

(2) 材質

ふた及び箱は、車両等の通行に伴う積載荷重に十分耐えられる強度を有し、材質はレッスン 6-1 の (1) で

● 表1　取付方法の基準 ●

固定環等が環である場合	引抜防止の措置が講じられた鋼材等に離脱しないよう取り付ける。
固定環等が横棒である場合	下部支持装置のフックを容易に引っかけることのできる横幅であり、その両端を 90° 鉛直方向に曲げる。
横棒を箱に固定する工法による場合	箱に引抜防止の措置をする。
ふた	使用時は容易に開放できる。
	紛失防止のため箱とチェーン等で接続する。
	表面に救助袋の設置階数を容易に消えない方法で表示する。
箱	内部の清掃が容易にできる大きさとする。
	有効な水抜措置を講じる。

解説した材料か、ねずみ鋳鉄品（JIS G 5501）、又は同等以上の耐食性を有するものとなります。

(3) 固定環等の降着面等への埋設場所

固定部から救助袋を緩みのないよう展張した場合、降着面等とおおむね35°となる、袋本体に片たるみを生じない位置で、避難空地内に埋設します。

通行の支障とならず、土砂等により埋没するおそれのない場所でなくてはなりません（図2）。

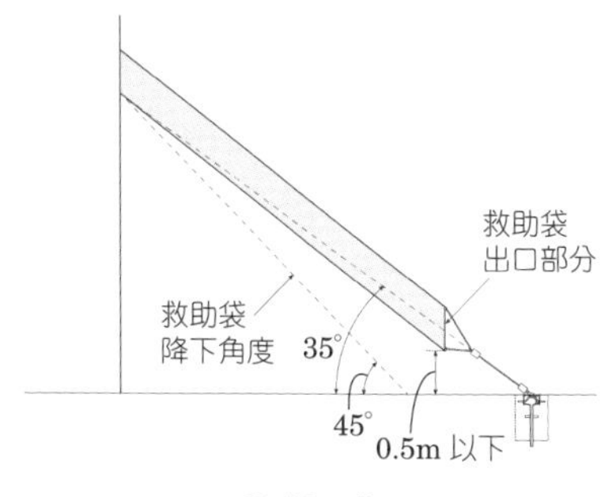

救助袋の降下角度は降着面に対しておおむね45°ですが、固定環は救助袋の出口より前方にあるため、固定部からの角度は35°前後となります。

● 図2 ●

マメ知識 ➡➡➡ 固定環の埋設工事

固定環の埋設工事自体は設備士工事ではありませんが、設置と同時に依頼されることがほとんどです。

よく出る問題

問 1 ［難易度 😊😐😞］

次のうち誤りはどれか。

(1) 固定環又は横棒は直径16 mm以上である。

(2) 固定環のふた及び箱の材質は、ねずみ鋳鉄品を使用してよい。

(3) 固定具の埋設場所は展張した場合、降着面等とおおむね45°となる位置に埋設する。

(4) 固定具は土砂等により埋没する恐れのない場所に埋設する。

解説 斜降式救助袋の固定環の埋設工事を設備士として行うことは多くないはずですが、出題されたときのためにおさらいをしておきましょう。固定環の埋設場所は降着面等とおおむね35度となる位置で、袋本体に片たるみを生じない位置になります。救助袋の降下角度と混同しないようにしましょう。

解答 問1－(3)

これは覚えておこう！

レッスン6の重要事項のまとめ

① **避難器具の取付け具**：鋼材の種類 JIS G 3101、JIS G 3444、JIS G 3466、JIS G 3525

② **許容応力度**：圧縮、引張り、曲げ、せん断

③ **ワイヤロープの許容引張応力**：切断荷重の 1/3

④ **鋼材**：溶接部分は強度が変わる。

⑤ **ボルト・ナット**：M 10 以上の JIS B 0205-1（一般用メートルねじ）、スプリングワッシャ、割ピン等の緩み止め、途中に継ぎ目がなく、増締めができる余裕のあるねじが切られているもの

⑥ **固定方法**：フック掛け工法、金属拡張アンカーによる工法、固定ベース工法、貫通工法

⑦ **金属拡張アンカー工法**：

a）**増締めのできるおねじ式でスリーブ打込み式**

b）**埋込深さとはスリーブの長さ**

c）**相互の間隔は埋込深さの 3.5 倍以上**

d）**へりあきは埋込深さの 2 倍以上**

e）**穿孔深さは呼び径による。**

⑧ **コンクリート設計基準強度**：基準とするコンクリートの圧縮強度　$F/N<P$　ただし $N \geqq 2$

⑨ **溶接工法**：引張力のかかるボルト等は 2 本以上

⑩ **貫通工法**：補強用の鋼材等は、厚さ 3.2 mm 以上で 0.1 m 角以上、ボルトの間隔は 0.2 m 以上、引張力のかかるボルト等は 2 本以上

⑪ **固定ベース工法**：設計荷重の 1.5 倍以上

⑫ **避難器具用ハッチの固定方法**：$F/N<S$　ただし $N \geqq 4$

⑬ **斜降式救助袋の固定環**：環又は横棒は直径 16 mm 以上

2 学期

実技試験対策

実技試験は、実際に機器を操作するわけではなく、写真やイラストをみて回答する鑑別試験と製図問題の2種類があります。甲種は鑑別試験5問と製図問題2問、乙種は鑑別試験のみ5問です。

消防設備士試験では、科目ごとの出題数の40%以上、全体の出題数の60%以上の正解率で合格となりますが、実技試験で60%の正解率を割り込むと不合格になります。実技試験は60%以上正解しなければ合格とならないので、難関といえます。

とはいえ、実技試験は筆記試験の内容の応用編であり、筆記試験で覚えた内容を理解しているかどうかを試されます。イラストや図面などをみて解答するわけですから、慣れも必要です。

1学期のどの部分の復習なのかをレッスンに書いておきましたので、照らし合わせながら考えてみてください。実技試験がきちんと理解できれば、合格は近くなります。

レッスン 1 写真鑑別

5類の写真鑑別は1学期のレッスン4、レッスン5、レッスン6から出題されます。器具の名称や操作面積・開口部・避難空地・降下空間の大きさなどの他に、使用する工具やアンカーボルトの名称なども出題されます。カタログをながめるような感覚で、一つひとつ覚えていくと解きやすいでしょう。

避難器具の部材名称や使用する工具の名称と施工手順を学習します。

●1-1「**避難器具の構造**」では避難はしご、緩降機、斜降式救助袋、垂直式救助袋、避難器具用ハッチの構造や部品の名称の復習です。写真を見ながらなのでそれほど難しくないでしょう。

名称を答える問題も多いですが、「その部品が何のためにあるのか」あるいは「作業している人のイラストを見て何をするところか」などの問題も出題されます。

1学期のレッスン4の図と表をよく見比べながら、各部品の名前と一緒に用途も覚えましょう。出題頻度が高いのは緩降機の部品名称の穴埋め、救助袋の砂袋などです。

●1-2「**避難器具の施工方法**」では実際の避難器具の取り付け方法を学びます。

取付けに当たってのチェックポイントでもある操作面積・開口部・避難空地・降下空間を確認して、自分で実際に施工していくような感覚で読み進んでください。また施工方法についても確認しておきましょう。

アンカーの墨出し、穴を開けるなどの施工を写真で解説しています。

アンカーボルトのピッチなどの寸法問題もここで出題されます。

●1-3「**試験・整備の方法**」では施工後の試験と点検に関する解説をしていきます。

施工後は消防用設備等（特殊消防用設備等）設置届出書を出して消防機

関の検査を受検するわけですが、そのときに消防機関が確認する事項が条件を満たしているかを確認します。

また、そのときに使用する工具なども一緒に覚えておきます。工事に使用する工具の名称を問われる設問もあります。その工具を使用する目的等も同時に出題されるので必ずセットにして覚えておきましょう。

施工後の荷重試験に関する問題も出題されることがあります。

点検については使用する工具と、その目的を整理しておきましょう。点検の手順も並べ替え問題のように出題されます。

避難器具の総合点検には降下試験が含まれます。降下試験は点検者の身体を使って、安全に降下できるかどうかを確認する試験です。誤った手順や不良箇所の見落とし等があった場合、降下試験を行うと、点検者自身が負傷する等の事故が起きるおそれがあります。点検手順と内容を整理したうえで理解し、作業を行わなくてはなりません。このテキストの解説ページにある表を一つ一つチェックして、ポイントを押さえるようにしてください。

レッスン 1-1

避難器具の構造

重要度 ///

避難器具の種類・構造について再確認しましょう。

(1) 金属製避難はしごの種類

1学期レッスン 4-2 の復習です。

① 固定はしご

② 立てかけはしご

③ つり下げはしご

つり下げはしごにはハッチ用つり下げはしごが含まれます。

(2) つり下げはしごの構造

1学期レッスン 4-3 の復習です。つり下げはしごの例を図 1～2 に示します。

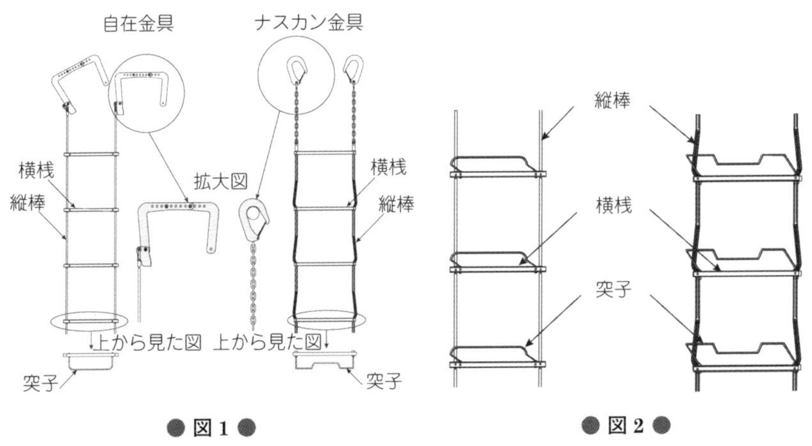

● 図 1 ●

● 図 2 ●

以下は、つり下げはしごの構造のポイントです。

① 10 cm 以上の突子を設ける。

② 縦棒の先端には丸カン、フック等の容易に外れないフック等のつり下げ金具を設ける。

(3) 緩降機の構造

1学期レッスン 4-5 の復習です。緩降機の例を図 3 に示します。

以下は緩降機の構造のポイントです。

① 調速器（本体）: 避難者の自重による降下速度を毎秒 16～150 cm に制限する装置。

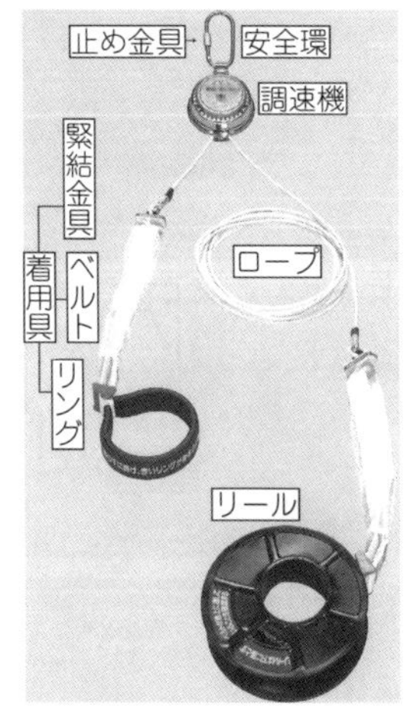

● 図３ ●

② 安全環（カラビナ）：ワンタッチ式で取付具のフックに掛けることができ、リングネジ等で外れないように工夫された金具

③ ロープ：直径は 10 mm 前後で、中心部分はワイヤロープが入っており、外周は綿糸等で被覆されている。ロープの長さは 1 m 単位

④ 着用具：体に装着するベルト状のもの。周長は 60～160 cm まで自在に調整できるようになっている。

⑤ リール：ロープを巻き取ってある樹脂製で円筒状のもの。

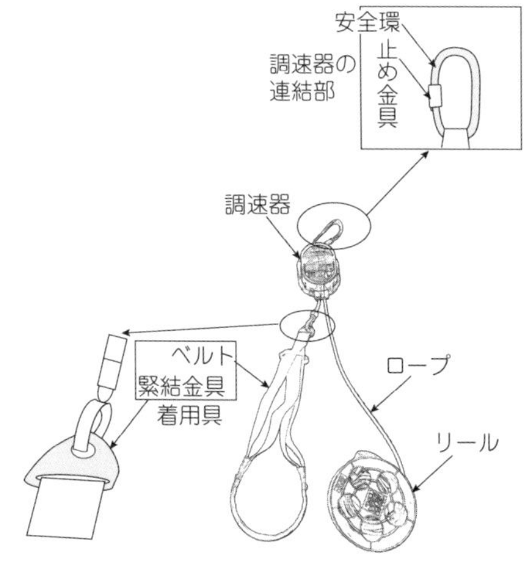

● 図４ ●

(4) 救助袋の構造

1学期レッスン 4-6 の復習です。

① 垂直式救助袋

垂直式救助袋の例を図5に、その構造を図6に示します。

● 図5 ●

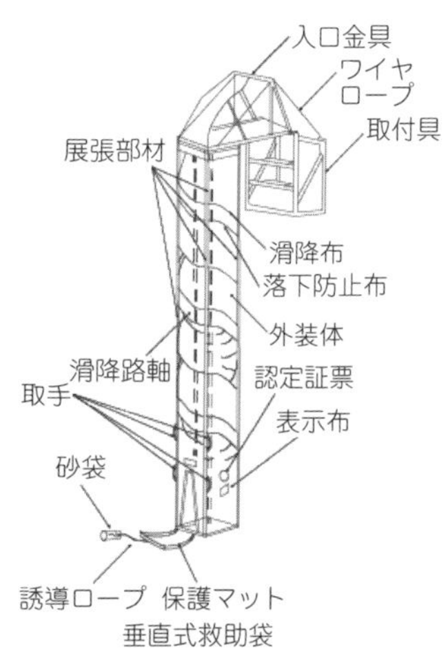

● 図6 ●

② 斜降式救助袋

斜降式救助袋の例を図７に、その構造を図８に示します。

● 図７ ●

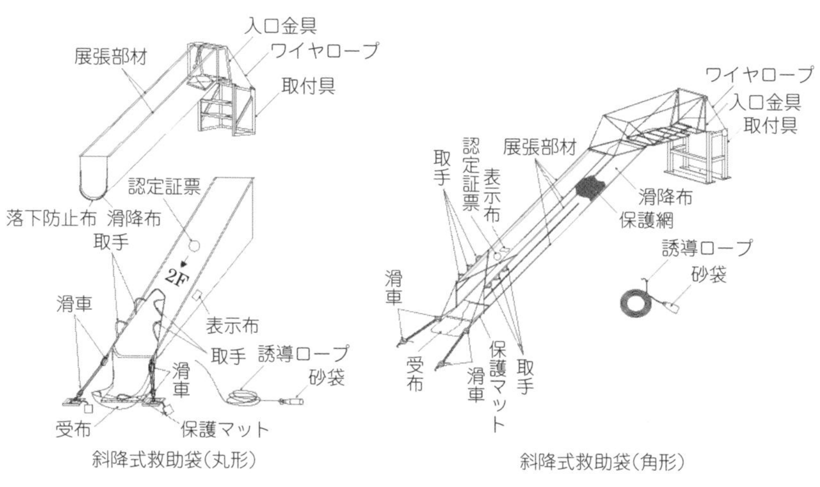

● 図８ ●

救助袋の付属品にワイヤロープがあります。ワイヤロープを使用して入口金具を水平に保ちます（表1、図9～11）。

● 表1 ●

部　材	名　称	使用目的及び使用方法
	ワイヤロープ	救助袋の入口金具が水平になるように保つ。
	シャックル	ワイヤロープと取付け具、入口金具を連結する。
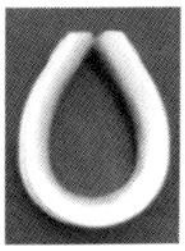	シンプル	ワイヤロープの輪の中に使用する。ワイヤの損傷を防ぐ。

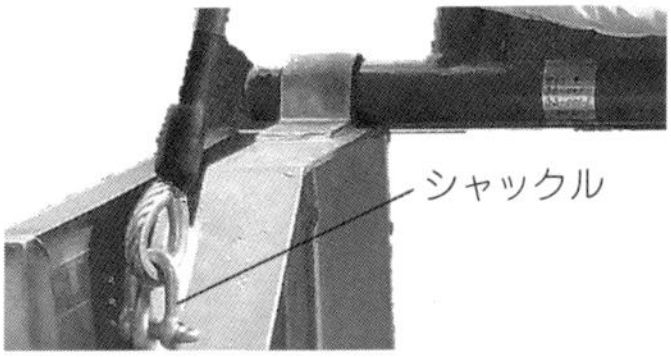

シャックル

● 図10 ●

● 図9 ●

● 図11 ●

1学期 ↓ 筆記試験対策
2学期 ↓ 実技試験対策
3学期 ↓ 模擬試験

(5) 避難器具用ハッチの構造

避難器具用ハッチの例を図 12 に、その構造を図 13 に示します。

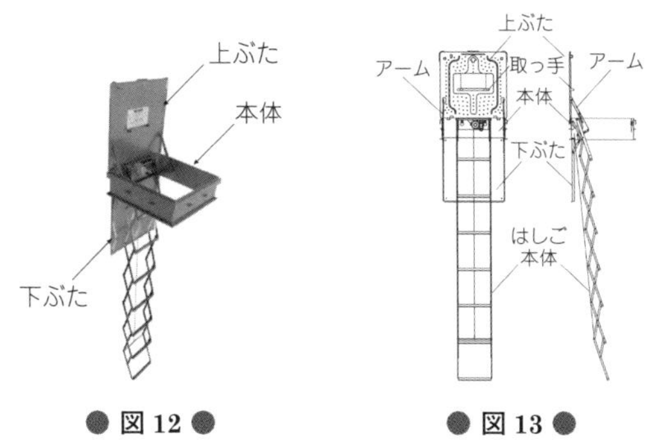

● 図 12 ●　　● 図 13 ●

よく出る問題

問 1　［難易度 😊😐😟］

次の（1)〜(3）の問いに図を見て答えよ。

(1) 認定証票の位置はどこか。記号で答えよ。

(2) アの名称と役割を答えよ。

(3) エはオを水平に保っているがエに使用されている部材の名称を二つ答えよ。

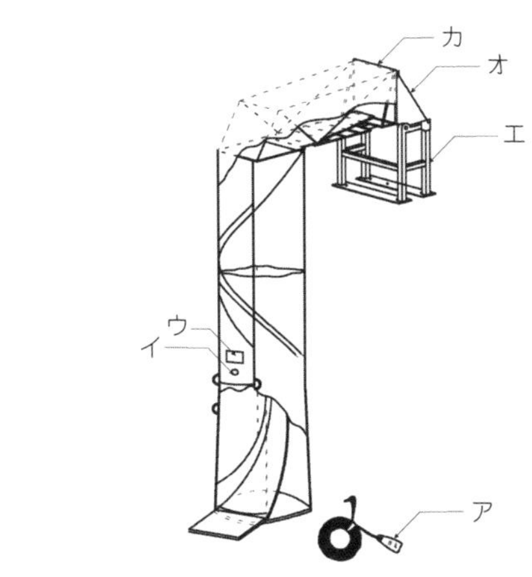

解答 (1) − ウ　　(2) − 名称：砂袋、役割：誘導ロープのおもり

(3) − シャックル、シンブル

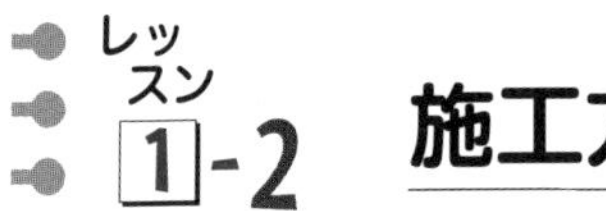

施工方法

施工に使用する工具を表１にまとめます。

●表１●

工　具	名　称	使用目的および使用方法
	巻尺	避難器具の必要寸法など（窓下より地盤面まで等）を測る
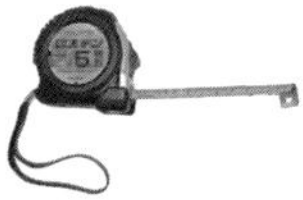	メジャー	開口部等の寸法を測る
	曲尺（かねじゃく）	穿孔穴の深さなどの採寸・直角など墨出しをする
	水平器	金具の取付けにあたり水平、垂直などを確認する
	ハンマードリル	穴開け用の電動工具
	ドリルビット	コンクリートに穴をあける
	スポイト	穿孔穴の切り粉の清掃を行う（よく清掃しないとゆるみなどの原因になる＝クッション効果）
	ハンマー	打込み棒を使用し、金属拡張アンカーを打込みするのに使用
	打込み棒	金属拡張アンカー工法でスリーブを打ち込む
	金属拡張アンカー	コンクリート部分に金具などを取り付ける
	スパナ	アンカーのナットを締付ける
	トルクレンチ	金属拡張アンカーの締付けトルクを測定する、増し締めを行う
	ハクソー	金属パイプ等を切断する
	ノギス	細かい部分の採寸、パイプの内寸・外寸の採寸に使用
	ダイス	ボルトのネジ山を修復する、丸鋼などにネジを切る

工　具	名称	使用目的および使用方法
	タップ	ナットのネジ山を修復する、平板などの下穴にネジを切る
	リーマ	下穴を拡張する、金属に穴を空けたときの返り（バリ）を取る
	ストップウオッチ	降下速度を測定する
	ルーペ	救助袋の用布の状態などを確認する

避難器具の施工手順を見ていきましょう。

(1) 設置位置の確認

① 開口部の状況を確認します。一学期レッスン 4-2 の復習です。

・避難はしご・緩降機（図 1）

器具を設置した状態で開口部の有効寸法が確保できているか、確認しましょう。

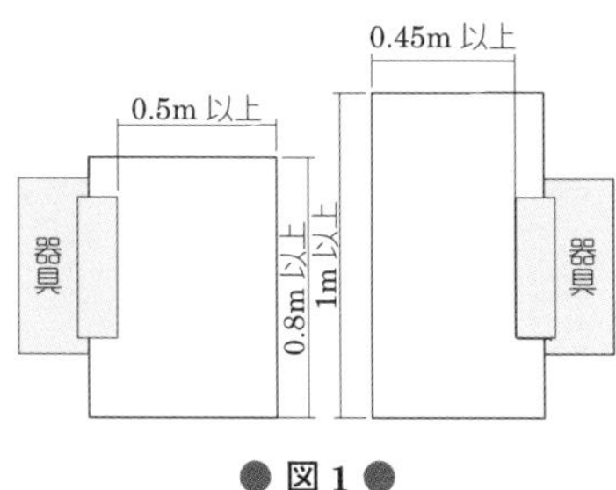

● 図 1 ●

・救助袋（図 2）

開口部の有効寸法が確保できていて、なおかつ展張状態が確認できるか、または確認できる開口部が他にあるか確認しましょう。

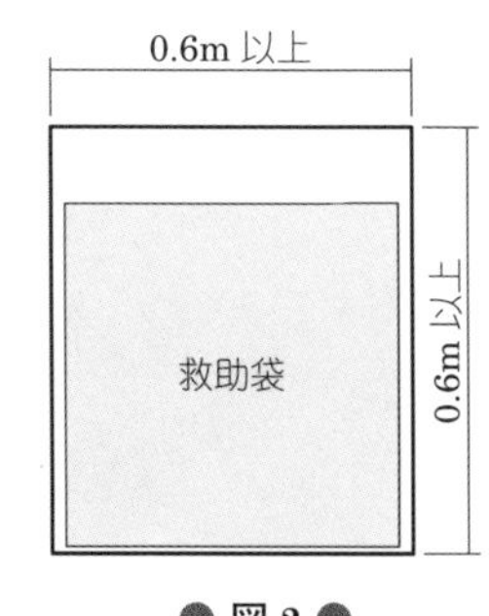

● 図 2 ●

② 降下空間・避難空地の状況

1 学期レッスン 5-4、5-5、5-6 の復習です。

・避難はしご・緩降機

器具を設置した状態で降下空間、避難空地の有効寸法が確保できているか、確認しましょう。緩降機の設置基準を図3・図4・図5に示します。避難はしごについてはp. 98、p. 99を参照してください。

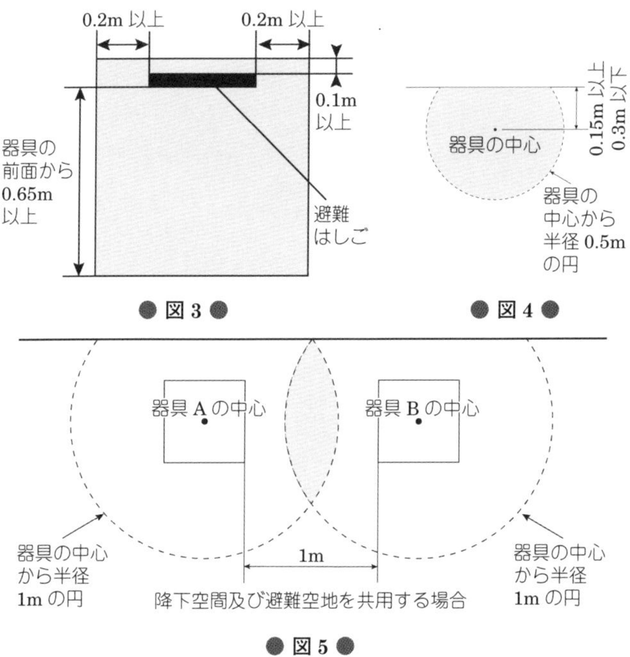

● 図3 ●

● 図4 ●

● 図5 ●

・救助袋

斜降式救助袋は図6の降下空間、避難空地の有効寸法が確保されているか確認しましょう。

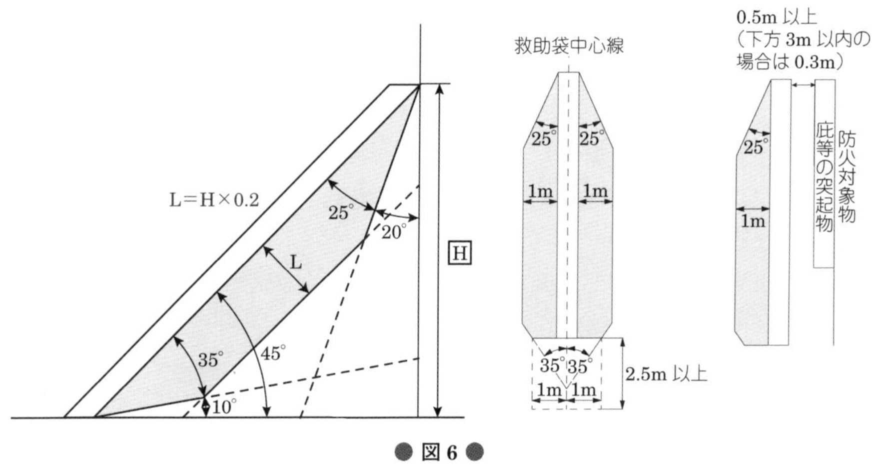

● 図6 ●

垂直式救助袋は図７・図８の降下空間、避難空地の有効寸法が確保できているか、確認しましょう。

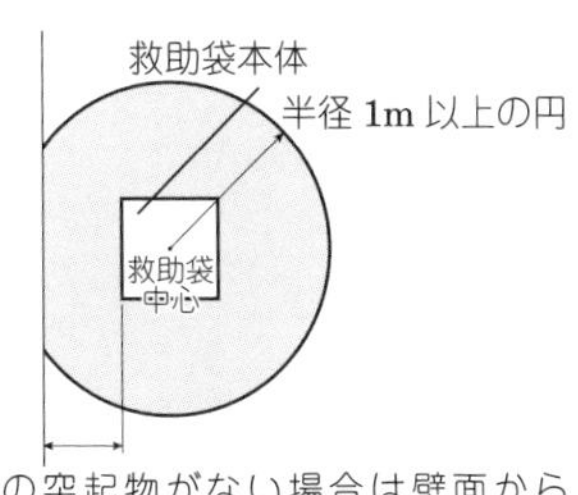

●図７●

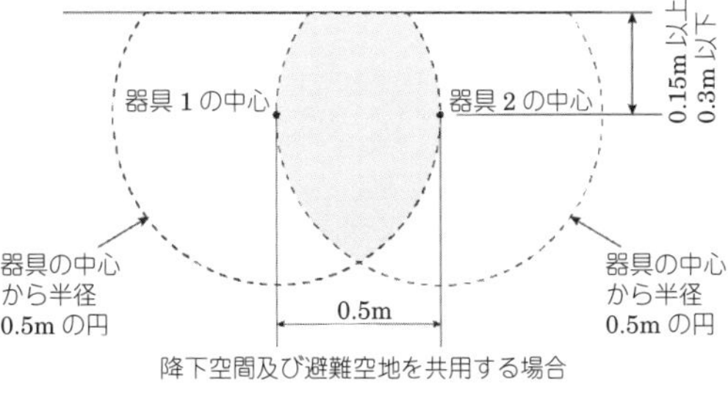

●図８●

(2)　位置決め

支障なく使用できる位置➡操作面積を確認し、開口部等に対して、器具を支障なく操作できる位置に取付具の位置を微調整します。

アンカーボルトの墨出し➡取付具にあるアンカーの固定位置をマーキングして、さらに位置を微調整します。

アンカーボルトのピッチ（図９）➡アンカーボルトのピッチを確認します。

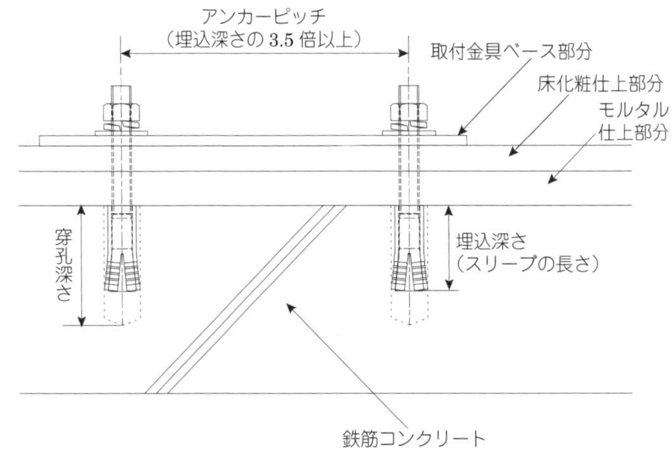

●図９●

(3) 穿孔（穴開け）

規定の深さに穿孔します（図10）。切り粉はブロワやスポイト等で除去します。切り粉があるとクッション作用を起こし、金属拡張アンカーの固定に障害が出ます。

(4) 深さの確認

穿孔深さを確認します（図11）。最初から深く開けると修正できないので注意が必要です。

● 図10 ●

● 図11 ●

(5) アンカーボルトの打込み

ハンマーなどを使用してアンカーボルトを打ち込みます（図12）。

(6) 器具の据付け

器具を据付けます（図13）。

● 図12 ●

● 図13 ●

よく出る問題

問 1 ［難易度 😊😐😣］

図を見て（1）〜（3）の問いに答えよ。

(1) このアンカーの条件を答えよ。

(2) M12 のアンカーとしてア、イ、ウの数値を答えよ。

(3) 床が軽量コンクリートの場合、この工法は使用できるか。また使用できない場合の他の工法を答えよ。

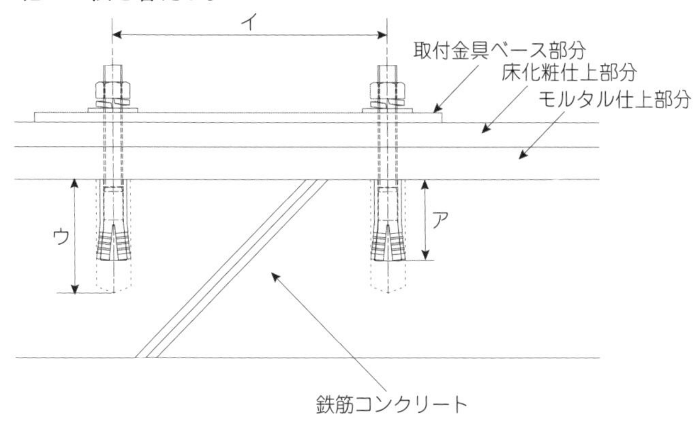

解説 1学期レッスン5-3の復習です。使用できるアンカーや埋込深さと間隔・穿孔深さ等を整理しておきましょう。

解答 (1) − 増し締めのできるおねじ式でスリーブ打ち込み式

(2) − ア：50 mm、イ：175 mm 以上、ウ：70 mm 以上

(3) − 使用できない。貫通工法

レッスン 1-3 試験・整備の方法

取付具の設置が完了したら、強度の確認などが必要です。

(1) 設置の確認と試験結果

① 試験項目

（a）外観試験（表1）

目視により点検する項目です。

●表1 外観試験●

試験項目	試験方法	合否の判定基準
設置場所等	目視により確認する。	a 階段、避難口、その他の避難施設の関連において、適切な位置にあること。 b 容易に接近でき、かつ、避難器具を使用するのに支障のない空間を有している安全な構造の開口部に設けてあること。 c 他の階に設置された避難器具とは、相互に支障のない位置であること。 d 地上、その他の着地点に至るまでの空間に避難上支障となるものがないこと。 e 避難器具の着地点付近は、着地に支障のない十分な広さの空間が確保されており、安全な道路又は広場に通じていること。
構造・性能	目視により確認する。	a 器具本体は、変形、損傷、発錆、腐食等がないものであること。 b 金属製避難はしご又は緩降機にあっては、検定品であること。 c 上記以外の器具にあっては、消防庁長官が定める基準に適合するものであること、又は総務大臣又は消防庁長官が指定する指定認定機関の認定を受け、その表示が貼付されているか若しくは評定に合格した旨の表示が付されていること。 d 避難はしご、緩降機又は避難ロープは、防火対象物の設置階に応じた必要な長さを有していること。 e 避難橋は、十分なかかり長さを有すること。 f 垂直式救助袋のカプセル部分の地上からの高さは、器具の種類及び長さに応じたものであること。 g 斜降式の救助袋は、展張した時、水平面に対して、おおむね45°になる長さを有し、かつ、着地点に所定の固定かんを有するものであること。
取付け部	目視により確認する。	柱、床、はり、その他構造上堅固な部分又は堅固に補強された部分であること。
取付け具	目視により確認する。	a 構造耐力上支障のある亀裂、ねじれ、曲がり等がないこと。 b 接合部分に用いるナットは、緩み及び緩むおそれのないものであること。 c 防錆、防食等の措置が施されていること。 d 使用者に危害を与えるおそれのあるバリ等がないこと。
固定部材	目視により確認する。	a アンカーボルト等の固定部材は、建築物の取付部分の構造に適したものであり、堅固に取り付けられていること。 b 固定ベース（取付け具を固定するコンクリート製等のおもりをいう。）を設けるものにあっては、避難器具に応じた寸法、形状及び重量のものであること。
格納	目視により確認する。	a 常時容易に使用できる状態であること。 b 設置場所に応じた格納方法であり、器具に応じて通風性が確保されていること。 c 繊維を使用する器具にあっては、床に直接ふれていなく、雨水、ねずみ等の進入のおそれがないこと。
標識	目視により確認する。	避難器具である旨の標識及びその使用方法を明示した標識が、避難器具の近くの見やすい位置に設けてあること。

（b）機能試験（表2）

試験用器具などを使って点検する項目です。

表2　機能試験

試験項目	試験方法	合否の判定基準
荷重試験 ※「避難器具の基準」（昭和53年消防庁告示第1号）に適合しているものとして、総務大臣又は消防庁長官が指定する指定認定機関の認定を受け、その表示が貼付されている救助袋にあっては、省略することができる。	取付け具の腕（片持状となっている部分）の長さが2m以上（その他特殊な方法で取り付けるものにあっては、2m未満のものを含む。）のものについて、次の方法により荷重を加えて、取付け具及び取付部分の状況について確認する。 ①取付け具に加える荷重は、取付け具と避難器具との連結部分に対して鉛直方向に加えるものとする。ただし、斜降式の救助袋にあっては降下方向に荷重を加えるものとする。 ②荷重の大きさは、救助袋にあっては300kg以上、緩降機（多人数用以外のもの）にあっては195kg以上、その他のものにあってはそれぞれに対応する大きさとする。	a　取付け具の取付部分に亀裂、取付ボルトの損傷、引抜け等が生じないこと。 b　取付け具に破断、亀裂、耐力上支障のあるたわみ等が生じないこと。 c　取付け具の構造上重要な部分に使用されているロープ、ワイヤーロープ等に耐力上支障のあるたわみが生じないこと
引抜き強度試験	固定部材にアンカーボルト等を使用するものにあっては、当該アンカーボルト等の引抜きに対する耐力をアンカーボルト等の引抜き力を測定することのできる器具等を用いて、当該アンカーボルト等に、設計引抜荷重に相当する試験荷重（アンカーボルト等1本当たりの荷重）を加えて確認する。 なお、引抜き力を測定することのできる器具等として、トルクレンチを用いる場合における締付けトルクと引抜き力（試験荷重）の関係は、次のとおりである。 $T = 0.24DN$ T：締付トルク〔N（kgf）・cm〕、D：ボルト径〔cm〕、N：引抜き力（試験荷重）〔N（kgf）〕。	アンカーボルト等の取付部分に亀裂、ボルト等の損傷、引抜き等が生じないこと。

アンカーボルトの締付けトルクはトルクレンチの目盛りを読み取ります（図1）。締付けトルクを表3に示します（表3）。

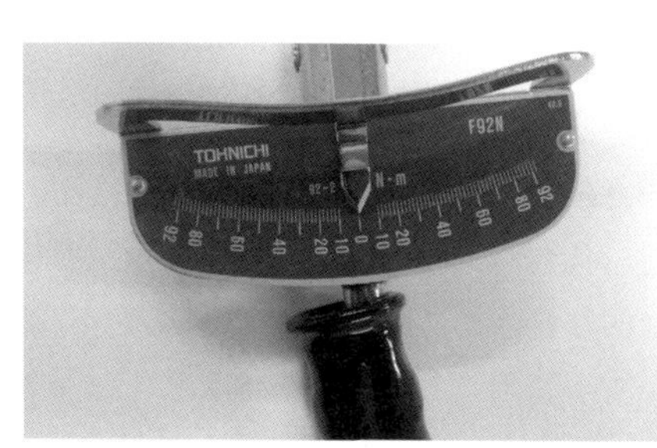

図1

● 表3　アンカーボルトの締付けトルク ●

アンカーねじの呼び	締付強度（トルク値）〔N・cm〕
M10 × 1.5	1 500〜2 500
M12 × 1.75	3 000〜4 500
M16 × 2	6 000〜8 500

②　試験結果報告書

消防用設備等（特殊消防用設備等）設置届出書には、消防用設備等試験結果報告書（図2）に試験結果を記入して添付します。試験結果の項目を一つひとつ確認して記入しましょう。

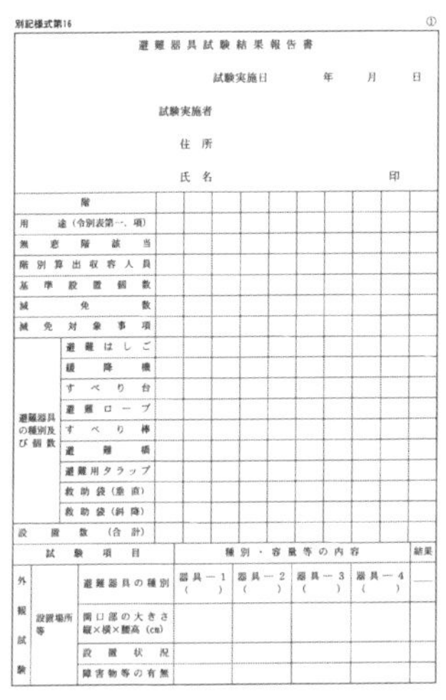

別記様式第16　①

避難器具試験結果報告書

試験実施日　年　月　日

試験実施者

住所

氏名　印

階											
用途（令別表第一　項）											
無窓階該当											
階別算出収容人員											
基準設置個数											
減免数											
減免対象事項											
避難器具の種別及び個数	避難はしご										
	緩降機										
	すべり台										
	避難ロープ										
	すべり棒										
	避難橋										
	避難用タラップ										
	救助袋（垂直）										
	救助袋（斜降）										
設置数（合計）											

試験項目			種別・容量等の内容				結果
外観試験	設置場所等	避難器具の種別	器具－1（　）	器具－2（　）	器具－3（　）	器具－4（　）	―
		開口部の大きさ 縦×横×腰高（cm）					
		設置状況					
		障害物等の有無					

避難器具　②

試験項目			種別・容量等の内容				結果
外観試験	設置場所等	降下空間の確保					
		着地点の状況					
	構造・性能						
	取付部						
	取付具						
	固定部材						
	格納						
	標識						
機能試験	荷重試験	器具名（　）	荷重の大きさ　kN				
		器具名（　）	荷重の大きさ　kN				
	引抜強度試験	器具－1（　）	設計引抜荷重　kN 試験荷重　kN				
		器具－2（　）	設計引抜荷重　kN 試験荷重　kN				
		器具－3（　）	設計引抜荷重　kN 試験荷重　kN				
		器具－4（　）	設計引抜荷重　kN 試験荷重　kN				
備考							

備考1　この用紙の大きさは、日本工業規格A4とすること。
2　性能試験の欄の（　）書きについては、避難器具の種別を記入すること。
3　結果の欄には、良否を記入すること。

● 図2 ●

(2)　点検

点検には機器点検と総合点検があり、機器点検は6か月に1回、外観又は簡易な操作により確認し、総合点検は1年に1回、全部又は一部を作動させ、総合的な機能を確認します（1学期レッスン1-14の復習）。

①　使用する道具を表3に示します。

また、アンカーボルトの締付けトルクをトルクレンチによって確認しますが、締付強度（トルク値）を表4に示します。

● 表4 ●

	名　称	使用目的及び使用方法
	巻尺	避難器具の必要寸法など（窓下より地上）を測る
	メジャー	各種寸法を測る
	トルクレンチ	アンカーのナットの締付けトルクの測定に使用
	ストップウォッチ	降下速度の測定に使用
	ルーペ	救助袋の用布の状態などを確認するのに使用

② 点検の内容

総合点検には降下試験が含まれます。機器点検を確実に行い、総合点検に臨むことが重要です（表5）。

降下試験については操作方法の例を表6にまとめました。なお、斜降式救助袋は、6番目の動作の前に地上固定が完了しているかの確認が必要です。点検が終わったら、格納しましょう。格納方法は表7にまとめました。

●表5　機器点検●

機器点検	(1)	周囲の状況	ア	設置場所					避難に際し容易に接近できること。
			イ	操作面積等					付近に当該器具の操作上支障となるものがなく、必要な面積が確保されていること。
			ウ	開口部（器具が取り付けられるものに限る。）					容易に、かつ、安全に開放でき、必要な面積が確保されていること。
			エ	降下空間					降下上障害となるものがなく、必要な広さが確保されていること。
			オ	避難空地					避難上障害となるものがなく、必要な広さが確保されていること。
	(2)	標識							適正に設けられていること。
	(3)	器具本体	ア	避難はしご	（ア）	縦棒			変形、損傷、腐食等がないこと。
					（イ）	横桟			変形、損傷、腐食等がなく、踏み面のすべり止めに異常がないこと。
					（ウ）	突子			変形、損傷、腐食等がないこと。
					（エ）	結合部等			変形、損傷、割れ、腐食、緩み等がなく堅固に結合されていること。
					（オ）	可動部	a	外形	変形、損傷、腐食等がないこと。
							b	機能	正常であること。
					（カ）	つり下げ金具			変形、損傷、腐食等がないこと。
			イ	緩降機	（ア）	調速器	a	外形	変形、損傷、腐食等がないこと。
							b	機能	正常であること。
					（イ）	調速器の連結部			変形、損傷、腐食等がないこと。
					（ウ）	ロープ			損傷、腐食、著しい磨耗等がないこと。
					（エ）	着用具			変形、損傷、腐食、著しい磨耗等がないこと。
					（オ）	ロープと着用具の緊結部			損傷、腐食、緩み等がなく、堅固に結合されていること。
			ウ	すべり台	（ア）	底板及び側板			表面が平滑で、滑降に支障となる段差、隙間等がなく、かつ、変形、損傷、腐食等がないこと。
					（イ）	すべり面の勾配			適正であること。
					（ウ）	手すり			変形、損傷、腐食等がないこと。
			エ	すべり棒					表面が平滑で、変形、損傷、腐食等がないこと。
			オ	避難ロープ	（ア）	ロープ本体			変形、損傷、ほつれ、腐食、著しい磨耗等がないこと。
					（イ）	結合部			緊結されていること。
					（ウ）	つり下げ金具			変形、損傷、腐食等がないこと。
			カ	避難橋	（ア）	床板、手すり等			変形、損傷、腐食等がなく、勾配を有する床板にあっては、すべり止めに著しい磨耗等がないこと。
					（イ）	接合部			亀裂、変形、損傷等がないこと。
					（ウ）	可動部	a	外形	変形、損傷、腐食等がないこと。
							b	機能	正常であること。
			キ	避難用タラップ	（ア）	踏み板、手すり等			変形、損傷、腐食等がなく、踏み板のすべり止めに著しい磨耗等がないこと。
					（イ）	接合部			亀裂、変形、損傷等がないこと。
					（ウ）	可動部	a	外形	変形、損傷、腐食等がないこと。
							b	機能	正常であること。
			ク	救助袋	（ア）	本体布及び展張部材			損傷、ほつれ、腐食、著しい磨耗等がないこと。
					（イ）	縫い合せ部			損傷、緩み、腐食、著しい磨耗等がないこと。
					（ウ）	保護装置（斜降式の救助袋に限る。）			損傷、腐食、著しい磨耗等がないこと。

<table>
<tr><td rowspan="12">機器点検</td><td rowspan="3">(3)</td><td rowspan="3">器具本体</td><td rowspan="3">ク</td><td rowspan="3">救助袋</td><td>(エ)</td><td>結合部</td><td colspan="3">損傷、腐食、緩み等がなく、本体と取付具が緊結されていること。</td></tr>
<tr><td rowspan="2">(オ)</td><td rowspan="2">可動部</td><td>a</td><td>外形</td><td>変形、損傷、腐食等がないこと。</td></tr>
<tr><td>b</td><td>機能</td><td>正常であること。</td></tr>
<tr><td rowspan="7">(4)</td><td rowspan="7">取付け具及び支持部</td><td>ア</td><td>取付具</td><td colspan="5">変形、損傷、腐食、ねじれ、曲がり、接合部の緩み等がなく、支持部に適正に取り付けられていること。</td></tr>
<tr><td>イ</td><td>可動部</td><td colspan="5">円滑に可動すること。</td></tr>
<tr><td>ウ</td><td>支持部</td><td colspan="5">亀裂、変形、損傷、腐食等がないこと。</td></tr>
<tr><td>エ</td><td>固定環（斜降式の救助袋に限る。）</td><td colspan="5">土砂の堆積等がなく、かつ、保護蓋が容易に開放できること。</td></tr>
<tr><td rowspan="3">オ</td><td rowspan="3">避難器具用ハッチ
避難用ハッチ</td><td>(ア)</td><td>上蓋</td><td colspan="3">開閉操作が容易にできること。</td></tr>
<tr><td>(イ)</td><td>下蓋</td><td colspan="3">開閉操作が容易にでき、かつ、雨水等が溜まらない措置が講じられていること。</td></tr>
<tr><td>(ウ)</td><td>使用方法の表示</td><td colspan="3">適正であること。</td></tr>
<tr><td rowspan="2">(5)</td><td rowspan="2">格納状況</td><td>ア</td><td>格納箱</td><td colspan="5">変形、損傷、著しい腐食及び水の浸入等がなく、器具本体の腐食等を防止する措置が適正に講じられていること。</td></tr>
<tr><td>イ</td><td>格納状況</td><td colspan="5">容易に使用できる状態で格納されていること。</td></tr>
<tr><td rowspan="3">総合点検</td><td>(1)</td><td colspan="3">器具の取付け等</td><td colspan="5">開口部の開放、器具の取付け等が適正に行うことができること。</td></tr>
<tr><td>(2)</td><td colspan="3">降下</td><td colspan="5">器具に応じた降下が適正に行うことができること。</td></tr>
<tr><td>(3)</td><td colspan="3">格納</td><td colspan="5">避難器具に応じた格納が適正に行うことができること。</td></tr>
</table>

表６　降下試験時の操作方法

	垂直式救助袋の操作方法例	緩降機の操作方法例
1	救助袋が取り付けてある開口部の窓を完全に開放する。	緩降機が取り付けてある開口部の窓を完全に開放する。
2	格納箱を取りはずす。	格納箱を取り外し、取付金具をセットする。
3	格納バンドを引き、誘導綱(砂袋)を投げる。	安全環（本器）を取付金具に取り付け、止め金具を締める。
4	袋本体を先端から徐々に地上に降ろす。	リールを外に投げ落とす。
5	入口金具を回転させ、内部より伸長させ、全体が正常に伸長されているか、確認する。	着用具を装着し、二本のロープを握って外部に出る。
6	降下する。	降下姿勢をとり、ロープを放して降下する。

● 表7　格納方法 ●

	垂直式救助袋の格納方法例	緩降機の格納方法例	金属製避難ハシゴの格納方法例
1	救助袋本体を引き上げる。	緩降機本器のロープを引き上げる。	ハシゴを取付部から外しロープなどで地盤面に下ろす。
2	入口金具をたたみ、回転させて取付具の中に収納する。	取付金具から本器を外す。	縦棒をきれいにたたむ。
3	救助袋本体をきれいにたたみ、収納していく。	長いほうのロープの着用具をリールに装着し、リールを回してロープを巻き取っていく。	格納バンドでまとめる。
4	格納バンドでまとめる。	本器を格納箱に収納する。	ハシゴ本体を設置階に戻す。
5	格納箱を閉じる。	取付金具を収納し、格納箱を閉じる。	格納箱に収納する。

ハシゴや救助袋は、折りたたんだあとに器具が格納箱の中で崩れないように格納バンド（図3）がついています。

器具が崩れたまま格納されていると、使用するときに正しく使用できない可能性が高くなります。器具を正しく折りたたんでから、格納箱に収納しましょう。

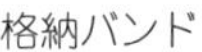

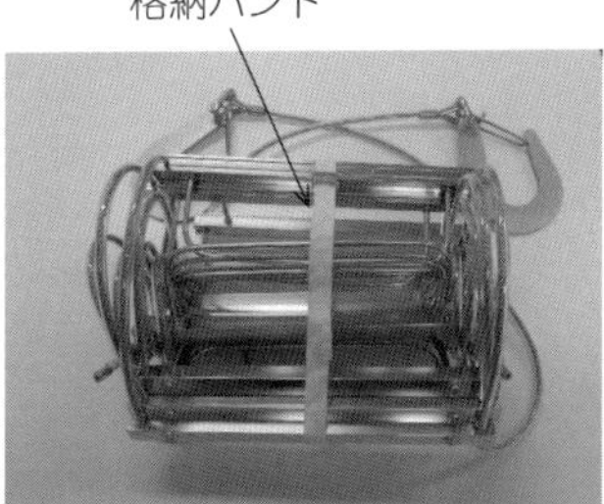

● 図3 ●

マメ知識 ➡➡➡ トルクレンチ

レッスンでは、ダイヤル式のトルクレンチを解説していますが、現在はプリセット型トルクレンチも増えてきました。プリセット型は指定した数値で「カチッ」と音がするので、確認が手軽にできる利点がありますが、よくあるダブルチェック（「カチカチ」と二度確認する動作）はやめたほうがいいようです。１度目の「カチ」で本来の設定のトルクになりますが、もう一度「カチ」とやると設定のトルクから大きくずれてしまいます。設定から大きくずれるようではトルクレンチを使う意味がなくなります。また、プリセット型トルクレンチはヘッドがラチェットタイプの物が多く、締め側と緩め側、両方に回すことが可能ですが、緩め側に回して使うと不具合が起こることがあり、本体の精度が大きく落ちることがあります。トルクレンチは定期的に校正し、調整·修理を行うようにしましょう。

よく出る問題

問 1　[難易度 😊😐😞]

次の表をみて（1）～（3）の問いに答えよ

（1）アは何をするときに使用するか答えよ。

（2）イは何をするときに使用するか答えよ。

（3）イを使用して点検する器具を二つ答えよ。

道　具	名　称	使用目的及び使用方法
	巻尺	避難器具の必要寸法など（窓下より地上）を測る
	メジャー	各種寸法を測る
	トルクレンチ	ア
	ストップウォッチ	イ
	ルーペ	救助袋の用布の状態などを確認するのに使用

解答　（1）－アンカーのナット締付けトルクの確認

（2）－降下速度の測定　　（3）緩降機・救助袋

これは覚えておこう！

レッスン１の重要事項のまとめ

① **部材名称**

a）避難はしご：突子、つり下げ金具

b）緩降機：本体（調速器）、安全環（カラビナ）、ロープ、着用具、リール

c）救助袋：入口金具、袋本体、緩衝装置、取手及び下部支持装置等

d）ワイヤロープ：シャックル、シンブル

e）避難器具用ハッチ：本体、ふた、取付金具、結合金具

② **使用工具**：巻尺、メジャー、曲尺、ハンマードリル、スポイト、水平器、打込み棒、金属拡張アンカー、スパナ、ドリルビット、トルクレンチ、ハンマー、ハクソー、ノギス、ダイス、ストップウォッチ、ルーペ

③ **消防検査**

a）荷重試験、引抜強度試験、トルクレンチによる締付け確認

b）トルク値と引抜き荷重　$T = 0.24DN$

④ **施工手順**：設置位置の確認→位置決め（アンカー墨出し）→穿孔→アンカーの打込み→器具の据付け→締付けの確認

⑤ **点検**：手順の確認

a）総合点検：確実な機器点検のあとで行う

b）収納：器具に応じた格納→使用時に支障がないような格納

学習法のヒント！

写真やイラストの問題は名称を問うものが多いので、まず全体を見て形状などを確認し、イメージを作ってしまいましょう。

レッスン 2 製図

実技の最後は製図です。

製図の問題は、図面を見てどこに避難器具を設置するかを問う問題が主で、そこには用途や収容人員、面積などの条件があります。近年は特定用途の判別や特定一階段等防火対象物の判定などが出題されます。

１学期のレッスン２で解説した用途や収容人員の計算方法をしっかり確認して、まず計算してみましょう。

収容人員が決まれば、避難器具の台数が決まります。そして、各種の条件に基づいて設置位置を決めます。

ここまでがよく出題される問題です。例題を見て、自分で数値や条件を変えてみてもいいかもしれませんね。慣れることが一番の早道、頑張ってください。

- 2-1「**固定ベースの考え方**」では、モーメントの考え方を正確に理解します。1学期レッスン6を見ながら落ち着いて考えましょう。計算はそれほど複雑ではないので、手計算で十分対応可能です。
- 2-2「**収容人員の算出**」は1学期レッスン２の収容人員の計算が頭に入っていれば、問題なく理解できるはずです。複合用途の場合は計算がやや面倒ですが、単純な計算問題です。
- 2-3「**設置位置等の製図**」はレッスン2-2を理解してからのステップになります。さまざまな条件下で避難器具の機種を選定し、設置台数と位置を決めます。どんな位置に設置するのがよいかは1学期レッスン2-5で解説しました。おさらいとしてここに書いておきますが、

　・**避難に際して容易に接近することができる。**

　・**階段、避難口その他の避難施設から適当な距離にある。**

　・**器具を使用するについて安全な構造を有する開口部に設置する。**

この条件を踏まえて、位置を決めます。

レッスン 2-1 固定ベースの考え方

重要度 ✎✎✎

図1のような取付方法を考えてみましょう。

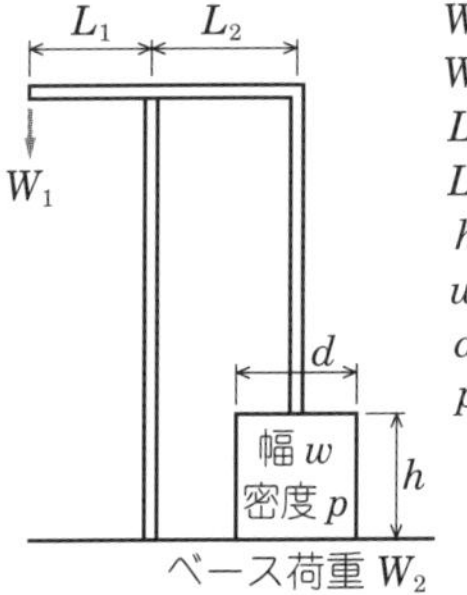

W_1：設計荷重〔N〕
W_2：コンクリートベース荷重〔N〕
L_1：支点までのアーム長さ〔m〕
L_2：支点から支柱までの距離〔m〕
h：コンクリートベースの高さ〔m〕
w：コンクリートベースの幅〔m〕
d：コンクリートベースの奥行き〔m〕
p：コンクリート密度〔N/m^3〕

● 図1 ●

W_1 がはたらいたときに W_2 の体積はどれくらいあればいいでしょう。

固定ベースの重量は設計荷重（1学期のレッスン5-1の復習）をもとにした**応力の1.5倍以上**のものでなくてはならないので（1学期のレッスン6-2の復習）、ここから計算します。

てこの原理で考えます。

$W_1 \times L_1$……モーメント　　$W_2 \times L_2$……反力

$$W_1 \times L_1 \times \mathbf{1.5} = W_2 \times L_2$$

つまり

$$W_2 = W_1 \times L_1 \times 1.5/L_2$$

W_2 の体積を V とすると

$$V = h \times w \times d$$

W_2 の重量はコンクリートの比重を p とすると、$W_2 = V \times p$ となります。

$$W_2 = V \times p = W_1 \times L_1 \times 1.5/L_2$$

固定ベースはこのように考えていきます。

例として図2の場合で d を求めてみましょう。固定ベースは直方体とします。

$$W_1 \times L_1 \times \mathbf{1.5} = 4\,140 \times 0.5 \times 1.5 = W_2 \times L_2 = W_2 \times 0.6$$

つまり

$$W_2 = W_1 \times L_1 \times 1.5/0.6 = 4\,140 \times 0.5 \times 1.5/0.6 = 5\,175$$

$$W_2 = V \times p = h \times w \times d \times p = 0.6 \times 0.5 \times 23\,000 = 5\,175$$

$$h = 5\,175/(0.6 \times 0.5 \times 23\,000) = 0.75$$

つまり固定ベースの幅は0.5 mということになります。

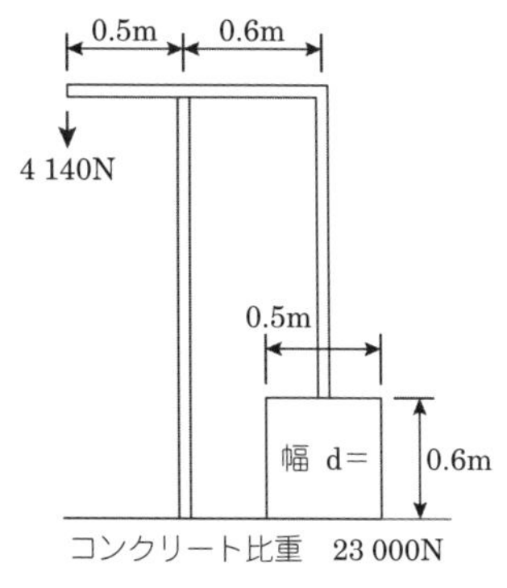

● 図 2 ●

よく出る問題

問 1 [難易度]

図のような取付け具がある。固定ベースの重量とつり合わせるには、*L* の長さは何 m 以上必要か。

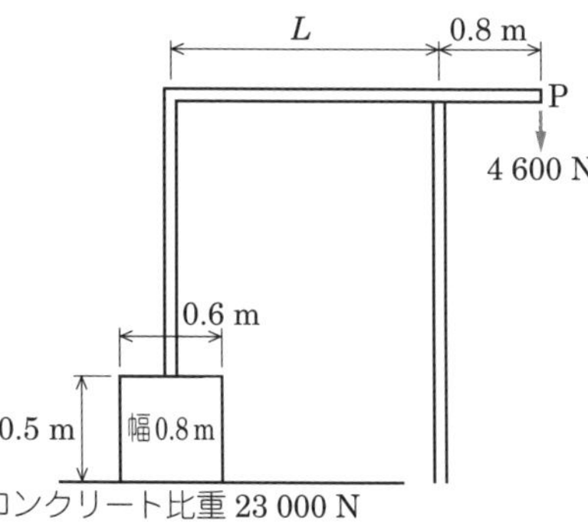

P 点に 4 600 N の力がはたらいたときのモーメントは

$4\,600 \times 0.8 = 3\,680$

固定ベースの重量は

$0.5 \times 0.6 \times 0.8 \times 23\,000 = 5\,520$

モーメントの 1.5 倍の反力が必要なので

$3\,680 \times 1.5 = 5\,520$

固定ベースの重量 × *L* ≧ モーメントの 1.5 倍であるから

$L = 5\,520 \div 5\,520 = 1$

解答 問 1 − 1 m

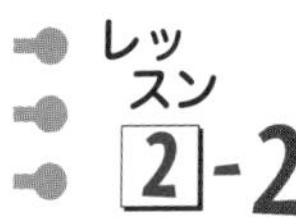

収容人員の算出

図1のような防火対象物があります。その他の条件は考えないものとします。

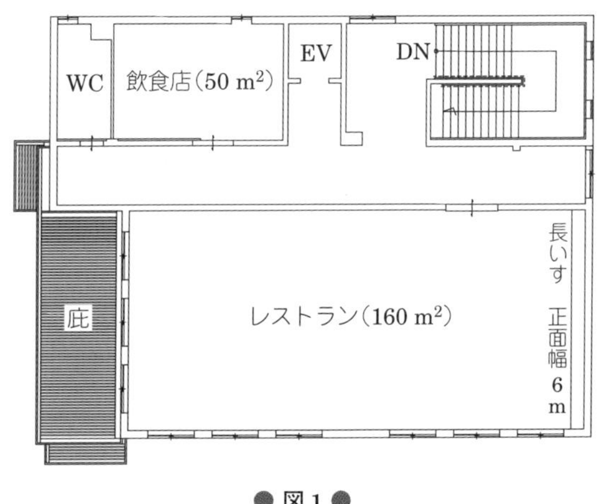

● 図1 ●

従業員を25人とした場合の収容人員を考えてみましょう（1学期のレッスン2-4の復習）。

まず、レストランと飲食店は消防法では同じく令別表第1（3）項ロに該当します。したがって、人数の計算式は両方を合算します。

消防法では（3）項イが料理店、（3）項ロが飲食店となっていますが、イの料理店とは、「**主として和式の客席を設けて、客を接待して飲食物を提供する施設をいう**」となっていて、接待のないレストラン等は（3）項ロに該当します。

（3）項ロの人員の算出方法は、従業者の数＋客席の人員となります。客席の人員は、固定式いすの席数と床面積/3 m^2 の和です。このレストランは正面幅6mの長いすがあります。長いすの正面幅を0.5mで割ったものを人員として考えますので、計算方法は次のようになります。

収容人員＝従業員数＋客席の人員＝従業員数＋固定式いすの席数＋床面積/3 m^2

＝従業員数＋長いすの正面幅/0.5m＋床面積/3 m^2

＝従業員数＋長いすの正面幅/0.5m＋（レストランの床面積＋飲食店

　　の床面積）/3

$= 25 + 6/0.5 + (160 + 50)/3$

$= 25 + 12 + 70 = 107$

つまり、ここの収容人員は107人となります。

よく出る問題

問 1　［難易度 😊😐😞］

図のような防火対象物がある。従業員が全部で13人のとき、収容人員を求めよ。

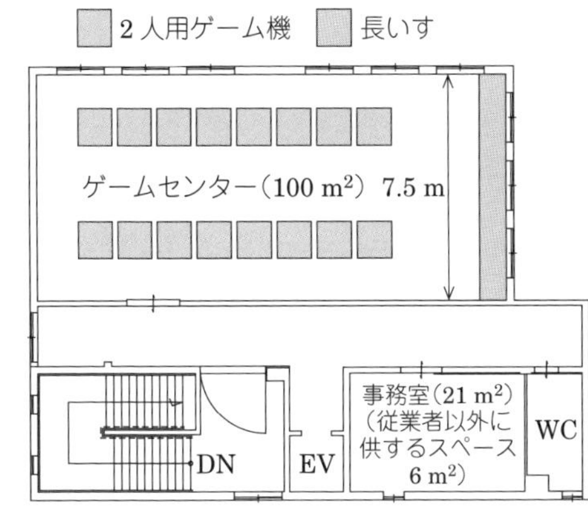

解説　遊技場の収容人員 ＝ 従業者の数 ＋ 遊技用機械器具を使用して遊技できる数 ＋ 観覧、飲食、休憩用固定式いす席数（長いす式は正面幅/0.5 m）の人数

事務所等の収容人員 ＝ 従業者の数 ＋ 主として従業者以外の者の使用に供する部分の床面積の合計/3 m²

従業者は13人、遊技用機械器具を使用して遊技できる数はゲーム機16台 × 2人用なので32人、観覧、飲食、休憩用固定式いす席数（長いす式は正面幅/0.5 mの人数）は長いすがあるので7.5 ÷ 0.5で15人、事務所に主として従業者以外の者の使用に供する部分があって、面積は6 m²なので6 ÷ 3で2人

よって

$13 + 32 + 15 + 2 = 62$

解答　問1－62人

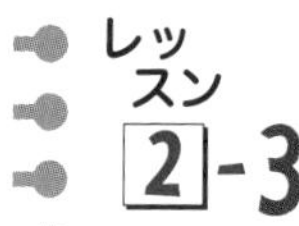

レッスン 2-3 設置位置等の製図

重要度

レッスン 2-2 の防火対象物（図 1 に再掲）が 4 階にあるとしたら、避難器具はどこに何を何台設置したらよいでしょうか。

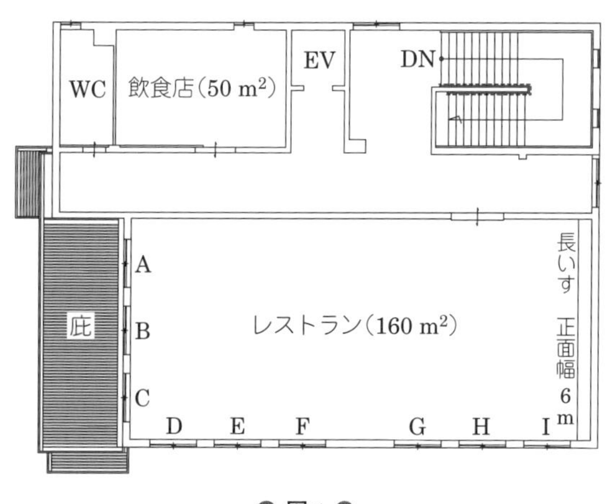

● 図 1 ●

レッスン 2-2 で収容人員を 107 人と算定しました。レストランと飲食店は消防法では同じく令別表第 1（3）項ロに該当しますので、避難器具は収容人員 50 人以上、この建築物は直通階段が一つしかありませんので 10 人以上からとなります。そして、100 人を超えていますので、合計台数は 2 台になります（1 学期レッスン 2-1 の復習）。

また、（3）項ロの 4 階に使用できる避難器具はすべり台、避難はしご（避難器具用ハッチに格納したもの）、救助袋、緩降機、避難橋となっています。その中から器具を選択して設置します（1 学期レッスン 2-2 の復習）。

設置位置は、A～I の開口部（窓）のうちから選択となりますが、階段から遠く、降下空間に障害がない D～F 間に設置するのが最も適しています。

問 1　［難易度 😊 😐 😞］

図は防火対象物の３階で耐火構造である。従業員数が全部で23人としてこの条件で問に答えよ。なお、下階も同様の店舗であり図面上の階段は避難階段とする。

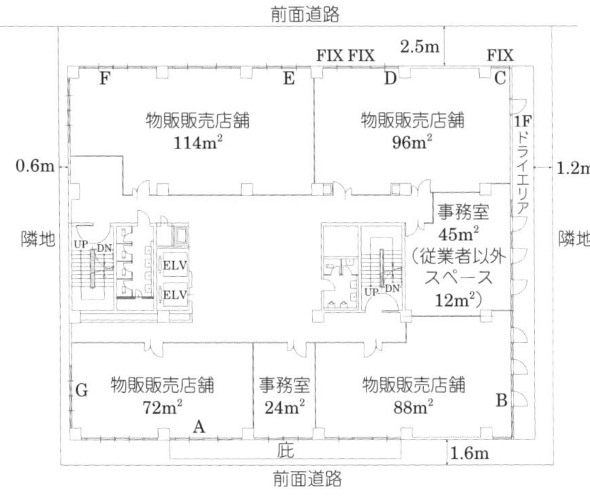

（1）用途は何項か。

（2）収容人員は何人か。

（3）避難器具の設置台数は何台か。

（4）適用できる避難器具を２つ以上答えよ。

（5）AからGまでのうち避難器具を設置する最適の位置はどこか、記号で答えよ。

（1）令別表第１より物品販売店舗は４項に該当。

（2）収容人員は次の式で算定される。

従業者の数＋床面積 /3 m²（飲食、休憩用部分）＋床面積 /4 m²（その他の部分）

＝ 23 ＋ 12/3 ＋（116 ＋ 96 ＋ 72 ＋ 88）/4 ＝ 23 ＋4 ＋ 93 ＝ 120

（3）４項は50人以上（下階に物品販売店舗がある場合は10人以上）で避難器具が１台必要であり、この場合は倍読みにより400人を超えるごとに１台ずつ加算する。

（4）適用できる避難器具は、すべり台、避難はしご、救助袋、緩降機、避難橋。

（5）階段から遠く、降下空間に障害がない位置を選択する。この場合はC、D、E、F、GのどれかだがCの開口部はFIXなので開かない、Gは降下空間と避難空地が確保できないので除外するとD、E、Fでより階段から遠い方となる。

解答　（1）第４項　（2）120人　（3）１台

（4）すべり台、避難はしご、救助袋、緩降機、避難橋　（5）E

これは覚えておこう！

レッスン2の重要事項のまとめ

① **アームの長さ**

a）力のつり合いから求める。

b）モーメントの計算→1学期レッスン6-4などで復習する。

② **収容人員**

a）1学期レッスン2-1（令別表第1）、1学期レッスン2-2や1学期レッスン2-4の復習。特に各項別の算出方法を整理しておく。

③ **設置位置**

a）収容人員を算出（**上記②参照**）

b）**特定防火対象物か非特定防火対象物かの判定**

c）**特定一階段等防火対象物の判定**

d）**設置台数**の算出

e）適応する**避難器具の選定**

f）**容易に接近**することができ、階段、避難口その他の避難施設から**適当な距離**にあり、**安全な構造を有する開口部**に設置する。

学習法のヒント！

ここまでで解説は終了です。このあとは模擬試験です。模擬試験の問題はすべてこれまで解説したなかからの出題です。覚えにくいところは復習しながら挑戦してください。そして、本試験で合格できるよう、存分に力を発揮してください！

模擬試験

模擬試験は２回分あります。想定される問題はまんべんなく出題していますが、最近の傾向では、より広い範囲からも出題されるようです。ここで復習して、弱点は克服しておきましょう。焦ることはないですよ。

レッスン 1 模擬試験（第1回）

✓<筆　記>

1 消防関係法令（共通）

✓問1　消防に関する次の記述のうち、正しいものは次のうちどれか。

(1)　消防本部の長は消防署長である。

(2)　消防機関はそれぞれの都道府県が設置する。

(3)　一定の人口に満たない市町村では必ず消防団を設置しなければならない。

(4)　消防本部の構成員には消防団員も含まれる。

✓問2　防火管理者を置かなければならない防火対象物について正しいものは次のうちどれか。

(1)　特定一階段等防火対象物では 50 m^2 以下なら防火管理者を置かなくてもよい。

(2)　消防法の規定に基づき消防用設備等の設置が義務づけられている防火対象物に限り、防火管理者を置かなければならない。

(3)　要介護施設以外の特定防火対象物で、収容人員が 30 人以上となるものは、防火管理者を置かなければならない。

(4)　地下街は消防用設備の設置義務の有無や収容人員にかかわらず、防火管理者を置かなければならない。

✓問3　消防法第8条の2の5の規定に基づく自衛消防組織を置かなくてもよいこととされているのは、次のうちどれか。

(1)　階数が 11 以上の特定複合用途防火対象物で延べ面積が 10 000 m^2 のもの

(2)　階数が8の学校で、延べ面積が 30 000 m^2 のもの

(3)　階数が9の共同住宅で、延べ面積が 30 000 m^2 のもの

(4)　階数が4の物品販売店舗で、延べ面積が 70 000 m^2 のもの

✓問4　消防法第8条の3に規定する防炎規制の対象にならない物品は次のうちどれか。

(1)　劇場の展示用合板

(2)　工事中の建築物に使用する工事用シート

(3)　舞台で使用する大道具用の繊維板

(4)　映画館で使用するどん帳

✓問5　消防法第17条第2項の規定により、政令で定める基準と異なる規定を設けることができることとされているが、この規定は誰が定めるものか。

(1)　消防庁長官

(2)　市町村

(3)　都道府県
(4)　消防長または消防署長

☑問6　消防法第8条の2の2に規定する防火対象物の、定期点検報告の特例認定を受けるときの要件に該当しないのは、次のうちどれか。ただし、当該防火対象物には、消防法第17条3項の規定に基づく特殊消防用設備等が設置されているものとする。
(1)　防火対象物の位置、構造、設備又は管理の状況について、制限の命令をうけていない。
(2)　特殊消防用設備等に係る点検の実施および点検結果についての報告がなされている。
(3)　定期点検基準に適合している。
(4)　特例認定申請者である防火対象物の管理権原者は当該防火対象物の管理を始めてから2年以上経過している。

☑問7　令8区画は、次のうちどれか。
(1)　防火シャッター又は防火戸で完全に区画されている部分
(2)　開口部のない防火構造の床又は壁で区画されている部分
(3)　開口部のない耐火構造の床又は壁で区画されている部分
(4)　防火壁に甲種防火戸を設けて完全に区画されている部分

☑問8　次に掲げる避難器具のうち、検定の対象のものは次のうちどれか。
(1)　すべり台
(2)　緩降機
(3)　救助袋
(4)　避難ロープ

2 消防関係法令（類別）

☑問9　避難器具を設置する場合に、収容人員の算定方法として次のうち、正しくないものはどれか。
(1)　事務所は、従業者の数と主として従業者以外の者が使用に供する部分の床面積の合計を3 m^2 で除して得た数とを合算して算定する。
(2)　遊技場は、従業者の数、遊技のための機械器具を使用して遊技を行うことができる者の数、観覧、飲食又は休憩の用に供する固定式いす席が設けられている場合は、当該いす席の数に対応する数、この場合において、長いす式のいす席にあっては、当該いす席の正面幅を0.4 m で除して得た数。
(3)　病院は、医師、歯科医師・助産師、薬剤師、看護師その他従業者の数、病室内の病床の数、待合室の床面積の合計を $3\,m^2$ で除して得た数を合算した数とする。

(4) 教会は、牧師その他従業者の数と、礼拝、集会又は休憩の用に供する部分の床面積の合計を $3\,m^2$ で除して得た数とを合算して算定する。

☑問 10 防火対象物に避難器具を設置する場合、複数台の設置となる防火対象物は次のうちどれか。ただし、この場合避難階に直通する階段が 2 か所以上設けられているが、設置個数の減免規定は適用されないものとする。

(1) 作業所の 3 階で 250 人

(2) 料理店の 4 階で 150 人

(3) 病院の 3 階で 150 人

(4) 劇場の 4 階で 150 人

☑問 11 避難器具の設置として正しくないものは、次のうちどれか。

(1) 設置義務の有無は、各階の収容人員および用途で判定する。

(2) 地階でも避難器具の設置が必要となる場合がある。

(3) いずれかの階に設置義務があれば、他の階のすべてに設置義務がある。

(4) 避難器具は防火対象物の階のうち避難階と 11 階以上の階以外の階に設ける。

☑問 12 避難器具の設置個数を減免する場合、正しくないものは次のうちどれか。

(1) 主要構造部を耐火構造としたものであること。

(2) 避難階段または屋外避難階段または特別避難階段が二以上設けられていること。

(3) 渡り廊下の両端の出入口に自動閉鎖装置付きの防火シャッターが設けられていること。

(4) 渡り廊下は避難、通行および運搬以外の用途に供しないこと。

☑問 13 各防火対象物の収容人数の算出に関係ないものはどれか。

(1) 病院の待合室のいすの数

(2) 公衆浴場の床面積

(3) 劇場の長いすの正面幅

(4) ホテルのベッド数

☑問 14 特定一階段等防火対象物の避難器具について、正しいものはどれか。

(1) バルコニーに取り付ける場合であっても、一動作式の器具が必要である。

(2) エレベーターホールや階段室に取扱説明などをまとめたものを掲示する。

(3) 一動作式の動作には開口部を開口する動作及び保安装置を解除する動作を含む。

(4) 常時、容易かつ確実に使用できる状態で設置されているものである。

☑問 15 教会の 3 階で 55 人収容する防火対象物の場合、避難器具を設置しないことができる条件として必要ないのは次のうちどれか。

(1)　主要構造部が耐火構造である。

(2)　開口部に特定防火設備である防火戸又は鉄製網入ガラス入りの戸を設ける耐火構造の壁又は床で区画されている。

(3)　壁及び天井の室内に面する部分の仕上げが不燃材料か準不燃材料であるか、スプリンクラー設備が、技術上の基準に従い、又は技術上の基準の例により設けられている。

(4)　直通階段が避難階段又は特別避難階段である。

3 構造・機能及び工事または整備の方法

☑問16　金属製避難はしごの構造に関する次の記述のうち誤っているものはどれか。

(1)　つり下げはしごの縦棒の先端には、必ずつり下げ金具をつけなければならない。

(2)　避難はしごの横桟の間隔は同一でなければならない。

(3)　ワイヤロープを使用するつり下げはしごで縦棒の数を1本とするものは、直径35ミリメートル以上のワイヤロープを使用しなければならない。

(4)　立てかけはしごは先端から60 cm以内の任意の箇所に、すべり及び転倒を防止するための安全装置を設けなくてはならない。

☑問17　緩降機の機構に関する次の記述のうち正しいものは次のうちどれか。

(1)　緩降機はロープ走行を制御するブレーキ装置を内蔵した本器を地上まで垂らしたロープにかけ、最初の降下者が着地後、次回降下者が本器を引き上げ、再び降下する機構を有するものをいう。

(2)　緩降機はロープの走行抵抗とローラーによるロープの絞りを利用し、降下する機構のものを総称していう。

(3)　緩降機は、降下者が地上まで垂らしたロープにブレーキ装置を設け、降下に際し降下者みずから速度を調節しながら降下する機構を有するものをいう。

(4)　緩降機は、使用者が自重によりつるべ式に自動的に連続交互に降下することのできる機構を有するものをいう。

☑問18　図のLの長さとして、正しいものは次のうちどれか。

(1)　約14メートル

(2)　約20メートル

(3)　約10メートル

(4)　約24メートル

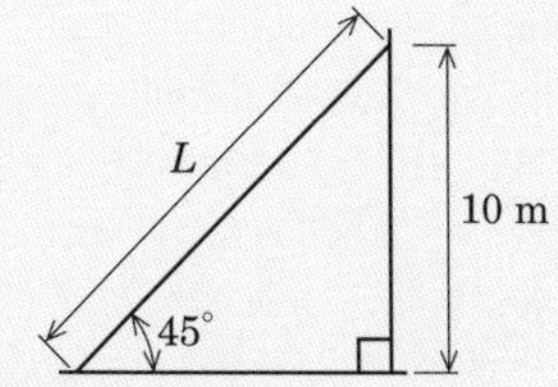

☑問 19　緩降機の点検に際しロープを巻き取る方法として、リール自体を回転させてロープを巻き取ることがよいとされているが、この理由として正しいのは次のうちどれか。

(1)　緩降機のロープは芯にワイヤロープを使用しており、同径の繊維ロープより重いので、リール自体を回したほうが楽に巻き取れるため。

(2)　リール自体を回転させてロープを巻き取ったほうが時間の短縮ができるため。

(3)　緩降機のロープにはワイヤロープが入っており、ねじれがついたままリールに巻き取ると、ロープにくせが付き降下に支障をきたすため。

(4)　ロープの外傷の点検をしながら巻き取れるので、時間が短縮できるため。

☑問 20　避難ロープに関する次の記述のうち、正しいものは次のうちどれか。

(1)　ロープは 6.0 kN の引張荷重を加える試験において、破断、著しい変形等を生じない。

(2)　つり下げ具は 6.5 kN の引張荷重を加える試験において、亀裂、破損、著しい変形等を生じない。

(3)　取付具に用いる材料は強度及び耐久性を有するもので、耐食性は必要としない。

(4)　ロープの太さは直径 12 mm 以上のものである。

☑問 21　斜降式救助袋に関する次の記述のうち、正しいものは次のうちどれか。

(1)　誘導綱の長さは取付部から地上までの長さであること。

(2)　展張方向により地上避難場所に応じて傾斜角度を変えて降下することができるものであること。

(3)　展張方式は、救助袋取付部から地上の避難場所へおおむね 45° の傾斜をもたせて降下するものであること。

(4)　取手は左右任意の使用しやすい場所に同数付いていること。

☑問 22　緩降機の規格基準に規定されていない試験基準は、次のうちどれか。

(1)　繰返し試験

(2)　落下衝撃降下試験

(3)　リール衝撃試験

(4)　含水降下試験

☑問 23　救助袋に関する次の記述のうち正しくないものは次のうちどれか。

(1)　取付け具はボルト締め、溶接その他の方法で堅固に取り付けること。

(2)　救助袋の長さは安全な降下速度を保つことができる任意の長さであること。

(3)　防火対象物の柱、床はりその他構造上堅固な部分または堅固に補強された部分に取り付けること。

(4)　救助袋と壁面の間隔は、入口金具の下方 3 m 以内に突起物がある場合は 0.3 m 以上とすること。

☑問24　避難はしごに関する次の記述のうち、正しいものは次のうちどれか。

(1)　縦棒の間隔は内寸で 25 cm 以上 50 cm 以下である。

(2)　横桟は直径 20 mm 以上 35 mm 以下の円形、又はこれと同等の太さである他の形状の断面である。

(3)　横桟の間隔は 25 cm 以上 35 cm 以下である。

(4)　横桟の間隔が規定以内であれば、間隔は一定である必要はない。

☑問25　救助袋に関する次の記述のうち、正しくないものは次のうちどれか。

(1)　垂直式救助袋はらせん式と蛇行式がある。

(2)　斜降式救助袋は落下防止のためとして、布を重ねた二重構造か、無結節の網が付いている。

(3)　垂直式救助袋と斜降式救助袋の降下速度は同じである。

(4)　斜降式救助袋には固定環とよばれる下部を固定する装置が必要である。

☑問26　避難器具用ハッチに関する次の記述のうち、正しくないものは次のうちどれか。

(1)　避難器具用ハッチを避難器具専用室に設ける場合、下ぶたは設けなくてよい。

(2)　避難器具用ハッチの材質はステンレス製であり、現在、新設時には鉄製は使用されない。

(3)　避難器具用ハッチは、内蔵する避難器具を 2 動作以内で展張できなくてはならない。

(4)　避難器具用ハッチの下ぶたは、開いたときに下端が下階の床面上 1.8 m 以上の位置になくてはならない。

☑問27　避難器具の取付具に使用できる材料のうち、引張応力の算定が切断荷重の 1/3 であるものはどれか。

(1)　JIS G 3101

(2)　JIS G 3444

(3)　JIS G 3466

(4)　JIS G 3525

☑問28　救助袋に関する次の記述のうち、誤っているものは次のうちどれか。

(1)　斜降式救助袋の降下速度は平均毎秒 7 m 以下である。

(2)　救助袋は直径 50 cm 以上の球体が通過することができる。

(3)　垂直式救助袋の誘導綱は、（袋本体の全長＋2 m）以上の長さを有する。

(4)　救助袋は降着の際、衝撃を受ける部分に、保護マットその他の緩衝装置が取り付けられていること。

☑問 29　金属製避難はしごのうちハッチ用つり下げはしごに関する次の記述のうち、誤っているものは次のうちどれか。

(1)　収納され雨水などによる影響が少ないため腐食試験の適用が除かれている。

(2)　避難器具用ハッチに用いられるものである。

(3)　静荷重試験には、強度試験の他、上部横桟取付位置と下部横桟取付位置の水平距離を規定した試験がある。

(4)　使用の際、突子が防火対象物に接触しない構造のものとされている。

☑問 30　救助袋本体の下端に取り付ける部材で、次のうち誤っているものは次のうちどれか。

(1)　誘導綱は直径 4 mm 以上の太さを有すること。

(2)　垂直式のものにあっては、下部支持装置を必ず 1 か所設置すること。

(3)　下部支持装置は袋本体を確実に支持することができること。

(4)　斜降式のものにあっては、降着の際衝撃を受ける部分に、緩衝装置として受布及び保護マットを取り付けたものであること。

☑問 31　緩降機の構成で、次のうち正しいものは次のうちどれか。

(1)　調速器、調速器の連結部、緊結金具、着用具、リール

(2)　調速器、下部支持装置、ロープ、緊結金具

(3)　調速器、つり下げ金具、ロープ、緊結金具、着用具、リール

(4)　調速器、調速器の連結部、ロープ、着用具

☑問 32　垂直式救助袋に関する記述で、誤っているものは次のうちどれか。

(1)　救助袋の断面の大きさは、40 cm 以上の球体が通過することができる大きさであること。

(2)　垂直式救助袋は、展張時、最下部が地盤面から無荷重で 50 cm 以内でなければならない。

(3)　入口金具の底部にはマットなどを取り付け、その他の面には覆い布を取り付ける。

(4)　下部出口部分には 4 個以上の取手を左右均等に取り付けること。

☑問 33　緩降機の降下速度に関する記述で、正しいものは次のうちどれか。

(1)　12 cm/s 以上 150 cm/s 以下である。

(2)　16 cm/s 以上 150 cm/s 以下である。

(3)　100 cm/s 以上 200 cm/s 以下である。

(4)　50 cm/s 以上 200 cm/s 以下である。

☑問34　避難器具用ハッチに使用される、オーステナイト系ステンレスは次のうちどれか。

（1）　SUS 304

（2）　SUS 420

（3）　SUS 403

（4）　SUS 430

☑問35　緩降機の着用具・ベルトに関する次の記述のうち、誤っているものは次のうちどれか。

（1）　着用具は使用者の身体の定位置を、操作を加えることなく確実に保持すること。

（2）　ベルトはほつれが続けて生じないものであること。

（3）　ベルトの材料は綿糸またはナイロンとされている。

（4）　ベルトは着用具の一部である。

4 基礎的知識（機械に関する部分）

☑問36　次のうち鉄鋼材料でないものは次のうちどれか。

（1）　炭素鋼　（2）　鋳鉄　（3）　黄銅　（4）　ステンレス

☑問37　応力とひずみに関する記述として、誤っているものは次のうちどれか。

（1）　応力とひずみは反比例する。

（2）　物体に荷重を加えると、その内部にもとの状態に戻ろうとして生じる抵抗力を応力という。

（3）　物体に荷重がはたらくとその内部に応力が生じ内部に変形を生じる。この変形量の元の長さに対する割合をひずみという。

（4）　荷重が増して力が降伏点を超えると荷重を除去しても永久ひずみを生ずる。

☑問38　直径 20 mm の棒でおもりを吊ろうとする場合、引張強さを 375 N/mm^2 とし安全率を 3 とすると、この棒が支えられる荷量は次のうちどれか。

（1）　18.92 kN

（2）　31.4 kN

（3）　29.25 kN

（4）　39.25 kN

☑問39　一般構造用鋼材で SS400 の 400 は何を意味しているか。

（1）　板厚　（2）　引張強さ　（3）　圧縮強さ　（4）　降伏点

1学期 ➡ 筆記試験対策

2学期 ➡ 実技試験対策

3学期 ➡ 模擬試験

☑ 問 40　ネジの説明で誤っているものは次のうちどれか。

(1)　ピッチとは隣り合う山の中心間の距離である。

(2)　リードとはねじが1回転したときに進む距離である。

(3)　リード角とはねじ山の角度である。

(4)　一条ねじとは1本のらせん状にねじ山を作ったものである。

☑ 問 41　図の力が加わる場合、BC に生ずる張力として正しいものは次のうちどれか。

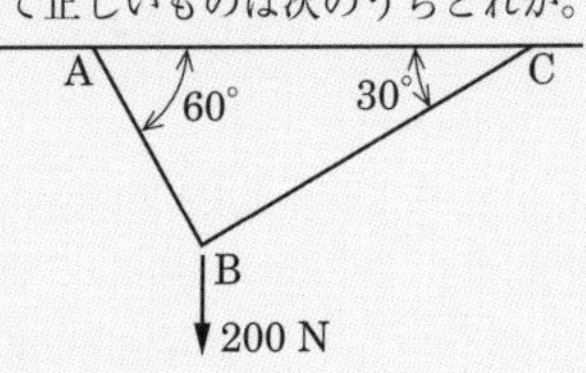

(1)　50 N

(2)　173.2 N

(3)　100 N

(4)　2 828 N

☑ 問 42　重さ 1.47 kN の物体を 15 m 引き上げるのに、5 秒間費やしたときの動力として正しいものは次のうちどれか。ただし、1 PS = 0.735 kW とする。

(1)　3 PS

(2)　22.05 PS

(3)　6 PS

(4)　7.35 PS

☑ 問 43　合金を構成するものとして、誤っているものは次のうちどれか。

(1)　はんだ……鉛とすず

(2)　炭素鋼……鉄と炭素

(3)　冷間圧延ステンレス鋼……鋼とニッケル、クローム

(4)　青銅……銅と亜鉛

☑ 問 44　図の組合せ滑車で 3 200 N の重りを引き上げるのに、必要な力として正しいのはどれか。

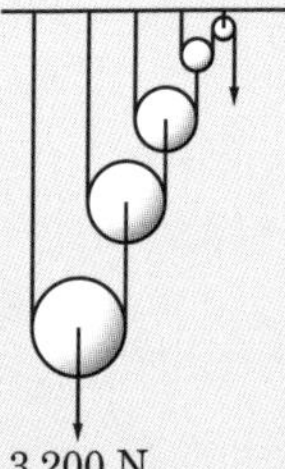

(1)　200 N

(2)　600 N

(3)　400 N

(4)　800 N

☑ 問 45　気体の体積は圧力に反比例し、絶対温度に比例する。この現象を説明する法則として、正しいものはどれか。

(1)　パスカルの原理

(2)　ニュートンの運動法則

(3)　ボイル・シャルルの法則

(4)　フックの法則

☑ ＜実技試験＞

5 鑑別

☑ 問1　写真を見て、(1)(2)の問いに答えよ。

1	2	3	4	5

(1)　写真の中からハクソーを選び番号で記入せよ。

(2)　ハクソーの用途を答えよ。

解答欄

(1)	
(2)	

☑ 問2　写真を見て、(1)〜(4)の問いに答えよ。

(1)　矢印の部品の名称と役割を答えよ。

(2)　右の図は、格納箱を開いた状態である。入口金具を引き起こす前にしなければならないことは何か。二つ答えよ。

(3)　この避難器具を操作するにあたり必要な面積を答えよ。

(4)　この格納箱は屋外用である。屋外用の特性を答えよ。

解答欄

(1)	名称		役割	
(2)				
(3)				
(4)				

☑ 問３　写真を見て、(1)～(3) の問いに答えよ。

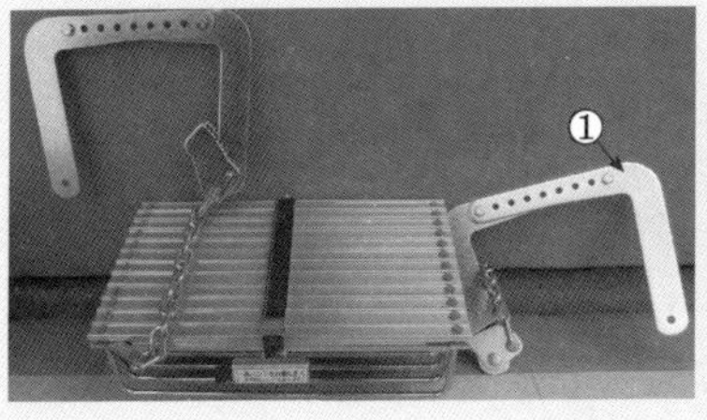

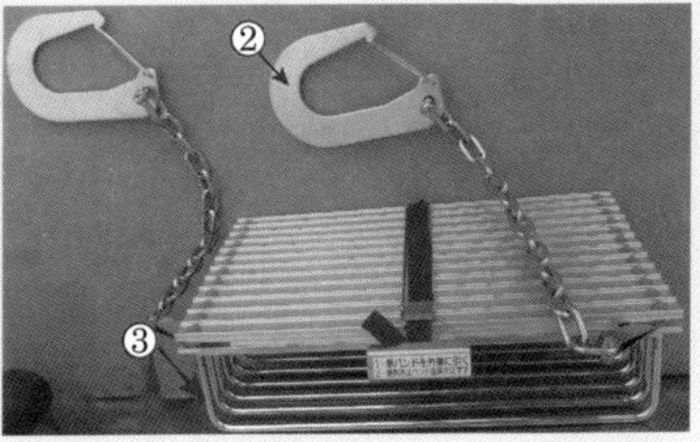

(1)　この避難器具の名称を答えよ。

(2)　この矢印①、②の部分の名称と使用する時に取り付ける場所を答えよ。

(3)　矢印③の部分の名称は何か。また、長さは何 cm 以上か。

解答欄

<table>
<tr><td>(1)</td><td colspan="5"></td></tr>
<tr><td rowspan="2">(2)</td><td>①</td><td>名称</td><td></td><td>場所</td><td></td></tr>
<tr><td>②</td><td>名称</td><td></td><td>場所</td><td></td></tr>
<tr><td>(3)</td><td colspan="2">名　称</td><td></td><td>長さ</td><td></td></tr>
</table>

☑ 問４　図を見て、(1)～(4) の鋼材の名称を答えよ。

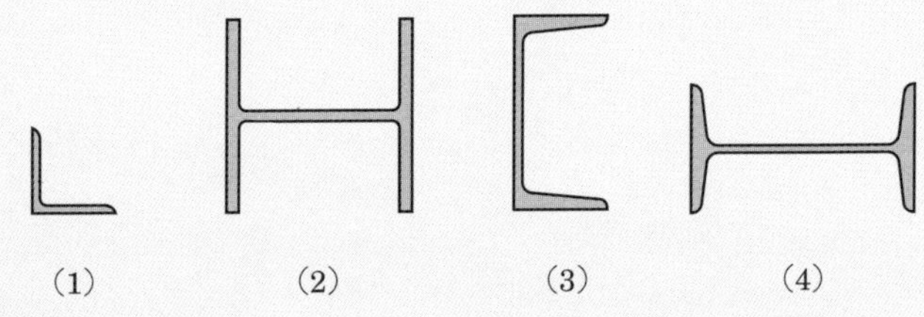

解答欄

(1)	(2)	(3)	(4)

☑問５　写真を見て（1）～（3）の問いに答えよ。

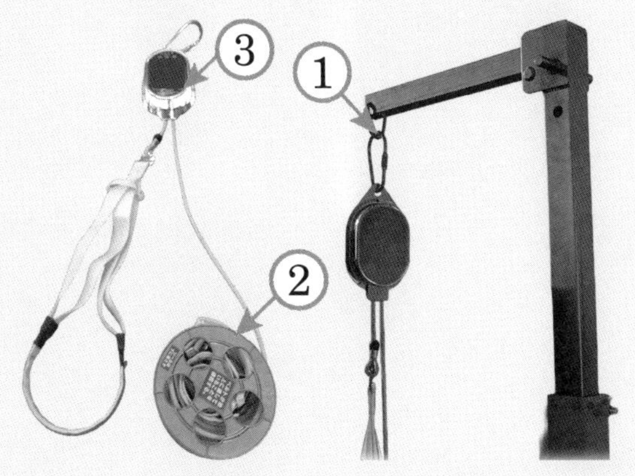

（1）　①の部分の取付高さの範囲を答えよ。
（2）　②にロープを巻き取るときの方法を答えよ。
（3）　①、②、③のうち検定証票はどこにあるか、数字で答えよ。

解答欄

(1)	m ～ m
(2)	
(3)	

6 製図

☑問１　図を見て（1）、（2）の問いに答えよ。

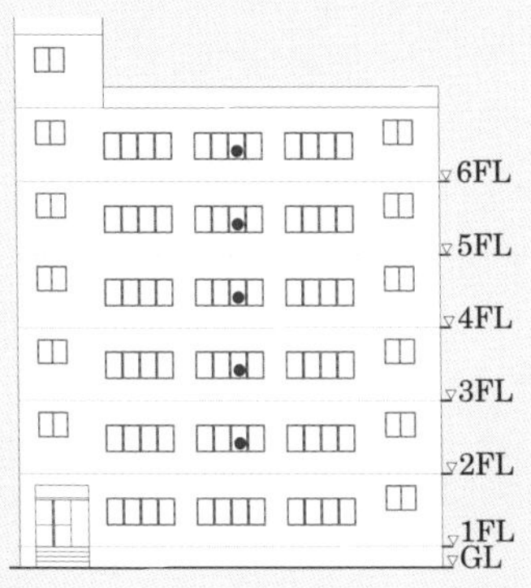

(1)　いま緩降機を設置する計画がある。各階の網掛けの窓に設置予定だが、何か問題はあるか。あるとすればどんな問題か。

(2)　各階の用途は1階：図書館、2階：博物館、3階：ホテル、4階：遊技場、5階：飲食店、6階：事務所である。各階の用途は令別表第1の何項に該当するか。それぞれ記せ。

解答欄

(1)		
(2)	1階	
	2階	
	3階	
	4階	
	5階	
	6階	

☑問2　緩降機の設置略図を見て（1)～(5）の問に答えよ。

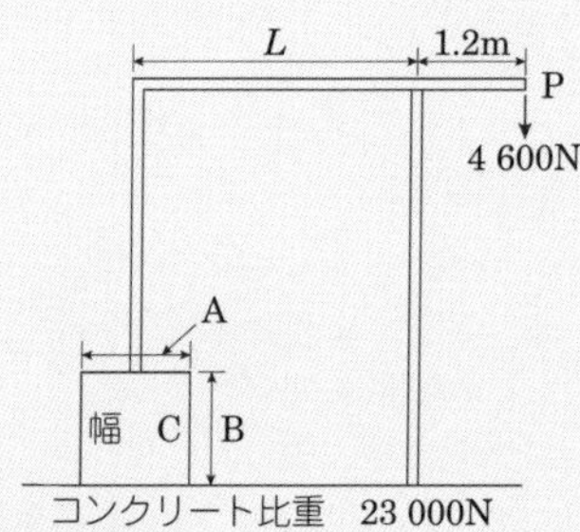

(1)　この工法を何というか。

(2)　P点に4 600 Nがはたらいたときのモーメントを求めよ。

(3)　いま、重りの必要な重量はいくらか。

(4)　おもりの底面積が1 m^2とするとおもりの高さはいくつになるか。

(5)　(4)の状態でおもりの高さを0.5 mにした場合、Lの長さは何mにすればよいか。

解答欄

(1)	
(2)	
(3)	
(4)	
(5)	

模擬試験（第1回）　解答・解説

<筆　記>

☑問1　解答－(3)

解説　一定の人口に満たない市町村では必ず消防団を置きます。

☑問2　解答－(3)

解説　特定防火対象物で防火対象物の収容人員が30人以上となるものは、防火管理者を置かなければなりません（要介護施設は10人から）。

☑問3　解答－(3)

解説　共同住宅に自衛消防組織は不要です。

☑問4　解答－(3)

解説　使用する大道具用の合板は対象となります。

☑問5　解答－(2)

解説　市町村の条例です。

☑問6　解答－(4)

解説　防火対象物の管理権原者が、消防機関に申請してその検査を受け、一定期間継続して消防法令を遵守し基準に適合していると認められた場合、防火優良認定を受けている旨の表示を付することができるとともに、点検・報告の義務が3年間免除されます。これを特例認定といいます。特例認定申請者である防火対象物の管理権原者は当該防火対象物の管理を始めてから3年以上経過をしている必要があります。

☑問7　解答－(3)

解説　同じ棟内で「防火対象物が開口部のない耐火構造の床又は壁で区画されている」部分は、消防法施行令第8条に記載されている区画であることから「令8区画」といいます。

☑問8　解答－(2)

解説　金属製避難はしごと緩降機は検定品

☑問9　解答－(2)

解説　長いす式のいす席にあっては、当該いす席の正面幅を0.5 mで除して得た数

☑問10　解答－(3)

解説　病院の3階は20人以上で設置義務が生じ100人ごとに1台加算

☑問11　解答－(3)

解説　算出はあくまで各階ごとでします。

☑問12　解答－(3)

解説　渡り廊下の両端の出入口に自動閉鎖装置付きの防火戸が設けられていること

1学期 ↓ 筆記試験対策

2学期 ↓ 実技試験対策

3学期 ↓ 模擬試験

☑問 13　解答－(1)

解説　病院の待合室は床面積/3

☑問 14　解答－(4)

解説　安全かつ容易に避難することができる構造のバルコニー等に設けるもの。常時、容易かつ確実に使用できる状態で設置されているもの。一動作（開口部を開口する動作及び保安装置を解除する動作を除く）で、容易かつ確実に使用できるもの。

☑問 15　解答－(2)

解説　教会は（11）項なので、選択肢（2）は該当しません。

☑問 16　解答－(3)

解説　ワイヤロープを使用するつり下げはしごで縦棒の数を 1 本とするものは存在しません。

☑問 17　解答－(4)

解説　緩降機は、使用者が自重によりつるべ式に自動的に連続交互に降下することのできる機構を有するものをいいます。

☑問 18　解答－(1)

解説　$10\ \mathrm{m} \times \sqrt{2} = 10 \times 1.41 = 14$

☑問 19　解答－(3)

解説　ワイヤにくせが付くと動作中に止まってしまうことがあります。

☑問 20　解答－(4)

解説　ロープの太さは直径 12 mm 以上でなくてはなりません。また避難ロープに取付具の規定はありません。

☑問 21　解答－(3)

解説　誘導綱の長さは垂直式：袋長 ＋ 4 m 以上、斜降式：袋長以上です。

☑問 22　解答－(3)

解説　緩降機の試験は、強度試験・降下速度試験・含水降下試験・低温試験及び高温試験・繰返し試験・落下衝撃降下試験・落下試験・腐食試験です。

☑問 23　解答－(2)

解説　救助袋の長さは、斜降式救助袋が取付部までの高さからおおむね 45° の角度で伸長した長さ、垂直式は取付部までの高さです。

☑問 24　解答－(3)

解説　縦棒の内寸は 30 cm 以上 50 cm 以下、横桟の間隔は、25 cm 以上 35 cm 以下です。

☑問 25　解答－(3)

解説　垂直式救助袋は 4 m/s 以下、斜降式救助袋は 7 m/s 以下です。

☑問26　解答－(3)
解説　避難器具用ハッチは、内蔵する避難器具を3動作以内で展張できなくてはなりません。

☑問27　解答－(4)
解説　JIS G 3525はワイヤロープに関する規格です。

☑問28　解答－(3)
解説　垂直式救助袋の誘導綱は、（袋本体の全長＋4 m）以上です。

☑問29　解答－(1)
解説　金属製避難はしごの検定規定と同じ試験をします。

☑問30　解答－(2)
解説　垂直式のものにあっては、下部支持装置を設けないことができます。

☑問31　解答－(4)
解説　構成部材にリールは入りません。

☑問32　解答－(1)
解説　救助袋の断面の大きさは、50 cm以上の球体が通過することができる大きさであること。

☑問33　解答－(2)
解説　250 N、650 N及び最大使用荷重に相当する荷重をかけて降下させた場合の速度が16 cm/sec～150 cm/secの範囲であること。

☑問34　解答－(1)
解説　SUS 304以外はマルテンサイト系かフェライト系です。

☑問35　解答－(3)
解説　ベルトの材料は綿糸またはポリエステルとされています。

☑問36　解答－(3)
解説　黄銅（真ちゅう）には鉄は含まれていません。

☑問37　解答－(1)
解説　応力とひずみは比例します。

☑問38　解答－(4)
解説　棒の断面積は $(20 \div 2) \times (20 \div 2) \times \pi = 314$
安全率が3なので $375 \div 3 = 125$
$314 \times 125 = 39\,250\ \mathrm{N/mm^2} = 39.25\ \mathrm{kN}$

☑問39　解答－(2)
解説　鋼材は引張強さを材質のあとに書くことが多いです。

☑問40　解答－(3)
解説　リード角とは、ねじのらせんの向きの、軸の垂直断面からの傾きの角度のことです。

☑問 41　解答－(3)

解説　AB の張力を T_1、BC の張力を T_2 とすると

T_1 の鉛直成分は $T_1 \times \sin 60° = \dfrac{\sqrt{3}}{2} \times T_1$

T_2 の鉛直成分は $T_2 \times \cos 60° = \dfrac{T_2}{2}$

鉛直成分の和は 200 N と釣り合うから

$\dfrac{(\sqrt{3} \times T_1 + T_2)}{2} = 200$……①

T_1 の水平成分は $T_1 \cos 60° = \dfrac{T_1}{2}$

T_2 の水平成分は $T_2 \cos 30° = \dfrac{\sqrt{3}}{2} \times T_2$

水平成分は釣り合っているから

$\dfrac{T_1}{2} = \dfrac{\sqrt{3}}{2} \times T_2$……②

②より $T_1 = \sqrt{3} \times T_2$……③

③を①に代入して

$\sqrt{3} \times \sqrt{3} \times T_2 + T_2 = 4 \times T_2 = 400$

$T_2 = 400 \div 4 = 100$

☑問 42　解答－(3)

解説　仕事　$Q = F \times L = 1.47 \times 15 = 22.05 = 22.05 \times 10^3$J

動力　$P = Q/T = 22.05 \times 10^3/5 = 22\,050 \div 5 = 4\,410$ W

$4\,410 \div 735 = 6$

☑問 43　解答－(4)

解説　青銅は銅とスズ

☑問 44　解答－(1)

解説　$F = W/2^n$　　n：動滑車の個数

動滑車は 4 個だから $W \div 2^4 = 3\,200 \div 16 = 200$

☑問 45　解答－(3)

解説　ボイル・シャルルの法則：質量が一定のとき、気体の体積 V は、圧力 p に反比例し、絶対温度 T に比例する。

＜実技（鑑別）＞

☑問1　（解答）

(1)	3
(2)	金属パイプ（手すり）等の切断に使う。

（解説）

(1)　2学期レッスン1-2参照。写真の1はモンキーレンチ、2はダイス、4はノギス、5はトルクレンチです。

(2)　2学期レッスン1-2参照。ハクソーは金属用のこぎりで、金属の切断に適した刃が付属しています。

☑問2　（解答）

(1)	名称	格納バンド	役割	格納箱内の救助袋をまとめる。
(2)	誘導綱を投げる。			
	袋本体を下ろす。			
(3)	2.25 m^2			
(4)	耐食性をもったものでなければならない。			

（解説）

(1)　2学期レッスン1-3参照。ハシゴや救助袋には器具をまとめるための格納バンドが付属しています。

(2)　2学期レッスン1-3参照。正しい手順で展張します。

(3)　1学期レッスン4-2参照。救助袋の操作面積は2.25 m^2 以上です

(4)　1学期レッスン4-3参照。「有効に雨水等を排水するための措置を講じなくてはならない」でも正解です。使用法に応じて耐候性、耐食性及び耐久性を有しなくてはならず、耐食性を有しない材料は、耐食措置を施す必要があります。

☑問3　（解答）

(1)	金属製避難はしご（つり下げはしご）				
(2)	①	名称	自在金具	場所	窓台・腰壁など
	②	名称	ナスカン金具	場所	手すりなどのパイプ部分
(3)	名　称		突子	長さ	50 cm 以上

（解説）

（1）　1 学期レッスン 4-3 参照。

（2）　1 学期レッスン 4-3 参照。取付位置についてはレッスンでは特別に解説しておりませんが、解答例で覚えてください。

（3）　1 学期レッスン 4-3 参照。避難はしごは展張時に降着面から最下段の横桟までが 50 cm 以内でなくてはなりません。

☑ **問 4**　（解答）

（1）	（2）	（3）	（4）
等辺山形鋼	**H 形鋼**	**C 形鋼（溝形鋼）**	**I 形鋼**

（解説）

（1）　1 学期レッスン 3-2 参照。形鋼の種類は他にもあります。

☑ **問 5**　（解答）

（1）	**1.5 m～1.8 m**
（2）	**リールを回して巻き取っていく。**
（3）	③

（解説）

（1）　1 学期レッスン 5-5 参照。

（2）　2 学期レッスン 1-3 参照。ロープを巻き付けて収納してはいけません。

（3）　1 学期レッスン 4-5 参照。本器に検定証票シールが貼付されます。

＜実技（製図）＞

☑ **問 1**　（解答）

<table>
<tr><td colspan="2">（1）</td><td>問題がある。
開口部が同一直線上に並んでいる。</td></tr>
<tr><td rowspan="6">（2）</td><td>1 階</td><td>（8）項</td></tr>
<tr><td>2 階</td><td>（8）項</td></tr>
<tr><td>3 階</td><td>（5）項イ</td></tr>
<tr><td>4 階</td><td>（2）項ロ</td></tr>
<tr><td>5 階</td><td>（3）項ロ</td></tr>
<tr><td>6 階</td><td>（15）項</td></tr>
</table>

（解説）

（1）　1学期レッスン 4-2 参照。開口部は同一線上に並ばないように設定する必要があります。

（2）　1学期レッスン 1-4 参照。

☑ **問2**　（解答）

（1）	**固定ベース工法・バランス工法**
（2）	**5 520 N・m**
（3）	**8 280 N**
（4）	**0.36 m**
（5）	**0.72 m**

（解説）

（1）　1学期レッスン 6-2 参照。

（2）　4 600 × 1.2 ＝ 5 520 ➡ 1学期レッスン 3-6 参照。

（3）　4 600 × 1.2 × 1.5 ＝ 8 280 ➡ 設計荷重の 1.5 倍

（4）　4 600 × 1.2 × 1.5 ÷ 23 000 ÷ 1 ＝ 0.36 ➡ 設計荷重をコンクリート比重で除して、さらに底面積で除する。

（5）　1 × 0.5 × 23 000 ＝ 11 500 ➡ 体積とコンクリート比重の積：W_1

4 600 × 1.2 × 1.5 ＝ 8 280 ➡ 設計荷重の 1.5 倍（必要重量）：W_2

$$W_1 = \frac{W_2}{L}$$

$\therefore$ 8 280 ÷ 11 500 ＝ 0.72

レッスン 2 模擬試験（第２回）

✓ ＜筆　記＞

1 消防関係法令（共通）

✓問１　消防法に関する次の記述のうち、誤っているものは次のうちどれか。

(1)　消防本部を置かない市町村においては、市町村長は消防団員に消防の活動に支障となる物件を除去させることができる。

(2)　消防団長は、火災予防のために必要があるときは消防団員に命じて、関係のある場所に立ち入り、消防対象物の設備を検査させることができる。

(3)　消防長は、防火対象物の管理状況について火災の予防上必要があると認める場合には、権原を有する関係者に対して、当該防火対象物についての改修を命ずることができる。

(4)　消防吏員が消防法第３条の規定に基づく屋外における措置命令を発した場合に、命じられた相手方が当該命令に従わない場合には、行政代執行法に基づき代執行をすることができる。

✓問２　消防法第７条に規定する消防同意について、正しいものは次のうちどれか。

(1)　建築物の新築を行おうとする者は、新築に係る許可の申請と同時に消防長又は消防署長に対して消防同意の申請をした後でなければ、工事にかかることはできない。

(2)　消防本部又は消防署を置かない市町村にあっては、消防同意の申請は、当該区域を管轄する都道府県知事に対して行うこととされている。

(3)　消防同意とは建築許可などを行う行政庁に対する消防長又は消防署長の同意であり、建築主は建築許可などに係る申請を改めて行う必要はない。

(4)　消防長又は消防署長は建築物の計画が防火に関する法令に違反していない場合でも、火災予防上適当でない部分があれば、不同意とすることができる。

✓問３　危険物の取扱について誤っているものは次のうちどれか。

(1)　危険物の施設は危険物保安監督者の選任が必要である。

(2)　消防法における危険物は６種類に分かれており、それぞれの品名ごとに指定数量が定められている。

(3)　指定数量の10倍以上の危険物を取り扱う製造所等には、警報設備の設置が義務付けられている。

(4)　製造所、貯蔵所、取扱所を新しく設置する場合には、事前に消防署長等に申請を行い、設置の許可を受けなければならない。

☑問4　特定一階段等防火対象物について正しいものは次のうちどれか。

(1)　避難階へ通じる階段が2以上あれば条件にかかわらず特定一階段等防火対象物にはならない。

(2)　特定一階段等防火対象物には小規模特定用途複合防火対象物を含む。

(3)　建築基準法施行令第26条に規定する傾斜路は階段に含まない。

(4)　特定一階段等防火対象物の基準は、既存の建物も対象となる。

☑問5　既存の防火対象物と消防用設備等の技術上の基準との関係について、誤っているものは次のうちどれか。

(1)　消防用設備等に関する基準が改正された場合、既存の地下街に設置されているスプリンクラー設備は、改正後の基準に適合させる必要がある。

(2)　消防用設備等に関する基準が改正された後、1 000 m^2 以上の増築を行ったが、改正前の延べ面積の1/2未満であったので、避難器具や消火器等特定の消防用設備等を除いて、改正後の基準は適用されない。

(3)　中学校の耐震補強工事で、主要構造物である壁の1/3を改修したが既存の消防用設備に支障がないのでそのまま使用する。

(4)　防火対象物の用途が飲食店の場合、当該防火対象物が既存のものであっても、必要とする消防用設備等はすべて改正後の基準に適合させる必要がある。

☑問6　消防法第8条の2に規定する共同防火管理に関する次の記述のうち、誤っているものはどれか。

(1)　軒の高さが31 mを超える高層建築物で、管理について権原が分かれているものは統括防火管理者の選任が必要である。

(2)　地下街で、その管理について権原が分かれているものは、消防長または消防署長の指定の有無にかかわらず法第8条の2に規定する共同防火管理の対象になる。

(3)　高層建築物であっても、管理について権原が分かれていないものは、法第8条の2に規定する共同防火管理の対象にならない。

(4)　統括防火管理者は、防火対象物の全体についての防火管理上必要な業務を行う場合において必要があると認めるときは、その権原に属する当該防火対象物の部分ごとに定めたの防火管理者に対し、必要な措置を講ずることを指示することができる。

☑問7　消防法第17条の3の2の規定に基づき、消防用設備等を設置したときはその旨を届け出て検査を受けなければならないが、この規定に関する記述のうち誤っているものは次のうちどれか。

(1)　非常警報装置は、準地下街に設置するときは、消防機関に届け出て検査を受ける。

(2)　倉庫で、延べ面積が2 000 m^2 以上のものの関係者は、消防長又は消防署長が火災予防上必要であると認めて指定をされれば、簡易消火器具を設置した場合、消防機関に届け出て検査を受ける。

(3) 消防用設備等を設置したときに届け出て検査を受ける場合、消防用設備等の設置工事が完了してから4日以内に届け出て検査を受ける。

(4) 延べ面積が300 m^2 に満たない百貨店で、自動火災報知設備を設置したが検査は受けなくてもよい。

☑問8 消防用機械器具等の検定に関する次の記述のうち、正しいものはどれか。

(1) 検定対象となっている消防用機械器具等だが、外国から輸入されるものに限り検定を受けなくても、国内で販売することができる。

(2) 消防用機械器具等の検定については、型式承認と個別認定がある。

(3) 消防庁長官は、日本消防検定協会または指定検定機関が行った個別検定に合格した消防用機械器具等について、個別検定に合格した旨の表示を附することができる。

(4) 型式適合検定は日本消防検定協会または登録検定機関が行う。

2 消防関係法令（類別）

☑問9 防火対象物の階に避難器具を設置しないことができることについて述べたものであるが、正しくないものは次のうちどれか。

(1) 直通階段を避難階段又は特別避難階段としたものであること。

(2) 主要構造部を耐火構造としたものであること。

(3) 壁および天井の室内に面する部分の仕上げを準不燃材料でし、又はスプリンクラー設備がすべての部分に技術上の基準に従い設けられていること。

(4) 開口部に特定防火設備である防火戸又は鉄製網入りのガラス戸を設けた防火構造の壁又は床で区画されていること。

☑問10 避難器具の設置義務のないものは、次のうちどれか。なお、いずれの階も避難階に直通する階段は1個設けられている。

(1) 有料老人ホームの3階で、収容人員10人

(2) 学校の3階で、収容人員30人

(3) ホテルの2階で、収容人員40人

(4) 工場の2階で、収容人員50人

☑問11 飲食店で避難器具を設置しないことができる場合で、正しくないものは次のうちどれか。

(1) 主要構造部を耐火構造または防火構造としたものであること。

(2) 開口部に特定防火設備である防火戸または鉄製網入りガラス戸を設ける耐火構造

の壁または床で区画されていること。

(3)　直通階段を避難階段または特別避難階段としたものであること。

(4)　壁および天井の室内の仕上げを準不燃材料で行い、またスプリンクラー設備が、技術上の基準で設けられていること。

☑問 12　宿泊施設の収容人員の算定項目として正しくないものは次のうちどれか。

(1)　洋式の宿泊室はベッドの数

(2)　和式の宿泊室の床面積を 6 m^2 で除して得た数

(3)　従業員の数

(4)　団体客を宿泊させるものは 4 m^2 で除して得た数

☑問 13　防火対象物の階に設置した避難器具として適合してないものは、次のうちどれか。

(1)　事務所　5 階　避難橋

(2)　飲食店　2 階　避難ロープ

(3)　病院　　6 階　緩降機

(4)　ホテル　4 階　すべり台

☑問 14　防火対象物として、避難器具の設置台数が複数以上となる階として正しいものは、次のうちどれか。ただし、この場合、避難階に直通する階段が 2 か所以上設けられているが、設置個数の減免規定は適用されない。

(1)　老人福祉センターで、2 階の収容人員が 150 人

(2)　特別支援学校で、2 階の収容人員が 100 人

(3)　銀行で、3 階の収容人員が 200 人

(4)　公会堂で、3 階の収容人員が 150 人

☑問 15　避難器具の設置について誤っているのはどれか。

(1)　避難に際して容易に接近することができる。

(2)　階段、避難口その他の避難施設から適当な距離にある。

(3)　器具を使用するについて安全な構造を有する開口部に設置する。

(4)　学校などの場合生徒がいたずらしないよう施錠しておく。

3 構造・機能及び工事または整備の方法

☑問 16　救助袋に取り付ける誘導綱の機能等について、次のうち正しいものはどれか。

(1)　誘導綱は格納時に引き上げやすいように、救助袋の入口につけられるものである。

(2)　誘導綱は、地上の操作者が展張作業の完了を避難しようとする者に知らせるもの

である。

(3)　誘導綱は、救助袋を展張するとき救助袋を地上の所定の位置に確実に誘導するために使用するもので、一端に砂袋をつけ一端を救助袋の下部に緊結したものである。

(4)　誘導綱は救助袋が何らかの事情で展張できないときに、これを伝わって避難できるように設けるものである。

☑問17　緩降機の機器点検に際し、取付具の点検を行いアンカーのナットの締め付け強度の点検を次のように行った。このうち正しいのはどれか。

(1)　12 mm ナットが使用されていたので、トルクレンチで締付トルクを測定し、3000 N・cm まで増締めをした。

(2)　12 mm ナットがダブルナットで使用されていたので、上のナットの締付トルクのみ測定したところ異常がなかったので、良とした。

(3)　アンカーボルトの端部が全てかしめてあったので、ナットがゆるむ事はあり得ないと思い、そのままとした。

(4)　取付金具は 12 mm ナットで強く締め付けられていたので、モンキーレンチでナットの緩みがあるか無いかのみを確認して済ませた。

☑問18　耐火構造の防火対象物で、軽量気泡コンクリートでつくられた部分に、救助袋の取付金具を設置する場合の工法として、最も適当な方法は次のうちどれか。

(1)　鉄筋に溶接したアンカーボルトに固定する。

(2)　取付金具の床に接する部分を 50 mm 以上のモルタルで固める。

(3)　コンクリートをはつり、取付具の下部を埋め込む。

(4)　埋込式インサートを使用して固定する。

☑問19　緩降機の総合点検を行うにあたり、次のうちで正しいものはどれか。

(1)　機器点検を行った後、緩降機を取付具に確実にセットし、ロープを窓外に展張し、地上までロープが達しているかどうかを確認した後、降下試験を行い、試験後、再度機器点検を行い、正しく収納した。

(2)　機器点検後、緩降機を取付具にセットし、ロープを展張したが、窓外に長いほうを垂らさずに室内におき、降下試験を行い、試験後、再度機器点検を行い収納した。

(3)　機器点検を行ったが、点検台数が多かったので、1 階おきに、降下試験を行い、他は手動でロープの走行を確認した。

(4)　点検台数が多く、新品の器具であったので、各階の器具を最下階に集め機器点検を行い、最下階に緩降機をセットし降下して、総合点検を済ませた。

☑問20　金属製避難はしごについて、誤っているものは次のうちどれか。

(1)　縦棒の数が 2 本以上あるはしごの縦棒の間隔は 30 cm 以上 50 cm 以下である。

(2)　縦棒の数が１本である構造の固定はしごには、横桟の先端に、縦棒の軸と平行に長さ 3 cm 以上で横滑りを防止するために設ける。
(3)　立てかけはしごは下部支持点にすべり止めを設けなければならない。
(4)　つり下げはしごには、使用の際、防火対象物から 10 cm 以上の距離を保有するために横桟の位置ごとに設ける。

☑問 21　つり下げはしごの突子の強度試験は、次のうちどの荷重について試験をするものか。
(1)　衝撃荷重
(2)　圧縮荷重
(3)　せん断荷重
(4)　引張り荷重

☑問 22　緩降機について、誤っているものは次のうちどれか。
(1)　ロープの芯には耐食加工を施した JISG3525 に適合したワイヤロープを使用する。
(2)　ロープの両端にはそれぞれ最大使用者数に相当する数の着用具がついている。
(3)　調速器の重量は 5 kg 以下である。
(4)　緊結金具は使用者に損傷を与えるおそれがないものである。

☑問 23　避難はしごに関する次の記述のうち、正しいものは次のうちどれか。
(1)　金属製以外の避難はしごの横桟は耐久性に富んだ金属製のものであること。
(2)　降下口の大きさは、直径 60 cm 以上の円が外接する大きさであること。
(3)　横桟は、防火対象物から 5 cm 以上の距離を保有することとなるように設けること。
(4)　4 階以上の階に設ける場合、金属製であること。

☑問 24　避難器具の基準に関する次の記述のうち、正しくないものは次のうちどれか。
(1)　特定一階段等防火対象物又はその部分に設けるものにあっては、安全かつ容易に避難することができる構造のバルコニーなどに設けること。
(2)　避難器具設置等場所には見やすい箇所に避難器具である旨及びその使用方法を表示する。
(3)　4 階以上のつり下げはしごの降下口は、直下階の降下口と相互に同一線上にない位置に設けること。ただし、安全上支障のないものについては、この限りでない。
(4)　緩降機の取付金具は、ボルト締め、溶接その他の方法で堅固に取り付けること。

☑問 25　緩降機の点検に関する次の記述のうち、適切でないものは次のうちどれか。
(1)　調速器カバーに打痕や損傷があったので、内部の部品にひび割れなどを発生させている可能性があるものとして、将来異常を発生させる原因を有するものと判定した。

(2)　発錆が見られたので、強度の劣化や回転部品の固着の原因をもつものと判定した。

(3)　封印が切られていたので、内部に異常があるものと判定した。

(4)　調速器の両側のロープの出し入れにおいて、抵抗感がなく容易に取り出しができたので異常のないものと判定した。

☑問 26　次のうち正しいものはどれか。

(1)　すべり台のすべり面の勾配は、5 分の 1 未満であること。

(2)　避難橋の床面の勾配は、25° 以上 35° 以下であること。

(3)　避難用タラップの踊場の積載荷重は踊場の床面 1 m^2 につき 13 kN とすること。

(4)　すべり台のすべり面の積載荷重は、すべり面の長さ 1 m につき 1.3 kN とすること。

☑問 27　避難器具の設置に関し、障害と思われる場合の措置に関する次の記述のうち、誤っているものは次のうちどれか。

(1)　救助袋の操作面積に関して、幅 1.5 m 奥行き 1.5 m が確保できなかったが幅 1.8 m 奥行き 1.3 m が確保でき、操作に支障がないことがわかり、それによって操作面積とした。

(2)　避難はしごの壁面にある開口部の下端が 1.25 m であったが、実際の降下試験を実施した結果、支障がなかったので避難上支障がないものとした。

(3)　緩降機の設置にあたって、半径 0.5 m の降下空間内に突起物があったが突起物の壁面からの突出しが 5 cm で降下に支障がなかったので降下空間は確保されていると判断した。

(4)　垂直式救助袋の設置にあたって、4 階の救助袋の降下空間と 5 階の救助袋の降下空間を共用して相互の外面を 1 m まで近接して対応した。

☑問 28　斜降式救助袋の点検に関する次の記述のうち、不適当なものは次のうちどれか。

(1)　用布の点検を外面から行い、著しい摩耗、切り傷、裂け傷等がなかったので良と判定した。

(2)　ロープの撚りに緩みがあったので左右の展張部材が不均衡となる原因となると判定した。

(3)　袋本体がつづら折りに折りたたまれ、下部支持装置の張設ロープ、滑車フックがもつれることなく格納されていることを確認したので良と判定した。

(4)　取付け具及び入口金具に損傷などがなく、正常に作動するかを目視、操作及びトルクレンチで確認したので良と判定した。

☑問29　緩降機に関する次の記述のうち、正しいものは次のうちどれか。

(1)　緩降機の最大使用荷重は、ロープ両端の着用具ごとに1 000 Nなので合計2 000 Nである。

(2)　緩降機の本器は常時分解清掃できなくてはならない。

(3)　緩降機のロープは芯に外装を施し、全長を通じ均一な構造である。

(4)　緩降機のリールは金属製である。

☑問30　避難器具の材料がSS400の場合、許容応力度が最も低くなるものはどの荷重に対してか。

(1)　圧縮荷重

(2)　引張り荷重

(3)　曲げ荷重

(4)　せん断荷重

☑問31　斜降式の救助袋が、上部固定位置からおろした鉛直線に対してとる角度について、最も適当なものは次のうちどれか。

(1)　55°

(2)　45°

(3)　35°

(4)　25°

☑問32　避難器具に使用するアンカーボルトに関する次の記述のうち、正しくないものは次のうちどれか。

(1)　金属製拡張アンカーの相互の距離は、穿孔深さの3.5倍である。

(2)　金属製拡張アンカーの穿孔深さは、コンクリート厚さに対してマイナス50 mmである。

(3)　鉄骨にフック掛けする工法の場合、引張力の掛かるボルトは2本以上である。

(4)　鉄骨にフック掛けするボルトは、かぎ状に十分折り曲げて、鉄筋又は鉄骨に針金等で緊結する。

☑問33　次のうち避難器具用ハッチの構成にないものは次のうちどれか。

(1)　金属製避難はしご

(2)　上ぶた

(3)　取付金具

(4)　アーム

☑問34　すべり台の構造に関する次の記述のうち、誤っているものは次のうちどれか。

(1)　すべり台は、底板、側板、手すりその他のものにより構成されている。

(2)　底板、側板、手すり及び支持部の材料は、鋼材、アルミニウム材等の金属材料でなければならないものとされている。
(3)　底板は、一定の勾配を有するすべり面とすべり面の下端に連続して設けた減速面で構成されるものとされている。
(4)　すべり面の勾配は、25° 以上 35° 以下とされている。

☑問 35　救助袋に関する次の記述のうち、誤っているものはどれか。
(1)　袋本体の出口部と地盤面との高さは、袋本体の構造によりそれぞれ異なったものとすることができる。
(2)　出口部には、緩衝装置として受布を設けること。
(3)　本体布の滑降部は落下防止のため、布を重ねた 2 重構造のもの又は外面に無結節の網を取り付けた構造のものであること。
(4)　直径 50 cm の球体が通過すること。

☑問 36　鋼の熱処理の説明で、誤っているものは次のうちどれか。
(1)　焼入れは、鋼を硬くするために行われる。高温に加熱後に急冷却する。
(2)　焼戻しは、鋼に加工性を持たせるために行われる。再加熱後に急冷却する。
(3)　焼なましは、鋼を軟らかくし、材料の組織を安定させる。
(4)　焼ならしは、組織の標準化やひずみの除去のために行われる。加熱後に大気中で自然冷却する。

☑問 37　溶接の欠陥の説明で誤っているものは次のうちどれか。
(1)　ピンホールとは溶接部内部に空洞が生じたものである。
(2)　アンダーカットとは母材の表面と溶接金属の表面とが接する部分に生じる溝のことである。
(3)　オーバーラップとは母材に融合しないで重なるものである。
(4)　スラグ巻き込みとはスラグが溶接金属内に残留したものである。

☑問 38　2 550 N の物体を 5 秒間に 12 m 引き上げるのに必要な動力として、正しいものは次のうちどれか。ただし、1 kW = 1 020 N・m/s とする。
(1)　6 kW　　(2)　8 kW　　(3)　12.5 kW　　(4)　14.5 kW

☑問 39　避難器具の取付具に使用できない材料はどれか。
(1)　一般構造用圧延鋼材
(2)　一般構造用炭素鋼鋼管
(3)　一般構造用角形鋼管
(4)　ねずみ鋳鉄

☑問40　27℃で圧力 10 Mpa の理想気体がボンベに入っている。このボンベを 147℃まで加熱したとき、内圧はいくらになるか。

（1）　13 Mpa　（2）　14 Mpa　（3）　15 Mpa　（4）　16 Mpa

☑問41　次のうち、フックの法則はどれか。

（1）　比例限度以内では応力とひずみとは正比例する。

（2）　弾性限度以内では、垂直応力による横ひずみとの比は一定である。

（3）　一定以上の荷重のもとでは、時間とともにひずみは増加する。

（4）　荷重が増して力が降伏点を超えると荷重を除去しても永久ひずみを生ずる。

☑問42　次のうち、クリープ現象はどれか。

（1）　応力を継続的に、あるいは繰り返し受けた場合、部分的な永久ひずみ（材料の疲労）が起こり、最終的に破壊する現象

（2）　一点に応力が集中して割れてしまう現象

（3）　常温では変形、破壊の発生しない負荷条件でも、一定の温度以上では時間とともに変形が進行する現象

（4）　物体に力と同じ向きの加速度が生じ、圧力が強くなる現象

☑問43　直径 20 mm の軟鋼丸棒のせん断応力の値として、正しいものは次のうちどれか。ただし、鋼材のせん断許容応力は 12 500 N/cm^2 とする。

（1）　37.5 kN

（2）　39.25 kN

（3）　50 kN

（4）　25 kN

☑問44　許容応力と安全率に関する次の記述のうち、誤っているものはどれか。

（1）　許容応力は材料の性質や荷重の種類には関係なく、安全なある一定以上の値を有するものでなければならない。

（2）　許容応力は材料が破壊するまでの最大応力を安全率で割った値をいう。

（3）　安全率は荷重、材料の種類及び使用条件によって異なる。

（4）　安全率は材料の荷重に対する安全の度合いを示すものである。

☑問45　いま、摩擦力 50 N 重量 100 N の物体が鉄板の上にある。鉄板を傾けていったとき、この物体がすべり落ち始める角度は次のうちどれか。

（1）　15°　（2）　30°　（3）　45°　（4）　60°

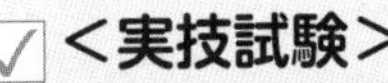

4 鑑別

問１　写真を見て（1）～(2)の問いに答えよ。

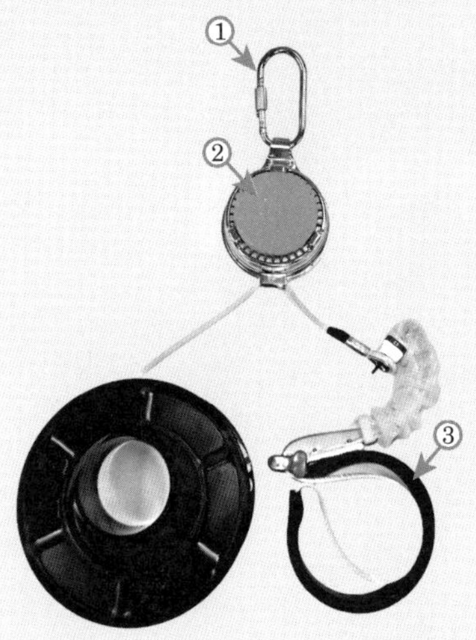

(1)　①、②、③の名称を答えよ

(2)　次の文は手順をあらわしたものであるが、□に入る動作を答えよ。

①を吊環にかける →(a)→(b)→ ③を着用する

解答欄

(1)	①	
	②	
	③	
(2)	手順（a）	
	手順（b）	

☑問２　写真を見て、(1)～(2) の問いに答えよ。

(1)　金属拡張アンカーの施工状況の写真だが、このアンカーが使用できないコンクリートを二つ答えよ。

(2)　打ち込んだアンカーボルトに抜出しがある場合、施工上の原因を２つ答えよ。ただし、コンクリートの強度は充分あるものとする。

解答欄

(1)	
(2)	

☑問３　写真を見て、(1)～(2) の問いに答えよ。

(1)　この工具の名称と用途を答えよ。

(2)　その用途を行わずに施工すると起こりうる現象と、その現象が起きた場合の結果はどうなるかを答えよ。

解答欄

(1)	名称		用途	
(2)	起こりうる現象		結果	

☑ 問４　図を見て、(1)～(2) の問いに答えよ。

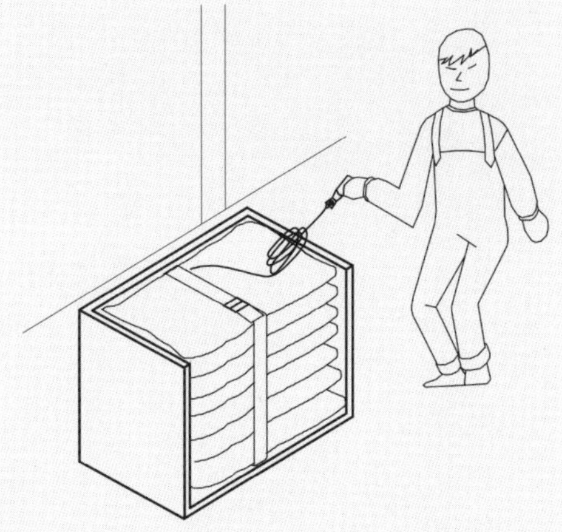

(1)　絵の人物が右手に持っているものの名称と規格を答えよ

(2)　絵の人物が右手に持っているものは救助袋と連結されているが、その連結部分の名称と、救助袋のどの部分に結合されているか答えよ。

解答欄

(1)	名称		規格	
(2)	名称		結合されている部分	

☑ 問５　図はある避難器具の設置基準について示したものである。図を見て次の問いに答えよ。

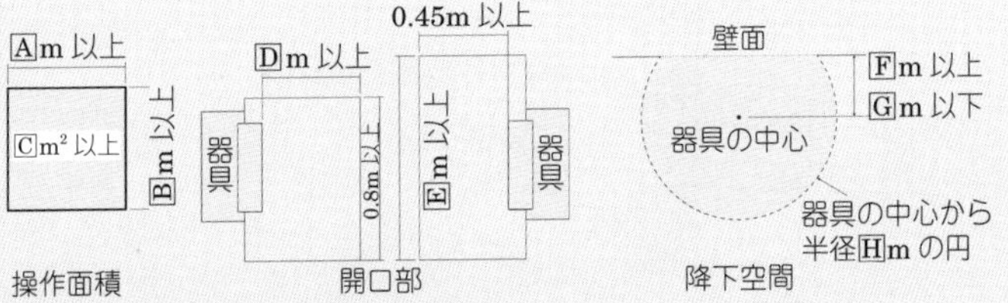

(1)　この図から考えられる器具名を答えよ。

(2)　図の A～H の数値についてそれぞれ答えよ。

解答欄

(1)	名称							
(2)	A	B	C	D	E	F	G	H

5 製図

☑問１　次の図は主要構造部を耐火構造とした２階建ての病院の２階である。図と条件を見て、以下の問いに答えよ。

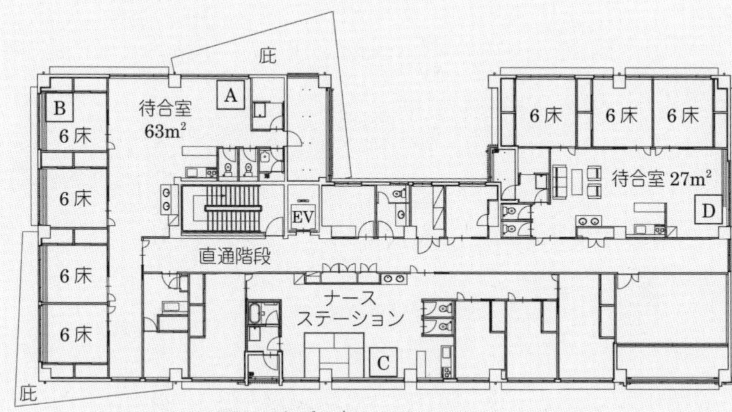

EV＝エレベーター
開口部の大きさ　A、C、D は W750mm×H1 200mm、B は W550mm×H1 200mm

条件　医師　４名　看護師その他　36 名　減免することのできる条件はない。

(1)　収容人員は何人か。また、その計算式を記せ。

(2)　避難器具の設置数は何台か。またその理由をのべよ。

(3)　垂直式救助袋を設置する場合、設置場所を A～D から選べ。

(4)　(3) で、設置場所として選ばなかった理由をそれぞれ答えよ。

解答欄

(1)	収容人員	
	計算式	
(2)	台数	
	理由	
(3)		
(4)		

☑問２　図を見て（1）〜（7）の問いに答えよ。

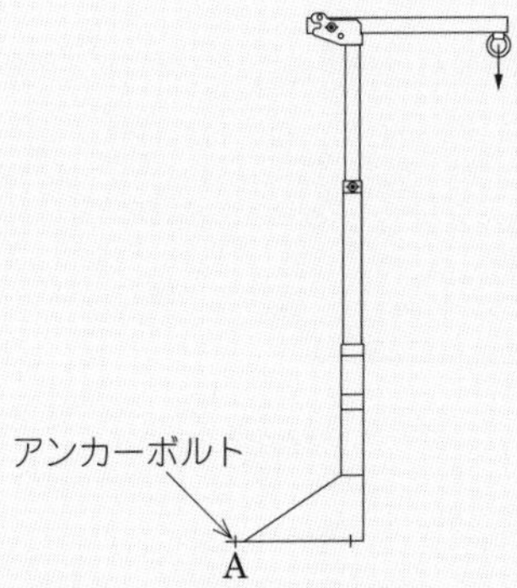

（1）　M12 のボルト 4 本、引張応力 6 kN の条件で、1 本当たりの締付けトルクを求めよ。また、計算式も記せ。

（2）　ボルトナットの緩み防止の措置を二つ答えよ。

（3）　M12 の金属拡張アンカーの相互間隔は最小で何 mm か。

（4）　M12 の金属拡張アンカーのへりあき寸法は最小で何 mm か。

（5）　金属拡張アンカーは増し締めができる［　　　　］式である。［　　］内を埋めよ。

（6）　ボルトの径の最小は何 mm か。

（7）　金属拡張アンカー工法を除く、取付け具の工法を二つ答えよ。

解答欄

（1）	
（2）	
（3）	
（4）	
（5）	
（6）	
（7）	

模擬試験（第２回）　解答・解説

<筆　記>

☑問 1　解答－(2)

解説　消防団長にはその権限はありません。

☑問 2　解答－(3)

解説　建築主が建築許可等に係る申請を改めて行う必要はありません。

☑問 3　解答－(3)

解説　申請は市町村長宛である。

☑問 4　解答－(4)

解説　新築物件には限らない。

☑問 5　解答－(2)

解説　増築が 1 000 m^2 を超えた場合、遡及対象になります。

☑問 6　解答－(2)

解説　消防長又は消防署長が指定するものが共同防火管理の対象になります。

☑問 7　解答－(3)

解説　消防用設備等の設置工事が完了してから 4 日以内に届け出て検査を受ける必要があります。

☑問 8　解答－(4)

解説　消防用機械器具等の検定については、型式承認と型式適合検定とがあります。検定対象品目で検定マークがついていないものは、販売、施工、販売目的での陳列をすることはできません。

☑問 9　解答－(4)

解説　防火構造ではなく耐火構造の壁又は床で区画されていること。

☑問 10　解答－(4)

解説　ホテルの 2 階は、収容人員 30 人以上で設置義務

☑問 11　解答－(1)

解説　主要構造部を耐火構造としたものであること。

☑問 12　解答－(4)

解説　主として団体客を宿泊させるものは、3 m^2 で除します。

☑問 13　解答－(3)

解説　病院の 6 階は救助袋、すべり台、避難橋が設置できます。

☑問 14　解答－(1)

解説　(6) 項ハに該当する老人福祉センターは、20 人以上で 1 台、それ以降は 100 人ごと。

☑問 15　解答－(4)

解説　格納箱に施錠をしてはいけません。

✓問 16　解答－(3)

解説　誘導綱は、救助袋を展張するとき救助袋を地上の所定の位置に確実に誘導するために使用します。

✓問 17　解答－(1)

解説　12 mm ナットのトルク値は 3 000 N・cm～4 500 N・cm です。

✓問 18　解答－(1)

解説　軽量気泡コンクリートに金属拡張アンカーは使用できないので、他の工法を使います。

✓問 19　解答－(1)

解説　他の方法は誠実業務に抵触します。

✓問 20　解答－(2)

解説　横桟の先端に、縦棒の軸と平行に長さ 5 cm 以上で横滑りを防止するために設ける。

✓問 21　解答－(2)

解説　圧縮荷重を試験するものです。1 本の横桟に取り付けられた突子について、縦棒及び横桟に対し同時に直角となる方向に 150 N の圧縮荷重を加えます。

✓問 22　解答－(3)

解説　調速器は 10 kg 以下である。

✓問 23　解答－(4)

解説　4 階以上の階に設ける場合、金属製であり、固定はしごか避難器具用ハッチに取り付けられたものに限ります。

✓問 24　解答－(3)

解説　「安全上」だけではなく「避難上の」という言葉が含まれていなくてはなりません。

✓問 25　解答－(4)

解説　抵抗感がないものは破損しているおそれがあります（ブレーキが利きません）。

✓問 26　解答－(4)

解説　すべり台のすべり面の積載荷重は、すべり面の長さ 1 m につき 1.3 kN とすること。

✓問 27　解答－(2)

解説　ステップ等を設けなくてはなりません。

✓問 28　解答－(3)

解説　格納箱から出して用布などを確認、ボルトの締付け等も確認しなければなりません。

✓問 29　解答－(3)
解説　緩降機のロープは芯に外装を施し、全長を通じ均一な構造です。ロープの芯はワイヤロープです。

✓問 30　解答－(4)
解説　引張り荷重、曲げ荷重、圧縮荷重は 240 N/mm^2 ですが、せん断荷重は 140 N/mm^2 です。

✓問 31　解答－(2)
解説　おおむね 45 度で展張します。

✓問 32　解答－(1)
解説　金属製拡張アンカーの相互の距離は、埋込み深さの 3.5 倍です。

✓問 33　解答－(1)
解説　金属製避難はしごは検定品であり、避難器具用ハッチの構成要素ではありません。

✓問 34　解答－(2)
解説　底板、側板、手すり及び支持部の材料は、鋼材、アルミニウム材、コンクリート等でなければなりません。

✓問 35　解答－(1)
解説　袋本体の出口部と地盤面との高さは、無荷重で 50 cm 以内です。

✓問 36　解答－(2)
解説

✓問 37　解答－(4)
解説　ピンホールとはビードの表面に生じた小さなくぼみ穴のこと。

✓問 38　解答－(1)
解説　仕事　$W = F \times L = 2\,550\ \mathrm{N} \times 12\ \mathrm{m} = 30\,600\ \mathrm{N \cdot m}$
仕事率　$P = W/T = 30\,600\ \mathrm{N \cdot m}/5\ \mathrm{s} = 6\,120\ \mathrm{N \cdot m/s}$
$6\,120\ \mathrm{N \cdot m/s}/1\,020\ \mathrm{N \cdot m/s} = 6\ \mathrm{kW}$

✓問 39　解答－(2)
解説　ねずみ鋳鉄は取付具には使用できない。

✓問 40　解答－(2)
解説　$10 \times (147 + 273)/(27 + 273) = 16.6$

✓問 41　解答－(1)
解説　比例限度以内では応力とひずみとは正比例します。

✓問 42　解答－(3)
解説　クリープ現象は、常温では変形、破壊の発生しない負荷条件でも、一定の温度以上では時間とともに変形が進行する現象。(1) は疲労破壊、(2) は脆性破壊です。

1学期 筆記試験対策
2学期 実技試験対策
3学期 模擬試験

☑問 **43**　解答－(2)

解説　丸棒の断面積　1 × 1 × 3.14 = 3.14

許容せん断応力が 12 500 N/cm^2 なので

3.14 × 12 500 = 39 250

☑問 **44**　解答－(1)

解説　許容応力は材料の性質によって決まります。

☑問 **45**　解答－(2)

解説　最大摩擦力を 50 N とすると

斜面の角度を θ として、斜面方向の重力の分力は 100 sin θ

これが 50 N を超えるとすべり出すから

100 sin $\theta \geqq$ 50、ゆえに sin $\theta \geqq$ 0.5

sin 30° = 0.5、sin15° = 0.25 だから

15° ではすべらないが、30° であればすべる。

＜実技（鑑別）＞

☑問 **1**

①	②	③
安全環	調速器	着用具

手順（a）	止め金具を確実にかける。
手順（b）	リールを下に落とす。

（解説）

(1)　1 学期レッスン 4-5 参照。写真の 1 は安全環、2 は調速器です。

(2)　1 学期レッスン 4-5 参照。安全環の止め金具を確実にかけて、リールを下に落とします。

☑問 **2**

(1)	軽量コンクリート
	気泡コンクリート
(2)	金属拡張アンカーの埋設が不十分な場合
	金属拡張アンカーのスリーブ径に対し、穿孔径が大きすぎた場合

（解説）

(1)　1 学期レッスン 5-3 参照。軽量コンクリートや気泡コンクリートにこの工法は使用できません。

(2)　1 学期レッスン 5-3 参照。施工不良についてよく確認しておきましょう。

✓問3

(1)	名称	スポイト	用途	アンカー施工時の切り粉の除去
(2)	起こりうる現象	クッション作用	結果	金属拡張アンカーの施工不良

（解説）

(1)　2学期レッスン1-2参照。

(2)　2学期レッスン1-2参照。施工不良の重要なポイントです。

✓問4

(1)	名称	砂袋	規格		300 g以上 夜間に識別がしやすい
(2)	名称	誘導綱（誘導ロープ）	結合されている部分		袋本体の下端

（解説）

(1)　1学期レッスン4-6参照。誘導綱を確実に下部作業員に投げるためについています。

(2)　1学期レッスン4-6参照。取り付けられている位置も覚えておきましょう。

✓問5

(1)	名称	緩降機						
(2)	A	B	C	D	E	F	G	H
	0.6	0.6	0.5	0.5	1	0.15	0.3	0.5

（解説）

1学期レッスン5-2参照。さまざまな避難器具の設置基準に関する数値を整理しておきましょう。

☑ 問 1

(1)	人員	**112 人**
	計算式	**4 + 36 + (6 × 7) + (90/3) = 112**
(2)	台数	**2 台**
	理由	**20 人以上で 1 台、100 人を超えるごとに 1 台必要で、減免される要素がないため**
(3)		**C と D**
(4)		**A は降下空間に大きな庇が有り降下障害となる。**
		B は救助袋を設置するために必要な開口部の大きさが足らない。

（解説）

(1)　2 学期レッスン 2-2 参照。収容人員の計算は避難器具を設置するための基本です。病院の収容人員の計算方法は（医師の数）+（看護師等の従業員）+（病床数）+（待合室の面積/3）です。

(2)　1 学期レッスン 2-1 及び 2 学期レッスン 2-2 参照。減免になる要素がある場合（倍読み規定など）の計算も復習しておきましょう。

(3)　2 学期レッスン 1-2 及び 2 学期レッスン 2-3 参照。他の器具を設置する場合も応用で覚えておきましょう。

(4)　2 学期レッスン 2-3 参照。降下空間等の設置基準も整理しておきましょう。

☑ 問 2

(1)	**0.432 kN・cm**
	6/4 = 1.5 **T = 0.24 × 1.2 cm × 1.5 kN = 0.432 kN・cm**
(2)	**スプリングワッシャ**
	ダブルナット
(3)	**175 mm**
(4)	**100 mm**
(5)	**おねじ**
(6)	**10 mm**
(7)	**貫通工法**
	固定ベース（バランス工法）

（解説）

(1)　2学期レッスン1-3参照。$T = 0.24\,DN$

(2)　1学期レッスン6-2参照。割ピンでも正解です。

(3)　1学期レッスン6-3参照。

(4)　1学期レッスン6-3参照。(3)(4)とも数値を整理しておきましょう。

(5)　1学期レッスン6-3参照。増し締めのできるおねじ式です。

(6)　1学期レッスン6-2参照。ボルトの呼び径はM10以上です。

(7)　1学期レッスン6-2参照。他に鉄骨又は鉄筋にボルト等を溶接し又はフック掛けする工法や、柱、はりを鋼材等により挟み込み、ボルト及びナットで締め付ける工法でも正解です。

Note

ラクラクわかる！
5類消防設備士 集中ゼミ（改訂2版）

2016年7月25日　第1版第1刷発行
2024年5月30日　改訂2版1刷発行

編　集　オーム社
発行者　村上和夫
発行所　株式会社 オーム社
郵便番号　101-8460
東京都千代田区神田錦町3-1
電話　03(3233)0641(代表)
URL　https://www.ohmsha.co.jp/

印刷　三美印刷　　製本　牧製本印刷
ISBN978-4-274-23188-9　Printed in Japan

関連書籍のご案内

好評！ミヤケン先生シリーズ！

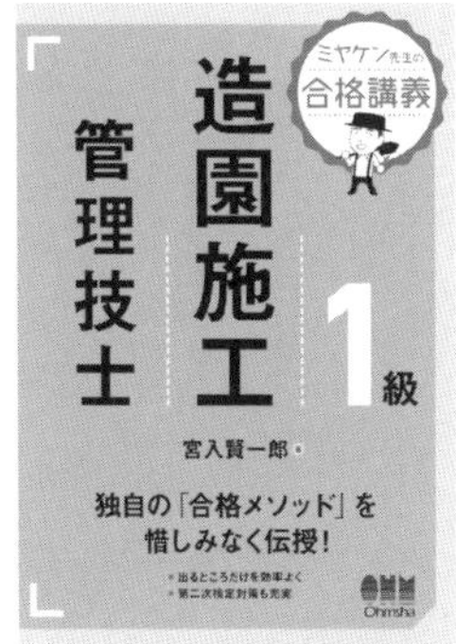

ミヤケン先生の合格講義
1級造園施工管理技士

宮入 賢一郎　著
A5・392頁・2022年3月発売
定価（本体3000円【税別】）
ISBN978-4-274-22838-4

二次もあるよ！

ミヤケン先生の合格講義
1級土木施工管理技士
第一次検定

宮入 賢一郎　著
A5・448頁・2023年7月発売
定価（本体3200円【税別】）
ISBN978-4-274-23054-7

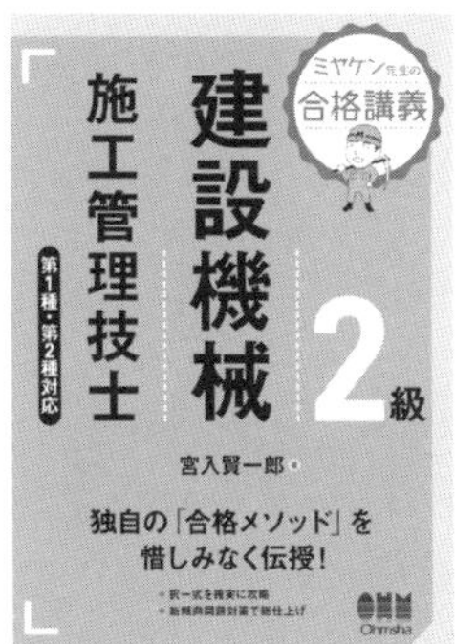

ミヤケン先生の合格講義
2級建設機械施工管理技士
—第1種・第2種対応—

宮入 賢一郎　著
A5・384頁・2022年4月発売
定価（本体3500円【税別】）
ISBN978-4-274-22858-2

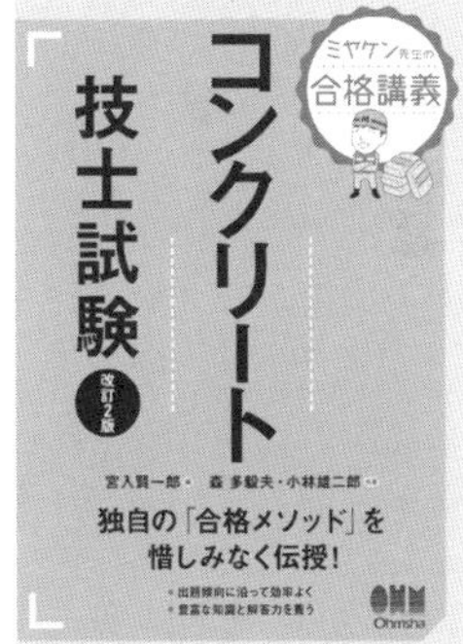

ミヤケン先生の合格講義
コンクリート技士試験（改訂2版）

宮入 賢一郎　編
森 多毅夫・小林 雄二郎　共著
A5・344頁・2022年7月発売
定価（本体3200円【税別】）
ISBN978-4-274-22891-9

もっと詳しい情報をお届けできます．
◎書店に商品がない場合または直接ご注文の場合も右記宛にご連絡ください．

ホームページ　https://www.ohmsha.co.jp/
TEL／FAX　TEL.03-3233-0643　FAX.03-3233-3440

（定価は変更される場合があります）